Samuel Dr. Kohn

Zur Sprache, Literatur, und Dogmatik der Samaritaner

Samuel Dr. Kohn

Zur Sprache, Literatur, und Dogmatik der Samaritaner

ISBN/EAN: 9783337373870

Hergestellt in Europa, USA, Kanada, Australien, Japan

Cover: Foto ©Suzi / pixelio.de

Weitere Bücher finden Sie auf **www.hansebooks.com**

Zur
Sprache, Literatur und Dogmatik
der Samaritaner.

Abhandlungen

für die

Kunde des Morgenlandes

herausgegeben von der

Deutschen morgenländischen Gesellschaft.

V. Band.

No. 4.

Zur Sprache,
Literatur und Dogmatik

der

Samaritaner.

Drei Abhandlungen

nebst zwei bisher unedirten samaritanischen Texten

herausgegeben

von

Rabbiner Dr. **Samuel Kohn.**

Leipzig, 1876

in Commission bei F. A. Brockhaus.

Vorwort.

In den letzten Jahrzehnten hat sich Allem, was die im Aussterben begriffene Secte der Samaritaner betrifft, ein reges wissenschaftliches Interesse zugewendet. Es sei hier nur an die einschlägigen Arbeiten Grünbaum's, Kirchheim's, Petermann's, Geiger's, Kuenen's, Vilmar's, Heidenheim's, Nöldeke's, Mills', Neubauer's, Nutt's, Brüll's und des Verfassers, sowie an die jüngst erschienenen Schriften von Appel und von Drabkin erinnert. Nichts desto weniger ist dieses, von so vielen fleissigen Händen bebaute, Gebiet noch immer verhältnissmässig unerforscht und unbekannt. Gerade da haben, was Sprache und Dogmatik der Samaritaner betrifft, die unklarsten und abenteuerlichsten Ansichten Platz gegriffen und, wie ich hier nachgewiesen zu haben glaube, eine eben nicht unbedeutende Verwirrung hervorgerufen.

Die drei Arbeiten, welche den Inhalt des Buches bilden, das ich hiermit dem Lesepublikum vorlege, sollen einerseits durch die Veröffentlichung zweier, bisher unbekannter, samaritanischer Manuscripte das noch immer spärlich vorhandene wissenschaftliche Material in etwas vergrössern, anderseits aber den Versuch wagen, an der Hand der Petermann'schen Ausgabe des samaritanischen Targum, die auf diesem Gebiete herrschenden irrigen Ansichten und fehlerhaften Angaben zu beseitigen, respective zu berichtigen. Bei den, von den bisherigen Annahmen theilweise grundverschiedenen Resultaten, zu denen ich gelangt bin; bei dem Umstande ferner, dass bei der grossen

Menge von Einzelheiten, auf welche diese Resultate sich aufbauen, Irrthümer und Fehler kaum zu vermeiden sind: bin ich mir wohl bewusst, einer strengen Kritik gewärtig sein zu müssen und diese oft auch verdient zu haben. Gewissenhaft berücksichtigen werde ich sie jedenfalls. Ich will mich aber gerne damit bescheiden, auf specifisch samaritanische Anschauungen und Eigenthümlichkeiten hingewiesen, Schwierigkeiten und Widersprüche hervorgehoben und hier und da neue Ansichten und Erklärungsversuche aufgestellt zu haben, die zu einer weiteren Besprechung und Beleuchtung, und so vielleicht zu einer endgiltigen Fixirung der hier so zahlreichen unklaren Punkte führen können.

Um die Benutzung des Buches zu erleichtern, ist demselben neben einem Inhaltsverzeichnisse ein dreifaches Wortregister beigegeben. In dem ersten, sam.-chald.- (rabbinischen-) syrischen Wortregister sind, um dem Urtheile der Kritik nicht vorzugreifen, neben den zahlreichen emendirten, auch die ursprünglichen, von mir als corrumpirt bezeichneten, Lesearten aufgenommen. Das zweite enthält das alphabetische Verzeichniss jener arabischen, resp. persischen Wörter, welche, meiner Ansicht nach, direct in das Samaritanische eingedrungen, sowie jener, die hier nur zur Vergleichung herbeigezogen sind; das dritte endlich gibt ein ähnliches Verzeichniss der griechischen und lateinischen Wörter.

Noch muss ich des Umstandes erwähnen, dass die vorliegenden drei Arbeiten zu verschiedenen Zeiten entstanden sind. Diese Bemerkung möge die Thatsache erklären, respective entschuldigen, dass die Beurtheilung des samarit. Idiomes am Schlusse der zweiten Abhandlung von der diesbezüglichen Auffassung in der ersten in Etwas abweicht.

Budapest im September 1875.

Der Verfasser.

Inhaltsverzeichniss.

I.

Aus einer Pessach-Haggadah der Samaritaner.

Durch Hrn. Dr. J. Goldziher, gegenwärtig Docent der orientalischen Sprachen an der Pester Universität, erfuhr ich, dass Herr Prof. Delitzsch in Leipzig im Besitze zweier, noch unedirter, samaritanischer Manuscripte sei. Der Bitte, mir diese zuzusenden und zur Benützung, eventuell zur Publication, zu überlassen, kam Delitzsch mit der liebenswürdigsten Bereitwilligkeit entgegen, und erfülle ich eine angenehme Pflicht, wenn ich ihm für dieses freundliche Entgegenkommen an dieser Stelle meinen verbindlichsten Dank ausspreche.

In dem Schreiben, mit welchem Delitzsch die Zusendung der beiden Handschriften begleitete, theilte er mir mit, dass die Manuscripte durch den verstorbenen Director Dr. Graul, aus Nablus mitgebracht, und von dessen Wittwe ihm geschenkt worden seien; das umfangreichere Manuscript bezeichnete er als „Bruchstücke eines samaritanischen Machazor", das kleinere als „Fragmente eines Pentateuch".

Das letztere, stark vergilbte und verwischte, Manuscript hat sich als ziemlich werthlos herausgestellt. Es besteht aus zwei zusammenhängenden Pergamentblättern eines Exemplars des hebräisch-samaritanischen Pentateuchs in kleinstem Sedez-Format. Die beiden äusseren Seiten, die erste und vierte, sind derart unleserlich, dass die Schrift, selbst mit Hülfe einer Lupe, nicht mehr zu entziffern, während die zweite und dritte Seite verhältnissmässig gut erhalten ist. Seite 2 beginnt mit Num. 11, 35 und schliesst mit den Worten לבני ישראל aus 13, 3 das., Seite 3 erstreckt sich von 22, 5 das. bis מלאך יהוה V. 27 das. Die Schrift, wo sie nicht verwischt ist, zeigt kleine, aber zierliche und scharf markirte samaritanische Buchstaben. Die einzelnen Worte sind, wie gewöhnlich, durch einen Punkt, die Verse durch zwei über einander stehende Punkte (⁚), die Abschnitte, [1]קצין durch —⁚ am Schlussse des Abschnittes und durch eine leer gelassene Zeile von einander gesondert. Die Eintheilung der Verse und Abschnitte ist durchweg die gewöhnliche. Die wenigen Varianten, die sich ergeben, sind entweder nichtssagend oder Schreibefehler. So hat das Manuscript 12, 8 das. בחידות für das defective בחידת und ותבנות יהוה das. für ותמונת, was offenbar verschrieben ist; an eine Absicht ist hier um so weniger zu denken, als תבנות (für תבנית) ein noch gröberer Anthropomorphismus als תמונה wäre. עממהם, das. 22, 12 ist unzweifelhaft ein Fehler, doch scheint daraus hervorzugehen, dass dem Abschreiber die Leseart des jüdischen Textes עמהם vorlag, nicht עמם, wie der samarit. Text z. St. liest.

Bemerkenswerther als der Inhalt ist die äussere Form dieses Pentateuch-Fragmentes. Das Pergament ist liniirt, und zwar hat der Schreiber mit einem stumpfen Instrumente, Knochen oder Holz, die Linien, die noch heute scharf hervortreten, in das Pergament ziemlich tief eingedrückt. Dieses Vorgehen erinnert lebhaft an die jüdisch-rabbinische Praxis, welche beim Schreiben der Thora, soll die Abschrift zum rituellen Brauche zulässig sein, das vorhergehende Liniiren des Schreibmaterials fordert, und zwar mittels eines Instrumentes, das die Linien nicht, wie Blei u. a. durch Farbe, sondern durch Eindrücken bezeichnet[2]). Offenbar ist ein ähnliches Vorgehen auch bei den Samaritanern gesetzliche Vorschrift, was um so weniger befremden kann, als sie, trotz ihrer gewohnheitsmässigen Polemik gegen das rabbinische Judenthum, in Theorie und Praxis dennoch häufig in einem Abhängigkeitsverhältnisse zu demselben stehen, eine Thatsache, auf die wir noch öfter, und gelegentlich einmal in ausführlicher Besprechung zurückkommen werden. Die erwähnten, natürlich der Breite nach laufenden Linien sind an beiden Seiten wieder der Länge nach durch Linien abgegrenzt, welche Anfang und Ende der Zeilen bezeichnen. Wo

---

[1]) קצין, von קצץ, abschneiden, entspricht genau unserem deutschen „Abschnitt"; vgl. das im Talmud und Midrasch häufig vorkommende קיצים, קיצין für „Zeitabschnitt".

[2]) Vgl. darüber und über die diesbezüglichen talmudischen und rabbinischen Quellen: Josef Karo im Joreh-deah Cap. 371, Abschn. 5 und die Commentare das.

ein Wort am Ende der Zeile diese bis zur vorgezeichneten Marklinie nicht ausfüllen, das folgende Wort aber keinen Platz mehr finden würde, sind die einzelnen Buchstaben durch so weite Zwischenräume von einander getrennt, dass der letzte Buchstabe genau am voraus bezeichneten Ende der Linie zu stehen kommt.

Ungleich bedeutender, sowohl dem Umfange als dem Werthe nach, ist das zweite, aus vier Quartblättern (8 Seiten) bestehende Manuscript. Es ist, wie, mit Ausnahme der Pentateuch-Exemplare, die meisten samaritanischen Handschriften, auf Baumwollenpapier geschrieben, und recht gut erhalten. Die Buchstaben sind ziemlich gross und deutlich und nicht die in den jüngeren samarit. Handschriften, in einer Art Schnellschrift, angewendeten[1]). ࠄ, ࠆ und ࠇ sind leicht zu unterscheiden; ebenso ࠃ und ࠓ, was bei ࠁ und ࠌ nur nach einiger Uebung der Fall ist. Dasselbe gilt von ࠏ und ࠒ. Letzteres schliesst sich mehr an die phönizische Form dieser Buchstaben an und unterscheidet sich von ࠏ oft genug nur durch einen mehr oder minder starken Punkt am oberen linken Winkel desselben[2]). Das ࠊ wurde, wie deutlich zu ersehen, so geschrieben, dass der Schreiber erst ein ࠁ machte, auf dessen obern wagrechten Strich er sodann eine senkrechte Linie führte. An mehreren Stellen, wo irrthümlich ࠊ für ࠁ stand, ist diese senkrechte Linie einfach durchstrichen, wodurch das ࠊ zum ࠁ wird. Wir erwähnen dieses Umstandes, weil derselbe die so häufigen Verwechslungen von ࠁ und ࠊ erklärt, denen wir in samaritanischen Handschriften, besonders aber im samarit. Targum der Polyglotten begegnen[3]).

Im Ganzen ist das Manuscript weniger fehlerhaft als sonstige samarit. Codices geschrieben. Irrthümer sind nicht selten nachträglich verbessert, und die Correcturen, wie z. B. fehlende Buch-

---

[1]) Vgl. Gesenius, Carmina samaritana (Leips. 1824) S. 7.

[2]) Diese auffallende, meines Wissens noch nicht genügend gewürdigte, Aehnlichkeit zwischen ࠏ und ࠒ lässt mich vermuthen, dass ࠔࠌࠒ nicht, wie Castellus, Uhlemann und auch ich (in meinen „sam. Studien" Breslau 1868, S. 19) angenommen, eine Nebenform von ࠔࠌࠏ „hören", sondern lediglich ein Schreibefehler ist, wie sich deren, in Folge der Verwechslung ähnlicher Buchstaben, viele in das sam. Trg. und in die sam. Wörterbücher eingeschlichen haben; vgl. meine „sam. Studien" S. 22—31.

[3]) Vgl. das.

staben, am entsprechenden Orte mit kleinerer Schrift nachgetragen. Doch gilt das zumeist nur von kleineren Fehlern; grössere, deren Correctur das Manuscript zu sehr entstellen würde, sind, in Folge eines bei vielen alten Copisten üblichen Handwerkskniffes, zumeist unverbessert geblieben.

Jede Seite ist in zwei, scharf gesonderte, Columnen getheilt; die zur Rechten enthält den samaritanischen Text, die zur Linken eine arabische Uebersetzung desselben. Die Zeilen der einzelnen Columnen sind gleich breit, so dass die Endbuchstaben eine fast senkrechte Linie bilden. Wo der Raum der Zeile für die betreffenden Worte zu gross ist, sind die einzelnen Buchstaben in so weiten Zwischenräumen geschrieben, dass der letzte Buchstabe mit dem Ende der Zeile zusammenfällt. Wo diese Massregel aus Versehen ausser Acht gelassen wurde, ist zur Ausfüllung der Zeile am Ende derselben der letzte Buchstabe nochmals wiederholt (vgl. z. B. Z. 260 u. 364), oder das Zeichen —··|< so oft wiederholt bis die Zeile in gleicher Breite wie die anderen ausgefüllt ist. (vgl. z. B. Z. 217 u. 249). In der arabischen, aber ebenfalls mit samaritanischen Buchstaben geschriebenen Uebersetzung, wo in der Regel jede Zeile dem gegenüberstehenden samarit. Texte wörtlich entspricht, bediente sich der Abschreiber, wo die gewöhnliche Breite der Zeile sonst nicht ausgereicht hätte, mitunter der ungleich kleineren arabischen Schrift. Aehnliches berichtet Gesenius (Carm. sam. S. 6) von den von ihm edirten samarit. Handschriften des British Museum; nur fehlen in der arabischen Uebersetzung unseres Manuscriptes, sowohl bei den samaritanischen als auch bei den arabischen Buchstaben die diacritischen Zeichen, welche dort vorhanden sind. So steht hier z. B. ࠇ für ح und خ, ࠃ für د und ذ, ࠈ für ط und ظ, ࠏ für ع und غ, ࠑ für ص und ض, ࠕ für ت und ث, ࠄ für ه und für die Femininal-Endung ة, ᵚ steht immer für ش, ࠔ für س. Im Uebrigen entspricht die Transscription des Arabischen mit samarit. Buchstaben der von Vilmar (Abulfathi Annales samaritani Gotha, 1865. S. CXI.) aufgestellten Ordnung.

Die einzelnen Worte sind wie gewöhnlich durch Punkte von einander getrennt, die aber vor und nach den mit arabischen Buchstaben geschriebenen Worten in der Regel als überflüssig weggelassen sind, da diese schon durch ihre abweichende Schrift als selbstständige Worte sich kennzeichnen. (vgl. z. B. Z. 3, 91, 97, 111 u. a.)

Die einzelnen Strophen der, später zu besprechenden, eingelegten Verse sind durch den leer gelassenen Raum einer Zeile von einander gesondert. Dasselbe pflegt der Fall zu sein, wo ein neuer Absatz, oder die Behandlung eines neuen Bibelabschnittes beginnt. Hier pflegt ausserdem noch das erste Wort allein und zwar in der Mitte der Zeile zu stehen, ohne diese ganz auszufüllen, was gegen die andern gleich langen Zeilen absticht, und den Anfang der grösseren Perioden für das Auge schärf markirt erscheinen lässt.

An mehreren Stellen, z. B. in Zeile 147, 248, 340, erscheint ein Punkt mit einem darunter stehenden, nach rechts gekrümmten Strichelchen (;) als Abkürzungszeichen, welches auch Gesenius in der, den „Carmina samaritana“ beigefügten, lithographirten Schrifttafel als „signum abbreviationis“ anführt.

Die Sprache des samaritanischen Theiles der Handschrift ist nicht die, in den jüngeren samarit. Schriftwerken übliche, hebraisirende[1]), wie in den meisten Festpsalmen und Pessachliedern, die Heidenheim veröffentlicht hat; sondern zeigt im Allgemeinen den echt samarit. Character, und entspricht so ziemlich der Diction des samarit. Targum, welches, nach den nicht selten wörtlich übereinstimmenden Uebersetzungen zu urtheilen, dem Verfasser des Mns. vorgelegen zu haben scheint. Dieser echt samarit. Typus weist auf eine relativ frühe Zeit hin, in der die Handschrift ursprünglich abgefasst wurde; zu ihrer genaueren Bestimmung fehlt jedoch jeder Anhaltspunkt.

Wie in den meisten samarit. Schriftwerken, so erscheint auch hier dasselbe Wort in den verschiedensten Formen, zumeist in Folge der den Samaritanern so geläufigen Verwechslung der Gutturale. So ist z. B. von עמה (= חמה) „sehen“ die 3. Pers. sing. masc. Z. 84 עמי Z. 88 עמה; für „Gesäuertes“ steht Z. 97 עמיר (= חמיר = חמירה), Z. 101 חמי, wo das ר vielleicht irrthümlich weggeblieben ist; für „Geheimniss“ Z. 184 רזי, Z. 205 und 214 רזה; für das nom. propr. fem. שרח Z. 228 steht Z. 200 שרה; für ניחח Z. 255 und 259 ניחה Z. 277. Arabismen, die aber zum Theile offenbare Schreibefehler des späteren arabisch sprechenden Kopisten sind, finden sich auch hier; solche sind z. B. אללה „Gott“ Z. 129; אלשניה Z. 275, wo der plur. von שנה den arabischen

---

[1]) Vgl. Gesenius a. a. O. S. 6. —

Artikel hat, ferner Formen wie לילך, יקרון, נהירתון, וילכו. (vgl. die Noten hierzu so wie zu Z. 244, 339, 349 u. a.)

Die arabische, erst später zum Verständniss des samarit. Textes angefertigte, Uebersetzung bedient sich des vulgären Dialectes, der den arabisch schreibenden Samaritanern eigenthümlich zu sein scheint. Wir begegnen hier genau denselben Jnconsequenzen, grammatischen und orthographischen Unregelmässigkeiten, welche schon Gesenius, Juynbull und besonders ausführlich Vilmar[1]) anmerken. Hierher gehört vor Allem die, fast zur Regel gewordene, Vernachlässigung des Unterschiedes zwischen dem quiescirenden و und ى am Ende des Wortes, ferner bei den Verben die inconsequente Schreibung der 3. Pers. plur. masc. bald mit وا bald mit و allein (vgl. z. B. Z. 167 und 171), endlich Worte wie الصوط (Z. 198) für الصوت, عصامه (Z. 227) für عظامه, das nom. propr. سرح (= שרח Z. 238), das Z. 247 صرح geschrieben ist u. A. Samaritanismen, zum Theil Schreibefehler, die sich aus dem gegenüberstehenden samarit. Texte in die arabische Uebersetzung eingeschlichen haben, sind nicht selten. So steht z. B. Z. 117 واتون خارجين (sam. ואתון נפקין) für وانتم, das pron. 1. Pers. sing. Z. 325. انه, sam. אנה, für انا, endlich ist die bereits erwähnte Schreibung der 3. Pers. plur. masc. der Zeitwörter mit و für وا offenbar ebenfalls bloss Samaritanismus, da diese Form im Samaritanischen durch Suffigirung des blossen ו gebildet wird.

Bemerkenswerth ist das Streben des Uebersetzers, Ausdrücke, die sich oft und kurz nach einander wiederholen, immer durch ein anderes arabisches Wort wieder zu geben, das in der Uebersetzung der schon erwähnten rythmischen Stücke am deutlichsten hervortritt. So lautet z. B. die Uebersetzung der Worte ואזלו ועבדו Z. 167 فمضو وفعلوا, Z. 171 فمضوا وصنعوا, Z. 175 وراحوا وعملوا. Die Uebersetzung ist im Ganzen und Grossen sklavisch treu, und die einzelnen Zeilen derselben entsprechen in der Regel wörtlich genau den gegenüberstehenden Zeilen des samarit. Textes. Bei Abfassung derselben scheint die arabische Pentateuch-Uebersetzung Abu-Said's vorgelegen zu haben und benützt worden zu sein, da die Uebersetzung der Bibelstellen, wie sich weiter ergeben wird, sowohl in

---

[1]) Vgl. Gesenius a. a. O. S. 11; Juynboll lib. Jos. S. 29 flg., Vilmar a. a. O. S. CXV flg.

wesentlichen als auch in nebensächlichen Punkten, bei Beiden zumeist übereinstimmt.

Mehr gleichgültiger Natur ist die Bemerkung, dass der Abschreiber einen Codex benützt zu haben scheint, der entweder ein so kleines Format hatte, dass auf einer Seite nur 10 Zeilen unsres Manuscriptes zu stehen kamen, oder was wahrscheinlicher ist, ein so grosses, dass je 10 Zeilen unsres Manuscriptes dort nur eine Zeile ausmachten. Wir schliessen das aus dem Umstande, dass, so oft eine bereits geschriebene Zeile irrthümlich noch einmal wiederholt und dann gestrichen wurde, es jedesmal die vorhergehende zehnte Zeile ist, die zu diesem Irrthum Veranlassung gab[1]).

Die Handschrift besteht aus halben Bogen, die über einander gelegt, zusammengefaltet und, wie deutliche Spuren der Nadelstiche zeigen, in der Mitte zusammengenähet waren. Von diesen ist der äusserste und der mittelste verloren gegangen, so dass Anfang und Ende und ein Stück aus der Mitte fehlt. Die zwei Halbbogen, 4 Blätter, die erhalten geblieben sind, bilden demnach zwei grössere Bruchstücke des ursprünglichen Ganzen.

Das Mns. schliesst sich, wie schon die oberflächlichste Betrachtung lehrt, ziemlich eng an den Pentateuch an, und zwar an den Bibeltext der Samaritaner. Es hält zumeist die Reihenfolge der Bibelverse fest, die nicht selten theilweise, oder auch ganz wörtlich gegeben sind. An diesen biblischen Kern schliessen sich sodann mehr oder minder ausführliche Auseinandersetzungen, Legenden und poetische Stücke an. Form und Inhalt erinnern einigermassen an das sogenannte Targum Jonathan, stellenweise noch lebhafter an das Targum-scheni zu Esther. Die ersten 2 Blätter, 4 Seiten, lehnen an Exod. Cap. XII 1—29 an; die 5. Seite behandelt schon den 19. Vers von Cap. XIII das., und das mit ungemeiner Ausführlichkeit; erzählt er doch von der Wegführung der Gebeine Josefs, den die Samaritaner als ihren Stammvater verehren. Schade, dass der Anfang der diesbezüglichen höchst interessanten Relation fehlt; doch lässt sich das fehlende, wie weiter nachgewiesen werden soll, wenigstens dem Sinne nach

---

[1]) Vgl. die Note zu Z. 273.

ergänzen. S. 5—8 knüpft an die Bibelverse das. XIII, 19 bis XIV, 9 an, wo das Manuscript abbricht.

Um die Eigenthümlichkeiten der Handschrift möglichst klar zu zeigen, und eine von der meinigen abweichende Auffassung oder Erklärung einzelner Stellen, Worte oder Zeichen nicht zu erschweren, gebe ich das Mns. bis ins kleinste Detail treu wieder. Störende und sinnentstellende Fehler oder Auslassungen sind in den, dem Texte beigegebenen, Anmerkungen emendirt, wo auch Eigenthümlichkeiten des Manuscriptes vermerkt sind, die sich durch Typendruck nicht wieder geben lassen. Die gegenüber stehende, möglichst wortgetreue, deutsche Uebersetzung hält sich an den samarit. Text des Manuscriptes, und hebt die Abweichungen der arabischen Uebersetzung ebenfalls in Anmerkungen hervor, welche mit Zahlen von 1—10 bezeichnet sind, zum Unterschiede von den, mit den fort-

---

Arab. Uebersetzung.	Samarit. Text.
[Samaritan]	[Samaritan] (b ... [Samaritan] (a [Samaritan] S. I.
[Samaritan]	[Samaritan] (c [Samaritan]
[Samaritan] (e [Samaritan] حكم الدسن	[Samaritan] (d [Samaritan]
[Samaritan]	[Samaritan]
[Samaritan]	[Samaritan]
[Samaritan]	[Samaritan]
[Samaritan]	[Samaritan]
[Samaritan]	[Samaritan]
[Samaritan]	(f [Samaritan]
[Samaritan]	[Samaritan]
[Samaritan]	[Samaritan]
(h [Samaritan] (g [Samaritan]	[Samaritan]

---

a) Für [Samaritan]; ein [Samaritan] steht irrthümlich zu viel. — b) [Samaritan] und [Samaritan] sind verwischt. — c) das [Samaritan] fehlte ursprünglich und ist erst nachträglich oben zwischen [Samaritan] und [Samaritan] geschrieben. — d) der zweite Buchstabe ist undeutlich, vgl. weiter die Note hierzu. — e) wahrscheinlich für [Samaritan]. s. die Note hierzu. — f) [Samaritan] nachträglich über [Samaritan] und [Samaritan] geschrieben. — g) = وغلقة. — h) [Samaritan] hat hier ausnahmsweise den diacritischen Punkt.

laufenden Buchstaben des Alphabetes versehenen Anmerkungen zur Handschrift selber.

Um eine Vergleichung mit den behandelten Bibelstellen zu erleichtern, sind bei der deutschen Uebersetzung die betreffenden Bibelverse an den entsprechenden Stellen angemerkt. Das zum Verständniss sowohl des Sprachlichen als des Sachlichen Nothwendige, so wie die sich ergebenden Resultate sind nachträglich in Noten gegeben, zu deren bequemerer Benützung die Zeilen des Mns. mit fortlaufenden, jedoch nur bei jeder 5. Zeile angegebenen Zahlen bezeichnet sind.

In der hier angegebenen Form lasse ich zunächst den samarit. und arabischen Text des Mns. und die deutsche Uebersetzung folgen; dann erst soll auf Inhalt, Zweck und Bedeutung desselben genauer eingegangen werden.

S. I. .... Gott zu Moses (Exod. 12, 1.)
und zu Ahron, nachdem
er gebracht die Strafgerichte[1])
dass sie hinausgehen sollen[2]): dieser (das. V. 2, erste Hälfte)
Monat ist euch
Haupt der Monate,[3])
Ende des Elends
und Anfang der Erholung.
Dieser Monat ist euch
Haupt der Monate,
Eröffnung der (Gottes-) Gnade
und Schluss des Weichens (derselben).

---

[1]) Arab. Uebers.: zehn Strafen des Gottesgerichtes. —

[2]) Scil. aus Egypten. —

[3]) Arab. Ueb.: „der vorzüglichste der Monate", so auch Z. 14, 18, 22, 25, 30 u. 31. —

Arab. Uebersetzung.	Samarit. Text.

---

a) Dieses Wort ist von der gegenüberstehenden arab. Uebersetzung hierher gekommen, und ist zu streichen. —

Dieser Monat ist euch
Haupt der Monate,
Ende der Bedrängniss[1])
und Beginn der Erholung

Dieser Monat ist euch
Haupt der Monate,
Anfang des Bündnisses
und Genüge der Unterbrechung[2])

Dieser Monat ist euch
Haupt der Monate,
Eingang der guten
und Ausgang der schlechten (Dinge).

Dieser Monat ist euch
Haupt der Monate,

Pfad der Beobachtung
und Weg des Glaubens.

Dieser Monat ist euch
Haupt der Monate,
Pforte des Segens
und Schluss des Fluches.

Dieser Monat ist euch
Haupt der Monate,
Ende der Knechtschaft
und Anfang der Herrschaft.

---

[1]) Arab. Ueb. „Strafe". —
[2]) Scil. des Opfer- und Garizim-Cultus.

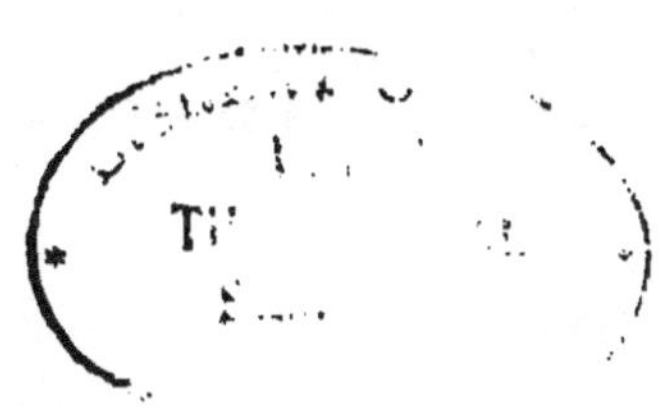

Arab. Uebersetzung.	Samarit. Text.
[Samaritan script]	[Samaritan script] (a)
[Samaritan script]	[Samaritan script] (b) [Samaritan script]
[Samaritan script]	[Samaritan script]
[Samaritan script]	[Samaritan script]
[Samaritan script]	[Samaritan script] (c)
[Samaritan script]	[Samaritan script] (d) [Samaritan script] S. II.
[Samaritan script]	[Samaritan script]
[Samaritan script]	[Samaritan script]
[Samaritan script]	[Samaritan script]
[Samaritan script]	[Samaritan script]
[Samaritan script]	[Samaritan script]
[Samaritan script]	
[Samaritan script]	[Samaritan script]
[Samaritan script]	[Samaritan script]
[Samaritan script]	[Samaritan script]
[Samaritan script]	[Samaritan script]
[Samaritan script]	[Samaritan script]
[Samaritan script]	[Samaritan script]
[Samaritan script]	[Samaritan script]
[Samaritan script]	[Samaritan script] (e)
[Samaritan script]	[Samaritan script]

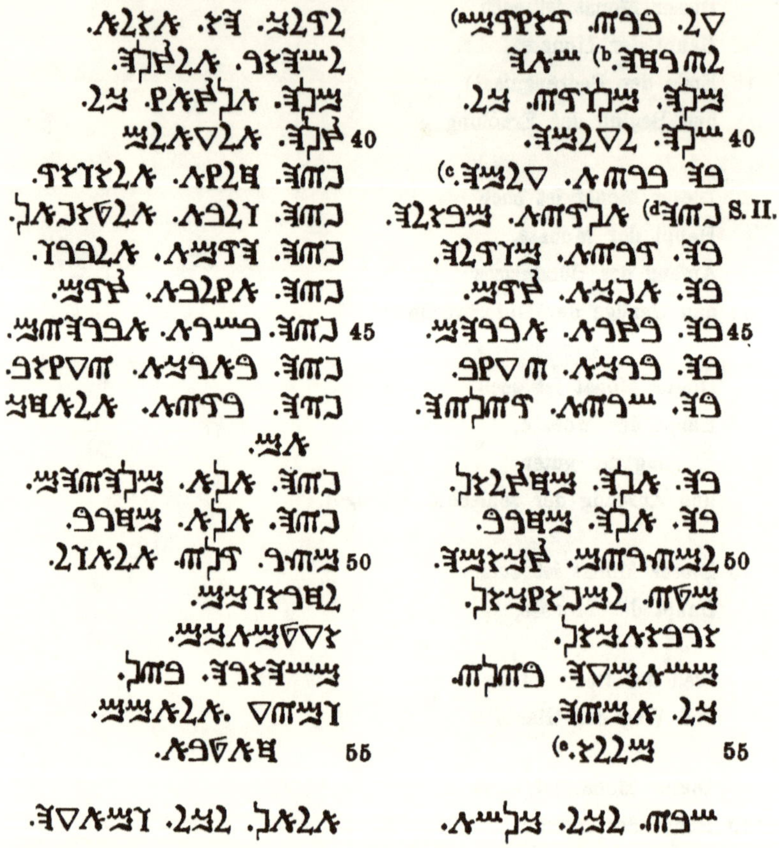

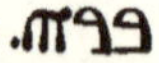

---

a) Z. 37 ist für [Samaritan script] zu lesen [Samaritan script], das darauf folgende [Samaritan script] ist in zwei Worte zu theilen, wobei für das erste [Samaritan script] zu lesen ist [Samaritan script]; die ganze Zeile sollte demnach lauten [Samaritan script]; vgl. die Note hierzu. — b) richtiger [Samaritan script]. — c) Mit dieser Zeile (41) endiget die erste Seite des Mscr. — d) soll [Samaritan script] heissen, [Samaritan script] ist von der arab. Uebersetzung hierher versetzt. — e) Dieses Wort, sowie das ihm entsprechende [Samaritan script] bildet mit dem Anfangsbuchstaben nicht eine Linie mit den andern Zeilen; sondern steht in die Zeile hineingerückt, in der Mitte derselben, um einen neuen Absatz zu bezeichnen (vgl. die Note hierzu); aus demselben Grunde ist zwischen Zeile 55 u. 56 der Raum einer Zeile leergelassen. —

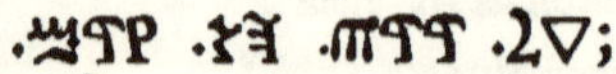

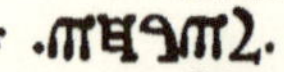

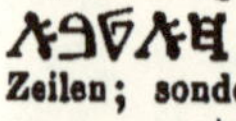

Desshalb ist er der erste (das. V. 2, zweite Hälfte.)
von den Monaten des Jahres;
von ihm ordnet sich jedes
Jahr für ewig.[1])
In ihm erschuf ich die Welt;
S. II. in ihm brachte ich die Sündfluth;
in ihm zertrümmerte ich den Thurm;[2])
in ihm zerstörte ich Sodom;
in ihm verkündete ich Abraham;[3])
in ihm segnete ich Jacob;
in ihm begann ich die Strafgerichte,

in ihm beendige ich sie;
in ihm zerstöre ich
Egypten. Die bestimmte Zahl[4])
ist gekommen für euren Auszug,
und euer Ruhm
wird bekannt zwischen
allen Völkern.
Sprechet (das. V. 3)

doch zur ganzen Gemeinde

---

[1]) Ar. Uebers.: der Welt. —

[2]) Von Babel nämlich. —

[3]) Die Geburt Isaaks.

[4]) Scil. der Jahre. Ar. Uebers. „die vorherbestimmte Zeit".

Arab. Uebersetzung.	Samarit. Text.
[Samaritan]	[Samaritan]

---

a) Hier ist das Wörtchen [Samaritan]. irrthümlich ausgelassen. — b) l. בְּלֵילְיָה. c) Ueber dem [Samaritan] stehen ausnahmsweise zwei Strichelchen, um die Nunation anzudeuten = مشويًا. — d) soll heissen [Samaritan]. — e) الغروبين, im Mscr. steht keinerlei diacritisches Zeichen. — f) Als Beginn eines neuen Verses in der Mitte der Zeile. —

der Söhne Israel,
sie sollen sich bereit halten
zur Zeit des Auszuges.
Am zehnten Tage
in diesem Monate
sollen sie bereit halten ferner[1])
zu opfern das Opfer,
und sollen es bewahren (bis)[2]) (das. V. 6)
(zum) vierzehnten Tage
in ihm, und zwischen beiden Abenden
soll es schlachten die ganze
Gemeinde. Und sie sollen nehmen (das. V. 7)
von dem Blute und sollen geben
auf den obern Thürbalken[3])
und hernach auf die beiden
Thürpfosten. Und sie sollen essen (das. V. 8)

sein Fleisch in dieser Nacht.

(im) Feuer gebraten,
und (mit) ungesäuerte(n) Kuchen mit Bitterkraut
sollen sie es essen. Dieses
ist die wahre Bedeutung des Gesetzes
des Opfers; zwischen beiden Abenden
soll es verrichten das ganze Volk.
Und es sei (das. V. 13)

---

[1]) Der Text ist wahrscheinlich corrumpirt, und hat es statt [illegible] „ferner" zu heissen [illegible] „Lämmer"; vgl. die Note hierzu. —

[2]) Für das irrthümlich ausgelassene [illegible].

[3]) Ar. Uebers. „auf die (obere) Thürschwelle".

Arab. Uebersetzung.	Samarit. Text.
[illegible]	[illegible] S. III.

a) Die beiden Worte irrthümlich durch keinen Punkt getrennt. — b) [illegible], ein [illegible] zu viel. — c) Mit diesem Worte endet S. 2 des Mscr. — d) l. غضبى. — e) zwischen dieser und der folgenden Zeile ist der Raum einer Zeile leer gelassen. — f) Verschrieben für [illegible]. — g) Nach [illegible] fehlt wahrscheinlich [illegible]; vgl. die Note hierzu. — h) soll heissen [illegible]. — i) In diesem Worte war das [illegible] ursprünglich vergessen, und ist erst nachträglich über das erste [illegible] geschrieben worden.

das Blut euch
Zeichen an den Häusern,
wenn der Verderber
es sieht, so geht er vorüber.
Und es sei
S. III. das Blut euch
Zeichen an den Häusern,
wenn mein Zorn es sieht,
so schreitet er vorüber.

Nicht bedarf ich
eines Zeichens, sondern damit
es werde (zur) Erinnerung; (das. V. 14)
ein Gesetz für ewig sei es
für eure Geschlechter, und ihr sollt feiern
es (als) Fest dem Ewigen
für ewig. Nicht soll gesehen werden
in ihm Gesäuertes in ihren Grenzen,[1])
Sieben Tage (das V. 15)
sollt ihr ungesäuerte Kuchen essen.
Wer isst an ihm
Gesäuertes, soll ausgerottet[2]) werden
und meine Güte
nimmt ihn nie mehr auf.
Vom ersten Tage

---

[1]) Arab. Uebers.: in deinen Grenzen.

[2]) Eigentlich: ausgerissen, entwurzelt; die arab. Uebers. hat dafür يُقْتَل „soll getödtet werden."

Arab. Uebersetzung.	Samarit. Text.

---

a) Das erste ... ist nachträglich über das ... geschrieben. — b) Verschrieben für ... — c) für بهيمه. — d) Von dem gegenüberstehenden samarit. Texte anstatt ... hierher gekommen. — e) Am Ende des Wortes fehlt ein ... — f) Im Mscr. stand ursprünglich ..., doch ist das ... nachträglich durchstrichen. Dem Abschreiber schwebte anfangs wahrscheinlich das gegenüberstehende arabische ... vor.

und bis zum siebenten Tage
in allen
euren Wohnungen sollt Ungesäuertes
ihr essen. In Eilfertigkeit (das. V. 11)
sollt ihr es essen;
eure Lenden gegürtet,[1])
eure Schuhe an euren Füssen
und eure Stäbe
in eurer Hand. Nachher (das. V. 12)
steigt meine Herrlichkeit herab und tödtet
alle egyptische Erstgeborene

von Mensch bis Vieh,

und ihr zieht hinaus (das. 14, 8)
mit erhobener Hand,
geführt durch eine Säule (das. 13, 21)
(von) Wolken und Feuer,
ausgerüstet mit Geräthen (das. 12, 35)
(von) Silber und Gold
und (mit) Gewändern. Und ihr
werdet durch sie bereichert
mit grossen Reichthümern.[2])
und die Egypter (das. V. 36)
werden ausgeleert[3]) von Allem

---

[1]) Wörtlich gebunden.

[2]) Das arab. خيرات hat noch den Nebenbegriff: auserlesen.

[3]) Arab. Uebers.: (listig) beraubt.

Arab. Uebersetzung.	Samarit. Text.

---

a) Ursprünglich stand [Samaritan], über dem [Samaritan] steht als Correctur [Samaritan]. Mit Z. 131 beginnt S. 4 des Mscr. — b) Dieses Wort steht in der Mitte der Zeile; zwischen dieser und der vorhergehenden Zeile ist eine leer gelassen. — c) Ebenso wie in Z. 137. — d) Das [Samaritan] hat hier ausnahmsweise den diacritischen Punkt; das [Samaritan] war nämlich verschrieben und ist dann ausgebessert worden, wodurch es einem [Samaritan] ähnlich sieht, der diacritische Punkt soll es nun als [Samaritan] = ع kennzeichnen. — e) [Samaritan] abgekürzt für [Samaritan], wie nach Z. 137 u. 142 leicht zu lesen ist.

ihrem Besitze. Es lehrte
Gott den Moses
das Gesetz des Pessach
S. IV. und er kam und lehrte es
die Gemeinde Israels.
Als die Botschaft durchlief

die Gemeinde: bereitet
euch vor
zu der Zeit des Auszuges.

Und es rief (das. 12, 21 erste Hälfte)
Moses alle Aeltesten
Israels, zu sagen
ihnen den Weg
des Pessach-Gesetzes

Und es rief
Moses alle Weisen[1])
Israels, sie sollen herbeiführen
Schafe und schlachten[2]), wie
ihnen gesagt wurde.

Und es rief Moses alle
Weisen[3]) Israels,

---

[1]) Arab. Uebers. hat auch hier شيوخ, Aelteste.

[2]) Arab. Uebers.: zum Schlachten.

[3]) Arab. Uebers. wieder: die Aeltesten.

Arab. Uebersetzung.	Samarit. Text.
[Samaritan script]	[Samaritan script]
[Samaritan script]	[Samaritan script]
[Samaritan script]	[Samaritan script][a]
[Samaritan script] احرجو الدبايح[b]	[Samaritan script]
[Samaritan script]	[Samaritan script]
[Samaritan script]	[Samaritan script]
[Samaritan script]	[Samaritan script]
[Samaritan script]	[Samaritan script]
[Samaritan script]	[Samaritan script]
[Samaritan script]	[Samaritan script]
[Samaritan script]	[Samaritan script]
[Samaritan script]	[Samaritan script]
[Samaritan script]	[Samaritan script]
[Samaritan script]	[Samaritan script]
[Samaritan script]	[Samaritan script]
[Samaritan script]	[Samaritan script]
[Samaritan script]	[Samaritan script]
[Samaritan script]	[Samaritan script]
[Samaritan script][c] [Samaritan script]	[Samaritan script]
[Samaritan script]	[Samaritan script]
[Samaritan script]	[Samaritan script]
[Samaritan script] الى [Samaritan script]	[Samaritan script]
[Samaritan script]	[Samaritan script]
[Samaritan script]	[Samaritan script]

a) Das erste [Samaritan script] ist nachträglich zwischen [Samaritan script] und [Samaritan script] geschrieben. — b) اخرجو الذبايح, ohne jeden diacritischen Punkt, اخرجو wie gewöhnlich für اخرجوا. — c) Hier hat [Samaritan script] ausnahmsweise den diacritischen Punkt, فمضوا. — Nach Z. 170 u. Z. 174 ist eine Zeile leer gelassen, um die einzelnen Strofen des Verses als solche kenntlich zu machen.

sie sollten offenbaren der Gemeinde
das erste Fest.
und es riefen aus die Weisen[1])
in der Gemeinde: Führet heraus (das. V. 21, zweite Hälfte)

die Opfer, die in Aufbewahrung sind,
und haltet es bereit, denn
die Zeit ist gekommen
und der Krieg des Verderbers
ist diese Nacht geordnet.
Und nehmet ein Gebinde (das. V. 22.)
von Ysop und sprenget
von dem Blute auf
den Oberbalken und auf
die beiden Thürpfosten.
Nachts, der Verderber (das. V. 23)
kommt herab und verwüstet
jedes Haus, wo nicht
an ihm ein Zeichen von
Blut. Und es gingen und thaten (das. V. 28)
die Söhne Israels,
(wie) Kinder, die bereit sind
(zu) gehen in ihre Schule

Und es gingen und thaten
die Söhne Israels,

---

[1]) Arab. Uebers.: die Aeltesten.

Arab. Uebersetzung.	Samarit. Text.
[illegible]	[illegible]

a) منظومة, das [illegible] hat ausnahmsweise den diacritischen Punkt. — b) Mit dieser Zeile (176) endet S. 4 des Mss. Hier fehlen 2—4 Blätter, und S. V steht demnach mit S. IV in keinem Zusammenhange; vgl. die Note hierzu. — c) Für جدة. — d) Verschrieben für [illegible] oder [illegible]; vgl. die Note zu Z. 194. — e) Verschrieben für [illegible].

die Sterne Abrahams,
geordnet am Himmel.

Und es gingen und thaten
die Söhne Israels
— — — — — —

S. V. zu Moses und Ahron
und ihre Herzen bebten
sehr. (Da) sprach zu ihnen
Moses: Ziehet
in Frieden, o Weise![1])

und fraget jeden
Stamm, was sei auch
dieses Geheimniss?
Ich glaube nicht,
dass die Zauberer vermögen
zu fesseln durch ihre Zauberkünste
die Söhne des Schwures.
Das ist nichts als
gewiss[2]), aber wir sind (noch) nicht gekommen
darauf! Aber
nahe ist die Wahrheit,
man wird sie entdecken in Frieden.[3])
Als auseinander gingen die Weisen[4])
in Mitten der Gemeinde,

---

[1]) Ar. Uebers.: Aelteste.

[2]) Oder: das ist Nichts, als etwas Anderes, [illegible] für [illegible] zu lesen; vgl. weiter die Anm. zu dieser Zeile. Ar. Uebers.: Das ist nur Etwas.

[3]) Oder: Nahe ist wahrlich, der sie entdecken wird in Frieden; vgl. die Anm. z. St. Ar. Uebers.: Nahe ist, Der die Wahrheit entdecken wird in Frieden.

[4]) Ar. Uebers.: die Aeltesten.

Arab. Uebersetzung.	Samarit. Text.

a) الصوت, ࠏ für ࠀ. — b) Ein ࠄ zu viel, اليهم. — c) Das ࠋ war vergessen und ist nachträglich vor der Columne geschrieben. — d) Ein ࠉ fehlt am Anfang, ووقفت. — e) Um mit der Zeile auszulangen sind die Worte انت طالب arabisch geschrieben; doch hat nur das ب den diacritischen Punkt. — f) Für ࠊ ist ࠍ zu lesen ࠋࠀࠋࠌࠍ. — g) نَ hat ausnahmsweise das Fètḥa.

da fingen sie an zu fragen
jeden einzelnen Stamm.
Und als erhoben ward[1]) die Stimme

im Stamme Ascher,
kam heraus Serach zu ihnen
in Eile und sprach:
Nicht ist euch irgend ein
Böses. Siehe, ich
erkläre euch,
was dieses Geheimniss sei."
Sie stützten sie und kamen
zu Moses dem Profeten,
und sie stand vor ihm
und er war wie der Mond
in seiner (vollen) Grösse. Sie sprach:
Frieden (mit) dir, Moses,

theuerster der Menschen!
Höre von mir das
Geheimniss, das du suchst.
Es ist recht von diesen
Beiden, dass sie erinnern

---

[1]) Wörtlich: hingeworfen ward.

Arab. Uebersetzung.	Samarit. Text.

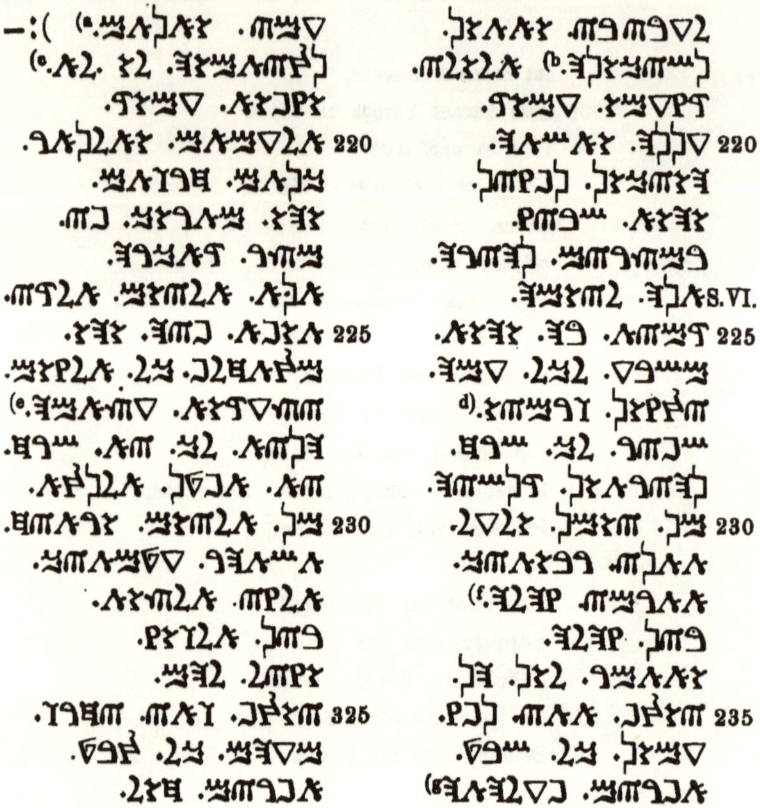

S.VI.

a) Das Zeichen —:(ist dreimal wiederholt, um die Zeile auszufüllen. — b) [illegible] ist überflüssig, es soll [illegible] heissen. — c) Für لَوْلا. — d) Für [illegible] steht [illegible], doch ist der untere waagrechte Strich durch ein senkrechtes Strichelchen getheilt um das [illegible] in [illegible] zu corrigiren. — e) عظامه ist fälschlich mit [illegible] = ض geschrieben, statt mit [illegible]. — f) Verschrieben nach der folgenden Zeile, es soll [illegible] heissen, ebenso ist für das folgende [illegible] zu lesen [illegible] = [illegible]; vgl. Z. 198. — g) Verschrieben, vielleicht für [illegible]; vgl. die Note hierzu.

an meinen Oheim, da ihr
ihn vergessen habet. Wenn nicht
stille gestanden wäre die Säule
(von) Wolken und Feuer;
wäret ihr hinausgegangen,
und er wäre zurückgelassen worden
in Egypten. Ich erinnere
S. VI. mich des Tages,
an dem er starb und er
beschwor das ganze Volk,
sie sollen hinausführen seine Gebeine."
„Recht[1]) hast du, Serach,
Weiseste der Frauen!
Von heute und weiter
werde verkündet[2]) deine Grösse".
Es erhob sich die Stimme
in der Versammlung,
und es wurde ihnen gesagt: siehe!
Josef kommt. Es ging hinaus
mit ihnen der ganze Stamm
Efraim mit[3])

---

[1]) Worte Moses.

[2]) Ar. Uebers.: bekannt.

[3]) Ar. Uebers.: um.

Arab. Uebersetzung.	Samarit. Text.
[Samaritan text]	[Samaritan text]

a) Dieses Wort war ursprünglich ausgelassen und nachträglich mit arabischen Lettern, die aus der Zeile hervorragen, geschrieben worden. — b) Verschrieben für [Samaritan]. — c) Abgekürzt für [Samaritan]. — d) Der Abschreiber, der vergessen hatte, mit den Buchstaben des Wortes [Samaritan] die Zeile auszufüllen, schrieb, um dieses Ziel zu erreichen, den letzten Buchstaben [Samaritan] nochmals am Ende der Zeile.

Serach, und Moses
und Ahron gingen
nach ihnen. Es ging
Serach vor ihnen her
und blieb stehen bei dem Orte,
wo er[1]) begraben[2]) war
in ihm, und sie entdeckten
den Sarg und trugen ihn (fort).
Und es trennte sich Serach von Moses
und Ahron. Es öffnete[3])
der grosse Profet Moses
den Sarg
mit seiner Rechten und beugte sich
über ihn und küsste ihn
und weinte, und fing an
zur selben Zeit[4])
ihn zu beweinen und sprach:
„Selig dein Geist,
Herrlichster des Hauses!“ [5])
Und die ganze Gemeinde
stand, beweinte ihn
und sprach: „Selig
dein Geist, Josef,

---

[1]) „Er“, d. h. Josef.

[2]) Wörtlich: verborgen.

[3]) Dieser Passus liesse sich vielleicht auch so übersetzen: „Da begann der grosse Profet Moses, den Sarg in seiner Rechten (scil.: haltend) u. s. w.; wo aber das Wort: „er begann“, als Einleitung von Moses Rede zweimal, Z. 247 durch פתח, Z. 252 durch שרי gegeben wäre.

[4]) Wörtlich: in dieser Stunde. —

[5]) Scil.: seines Vaters, oder: Israels.

Arab. Uebersetzung.	Samarit. Text.
[illegible]	[illegible]

---

a) Für das erste ࠀ ist ࠀ zu lesen, وستّ مائة. — b) Für [illegible] ist [illegible] zu setzen, منساقين. — c) Das erste [illegible] war vergessen und ist nachträglich über das [illegible] geschrieben. — d) Die beiden letzten Worte dieser Zeile sind durch keinen Punkt getrennt. Nach Z. 273 steht Z. 264—266 des samaritanischen und Z. 264 des arabischen Textes irrthümlich wiederholt; die ersteren 3 Zeilen sind nachträglich durchstrichen worden, die arabische Zeile unverändert ist geblieben. — e) Für [illegible] ist [illegible] zu lesen. — f) Vor diesem Worte ist im Anfange der Z. 277 das erste Wort von Z. 267 irrthümlich wiederholt und nachträglich durchstrichen.

Herr der Freiheit.

O, möge es wissen dein Geist,
dass du getragen wirst von meiner Hand,
und sechsmal hundert Tausende
preisen dein Gebein.
Wolke und Feuer
ziehen her vor dir,
und deine Nachkommen [1])
tragen dich
bis zum Ende (von) hundert
Jahren und vierzig
Jahren warst du begraben
im Lande Mizrajim,
S. VII. und nach allen diesen
Jahren gehst du hinaus
in das Land, das dir zugetheilt ward.
Selig dein Geist!
Sohn der Fruchtbarkeit, Josef [2])!

König, bekleidet mit Freiheit,

dem geschehen grosse Auszeichnung

---

[1]) *Wörtlich:* die Sprossen, die von dir sind.

[2]) *Ar. Uebers.:* o! fruchtreicher Palmenzweig, o! Josef!

Arab. Uebersetzung.	Samarit. Text.
[illegible] وبعد موتكن (a)	[illegible]
[illegible]	[illegible]
[illegible]	[illegible]
[illegible]	[illegible]
[illegible]	[illegible] 285
[illegible]	[illegible]
[illegible]	[illegible]
[illegible]	[illegible]
فلما [illegible]	[illegible]
[illegible]	[illegible] 290
[illegible]	[illegible]
[illegible]	[illegible]
[illegible]	[illegible]
[illegible]	[illegible]
[illegible]	[illegible] 295
[illegible]	[illegible]
[illegible] (b) [illegible]	[illegible]
[illegible]	[illegible]
[illegible]	[illegible]
[illegible]	[illegible] 300
[illegible]	[illegible]
[illegible]	[illegible]
[illegible] (c) [illegible]	[illegible]
[illegible]	(d) [illegible]
[illegible]	[illegible] 305
[illegible]	[illegible]
[illegible]	[illegible]

a) Die beiden arabisch geschriebenen Worte وبعد موتكن haben keinerlei diacritisches Zeichen. — b) Das [illegible] hat ausnahmsweise den diacritischen Punkt für ض. — c) Für [illegible] ist [illegible] zu lesen, مركب. — d) Verschrieben für [illegible], oder [illegible].

in deinem Leben und in deinem Tode.[1])
In deinem Leben warst du
verherrlicht durch Frieden,
denn es bückten sich (vor) dir
die Söhne der Frauen;
und nach deinem Tode bist du
mehr noch[2]) verherrlicht,
da du gepriesen wirst
durch Wolke und Feuer“.
Als der Profet aufhörte
ihn zu beweinen, sprach er
zum Hause Efraim:
traget ihr ihn!
Da trat vor Josua
und trug ihn, und er
rief aus und sprach:
Selig dein Geist!
o Vater, Herrlichster
des Hauses seines Vaters![3])
Erbe, der geerbt hat
die Krone von ihm,
und vererbt hat seinen Nachkommen
Wagen der Herrlichkeit
zur Stunde, da er getragen wird
durch die Hand seiner Kinder.
Es ging die Wolke
und das Feuer vor ihnen.

---

[1]) Ar. Uebers.: und nach deinem Tode.

[2]) Wörtlich: mehr als so.

[3]) Arab. Uebers. hat das Wort [illegible] übersehen und [illegible]. [illegible]. gelesen.

Arab. Uebersetzung.	Samarit. Text.
[illegible]	[illegible]
[illegible]	[illegible]
[illegible]	[illegible]
[illegible]	[illegible]
[illegible]	[illegible]
[illegible]	[illegible]
[illegible]	[illegible]
[illegible]	[illegible]
[illegible]	[illegible]
[illegible]	[illegible]
[illegible] [a]	[illegible]
[illegible]	[illegible]
[illegible]	[illegible]
[illegible]	[illegible]
[illegible]	[illegible]
[illegible]	[illegible] [b]
[illegible]	[illegible]
[illegible] [c]	[illegible]
[illegible]	[illegible]
[illegible]	[illegible] [d]
[illegible]	[illegible]
[illegible]	[illegible]
[illegible]	[illegible]
[illegible]	[illegible]
[illegible]	[illegible]
[illegible]	[illegible]
[illegible]	[illegible]

a) l. ونس. — b) Für [illegible] ist [illegible] zu lesen: [illegible]. — c) l. [illegible]. —
d) Wahrscheinlich verschrieben für [illegible], vgl. die Note hierzu.

Und sie zogen (Exod. 13, 20)
von Succoth und lagerten
in Etham, nahe
zum Thore der Wüste.
An diesem Tage (das. 14, 1)
sprach Gott zu Moses:
Dirigire das Volk
hin vor Pi-ha-chiroth
zwischen Magdalah
und zwischen dem Meere
gegenüber (von) Baal-Zefon.[1]
Und ich kämpfe
S. VIII. für sie in Erbarmen.
Und ich will umwandeln (das. V. 4.)
das Herz Pharaos in Bezug auf sie,[2]
und er wird sie verfolgen[3]
und seine Schmach[4] wird offenbar.
Ich weiss, dass
ihm gesagt wird in Mizrajim: (das. V. 3)
sie[5] sind verirrt
im Lande, geschlossen hat sich
um sie die Wüste.
Auf! verfolge sie,
bis wir sie zurückbringen
in unsern Dienst. Als
beendiget hatten die Egypter (Num. 33, 4)
zu begraben ihre Söhne,

---

[1]) Arab. Uebers. وثن صفون, Götze Zefon.
[2]) Nämlich Israel.
[3]) Arab. Uebers.: bis dass, oder: so dass er sie verfolgen wird.
[4]) Arab. Uebers. وعيوبه, seine Fehler, Sünden.
[5]) Nämlich Israel.

Arab. Uebersetzung.	Samarit. Text.
[illegible] (b	[illegible] (a
[illegible]	[illegible]
[illegible]	[illegible]
[illegible]	[illegible]
[illegible]	[illegible]
(c [illegible]	[illegible]
[illegible]	[illegible]
[illegible]	[illegible]
[illegible]	[illegible]
[illegible] (d [illegible]	[illegible]
[illegible]	[illegible]
[illegible]	[illegible]
[illegible]	[illegible]
[illegible]	[illegible]
[illegible]	(e [illegible]
[illegible]	[illegible]
[illegible]	(f [illegible]
[illegible]	[illegible]
[illegible] (g [illegible]	[illegible]
[illegible]	[illegible]
[illegible]	[illegible]

a) das [illegible] war vergessen und ist nachträglich über das [illegible] geschrieben. — b) Das [illegible] nachträglich über [illegible] gesetzt. — c) Der Abschreiber schrieb, um die gewöhnliche Länge der Zeile nicht zu überschreiten, blos [illegible], mit dem schon erwähnten Abkürzungszeichen, für [illegible], und schrieb in der folgenden Zeile die fehlenden Buchstaben [illegible]. — d) Die mittleren Buchstaben dieses Wortes sind verwischt, offenbar ist zu lesen [illegible], vgl. Z. 368. — e) Das Ms. hat [illegible], doch ist das [illegible] nachträglich durchstrichen. — f) Für [illegible] ist [illegible] zu setzen und [illegible] zu lesen. — g) Zwischen diesem und dem folgenden Worte fehlt der übliche Punkt.

erwachten sie vom Schlafe
ihrer Bedrängniss, kamen
zum König Pharao
und sprachen zu ihm:
„Wehe uns! was (Exod. 14, 5.)
haben wir gethan, dass wir wegschickten
Israel. Auf! bespanne
deinen Wagen, und Alle
werden wir (sie) verfolgen mit dir, bis
wir sie erreichen und zurückbringen
in unseren Dienst.
Sklaven sind sie
uns und unseren Vätern
vor uns, und warum
liessen wir sie hinausziehen
aus Mizrajim? Und ferner
wollen wir zurückbringen die Geräthe,
die sie ausgeliehen haben von uns,
(dass sie) uns leer zurückgelassen haben!"
Es gingen aus Herolde
ins Land Mizrajim

Arab. Uebersetzung.	Samarit. Text.
[illegible]	[illegible]
[illegible]	[illegible]
[illegible]	[illegible]
[illegible] (a.	[illegible]
[illegible]	[illegible]
[illegible] (b.	[illegible]
[illegible]	[illegible]
[illegible]	[illegible]
[illegible]	[illegible] (c.
[illegible] (d.	[illegible]
[illegible]	[illegible]
[illegible]	[illegible]
[illegible]	[illegible]

Noten:

Das Manuscript, wie es uns vorliegt, beginnt mit der Erzählung von der Einsetzung des Pessachfestes und mit der Darstellung der Lehre von der Feier desselben, wobei es sich ziemlich genau an die Bibel, Exod. Cap. 12, anschliesst. Doch ist der diesbezüglichen Auseinandersetzung ursprünglich eine Einleitung vorangegangen, die hier fehlt.

Z. 1] beginnt nämlich mit den Worten יהוה אל משה ולאהרן aus V. 1 dieses Capitels, vor welchen die Uebersetzung des fehlenden ויאמר aus der vorhergehenden verloren gegangenen Seite zu ergänzen ist, etwa ([1] וימלל und in der arab. Uebersetz. خاطب oder قال.

---

a) Ein [illegible] zu viel, وقومه. — b) Das [illegible] war vergessen und ist nachträglich über [illegible] und [illegible] geschrieben. — c) Der Abschreiber, der die Buchstaben des Wortes gedrängt schrieb, statt die Zeile mit ihnen auszufüllen, setzte am Ende derselben, wie in Z. 260, den letzten Buchstaben nochmals. — d) Das Ms. hat [illegible], doch ist das [illegible] nachträglich durchstrichen.

[1]) Da es sich hier nicht mehr um die getreue Wiedergabe des Ms. handelt, geben wir in der Folge die sam. Wörter mit hebräischen, die arabischen mit

und es versammelten sich alle,
die in den Krieg zogen.[1])
Er[2]) spannte an seinen Wagen (das. V. 6)
und sein Volk nahm er
mit sich, und sechs hundert (das. V. 7)
auserwählte Wagen[3])
rüsteten sich mit ihm
zum Kriege, alle Wagen
Mizrajims,
und Wagenkämpfer[4]) für
alle. Und sie jagten her (das. V. 9)
hinter Israel,
und erreichten sie, während sie . . . . (Ende).

Noten:

Z. 3] א...חעתי דיניה ist eine der lehrreichsten, zugleich aber auch der schwierigsten Stellen. Der Sinn ist klar. Sowohl aus dem Zusammenhange, als auch aus der arab. Uebers. ergibt sich, dass hier gesagt werden soll: Gott hat das Folgende zu Moses und Ahron gesprochen, nachdem er die Plagen gebracht hatte. דיניה, das das sam. Targum, gleich Onkelos, immer für das hebr. שפטים setzt, bedeutet hier, wie im Chald. und Syrischen, zunächst „Urtheil", „Gericht", dann die Folge und Ausführung desselben: Strafe, Strafgericht;[5]) genau so wie حكم, das die arab. Uebers. hier hat, und Saadja und Abu-Said[6]) für שפטים zu setzen pflegen, ur-

---

arab. Buchstaben wieder und behalten die sam. Buchstaben nur da bei, wo durch die Aehnlichkeit der einzelnen Schriftzeichen etwas erklärt werden soll.

[1]) D. h. kriegsfähig waren.

[2]) Scil. Pharao.

[3]) Arab. Uebers.: junge Reiter.

[4]) Arab. Uebers.: Anführer.

[5]) Vgl. das sam. Trg. zu Ex. 6, 6; 7, 4; 12, 12 u. a.

[6]) Vgl. das.

sprünglich ebenfalls nur „Urtheil“ bedeutet. Schwierig, weil offenbar verschrieben, ist א...תעתי. Der Werth des zweiten Buchstaben ist zweifelhaft; es stehen nur die drei oberen Köpfe, die nach der Schreibweise des Mns. ࠔ oder ࠌ bedeuten können, je nachdem der fehlende untere Strich von dem dritten Kopfe hart unter diesen drei Köpfen nach rechts, oder von dem ersten, in einer grösseren Distanz, nach links gezogen ist. Eine sorgfältige Vergleichung spricht entschieden für ࠌ. אשתעתי gäbe auch absolut keinen Sinn, während man in אמתעתי vermittelst einer, allerdings nur in einem sam. Mns. statthaften Conjectur אֶתְמְטִי, das Ithp. von מטה „herbeikommen“, oder das Ethp. אִתְמַטִּי „er (Gott) hat herbeigeführt“, vermuthen könnte. Samaritanische Abschreiber sind nämlich über alle Begriffe nachlässig und willkührlich; sie machen Fehler, die man für unmöglich halten würde, wenn sie nicht durch andere Copisten, die dasselbe Stück in einem anderen Exemplare abschrieben, unwiderleglich als solche documentirt würden. Diese, übrigens bekannte und anerkannte Thatsache [1]) ist sowohl zur richtigen Beurtheilung dieser Stelle als auch für die Folge so wichtig, dass sie hier ein für alle mal festgestellt werden soll.

Die Verwechslung der Gutturale ist eine allen sam. Schriftwerken gemeinsame Eigenthümlichkeit, und in dem Umstande begründet, dass die Samaritaner die Gutturale nicht aussprechen.[2]) Sie lesen z. B. Gen. 1. 1, 2 „âssâmêm“ für השמים, „te'u ube'u waašek“ für תהו ובהו וחשך[3]); in ihren Gedichten gibt daher auch פסח und כסע einen ganz guten Reim ab[4]). Eben so gewöhnlich ist die Verwechslung ähnlicher Buchstaben, wodurch die sam. Copisten, theils aus Nachlässigkeit, theils aus Unverstand, allenthalben die ärgsten Schreibsünden begehen, wofür schon das sam. Targum

---

[1]) Vgl. Heidenheim „Vierteljahrsschrift für deutsch- und englisch-theologische Forschung und Kritik“ Bd. II. S. 213.

[2]) S. Petermann „Versuch einer hebr. Formenlehre nach der Aussprache der heutigen Samaritaner“ S. 9.

[3]) Petermann das. S. 161.

[4]) Vgl. Heidenheim, a. a. O. Bd. I. S. 118.

eine Menge sinnstörender und irreführender Beispiele bietet,[1]) besonders wenn man die Varianten vergleicht, welche Petermann in seiner neuen Ausgabe desselben[2]) beibringt. Am gewöhnlichsten ist die Verwechslung von ࠀ und ࠕ, ࠑ und ࠌ, ࠊ und ࠍ, ࠃ und ࠓ; weniger häufig die von ࠁ und ࠓ, ࠃ und ࠑ, ࠔ und ࠑ und ࠏ und ࠒ. Aber auch Buchstaben, die nicht die mindeste Aehnlichkeit mit einander haben, werden oft genug mit einander verwechselt; entweder weil sie ähnlich klingen, wie ࠀ und ࠏ, ࠔ und ࠎ, ࠑ und ࠒ, oder aus purer Nachlässigkeit. Sam. Handschriften, die wir in mehreren Exemplaren besitzen, bieten dafür eine Fülle wahrhaft erschreckender Beispiele. Man vergleiche nur das „Gebet Ab Gelugah's", das Heidenheim[3]) nach einem Mns. der Vaticana mit den Varianten eines Fragmentes aus dem British Museum edirt hat, oder lese die Varianten zu einem beliebigen Capitel der eben erwähnten Ausgabe des sam. Targum. Eine solche Vergleichung wird aber auch die Thatsache feststellen, dass sam. Abschreiber mit ihren Texten so nachlässig und willkührlich verfuhren, dass sie nicht selten zwei und mehrere Worte in eins zusammenzogen und bis zur Unkenntlichkeit verstümmelten, hier ganze Worte wegliessen, dort neue hinzufügten, worauf wir bei Besprechung der Petermann'schen Ausgabe noch zurückkommen.

Nach dem bisher Gesagten dürfte man in א...חעתי um so eher אחמטי suchen, als eine Verwechslung von ח mit ט einem Samaritaner schon aus dem Grunde zuzumuthen ist, weil er ח nie weich, sondern immer hart ausspricht;[4]) ein, wenn auch ganz unerwartet auftretendes ע wäre im Samaritanischen auch nichts Un-

---

[1]) Vgl. meine „Samarit. Studien", Breslau 1868, S. 22—30.

[2]) Pentateuchus samarit. ad fidem libror. manuscr. etc. edt. et varias lectiones adscripsit; fasc. I, Genesis, Berlin, W. Moeser 1872, vgl. z. B. Gen. 31, 22, wo für das hebr. ויגד bei Pet. steht ואחחוי in A ואחוחי, C. ואחוי, Ed. ואחהבי, Ap. ואחבי, oder das. 32, 29, Pet. אחוינני, A. החוי B. אהבינני, C ואחוי שבי, Ed. החבינני, Ap. אהבנני.

[3]) Das. Bd. I. S. 218 flg.

[4]) S. Petermann „Versuch u. s. w." S. 9; vgl. Nöldeke „Ueber einige sam.-arab. Schriften die hebr. Sprache betreffend", Götting. 1862, S. 16.

gewöhnliches, und würde hier nicht mehr überraschen, wie z. B. צדיקעני für צדיקני.[1])

Diese, sonst ziemlich nahe liegende, Conjectur wird aber durch folgenden, nach Annahme der Samaritaner feststehenden, Umstand unhaltbar gemacht. Lesen wir nämlich אתמטי דיניה, oder nehmen wir für das erste Wort irgend ein anderes gleichbedeutendes an, wie es der Zusammenhang und die Uebersetzung, الاخدى erfordert; so würde damit gesagt sein, dass Gott das Folgende zu Moses und Ahron gesprochen habe, „nachdem die Plagen gekommen, oder herbeigeführt, waren", was nicht richtig ist, da zur Zeit als Gott die Einsetzung des Pessachfestes anordnete, nach dem Berichte der Bibel, die letzte Plage, nämlich die Tödtung der egyptischen Erstgeborenen, noch nicht gekommen war, was auch der Verfasser annimmt, wie sich aus Z. 113—116 ergiebt. Da nun die Samaritaner nicht zehn egyptische Plagen annehmen wie die Juden,[2]) sondern deren elf[3]), müsste hier nothwendig stehen, Gott

---

[1]) Heidenheim a. a. O. Bd. I, S. 438. Die betreffende Zeile ist für die Leichtfertigkeit der sam. Abschreiber höchst bezeichnend, sie lautet nach Heidenheim: ויזולתך צדיקעני, wofür zu lesen ist מי זולתך צדיקני „wer ausser dir kann mich gerecht sprechen".

[2]) Diese zählen עשר מכות oder auch עשרה נסים (Aboth. V, 5).

[3]) Die „Passahhymne Marka's" (bei Heidenh. das. Bd. III, S. 96 flg. zählt in der fünften Strophe die egyptischen Plagen auf, als deren erste sie תנין „Schlange" bezeichnet, worauf dann die anderen zehn Plagen folgen, wie sie die Juden annehmen. Die „Hymne Abischas" (das. das. S. 108) sagt in Strophe III ausdrücklich: אותות מספרם אחד עשר und beginnt die nähere Beschreibung dieser 11 Plagen: (Str. IV) ותנין בלעת מטה החרטמים „und die Schlange (d. h. der Ahronsstab, der zur Schlange wurde) verschlang den Stab der Zauberer" (vgl. Ex. 7, 12). Dieses Ereigniss, das nach jüdischer Auffassung (vgl. Nachman. Bibelcomm. u. Iben-Esra zu Ex. 7, 23) ein blosses Wunder war, fassen die Samaritaner als die erste Plage auf, wahrscheinlich desshalb, weil sie die Worte גם לזאת, welche die Bibel (das.) von der Verwandlung des Wassers in Blut gebraucht, die nach den Juden die erste Plage (דם) war, auf eine Plage, die bereits vorüber war, beziehen, also: auf תנין. Gegen diese exegetische Erklärung, die auch wahrscheinlich in einem der zahlreichen handschriftlichen sam. Bibelcommentare niedergelegt ist, polemisirt Ibn-Esra, wenn er zu Ex. 7, 16 bemerkt: כי זאת תחלת המכות אם לא תשמע. כי המטה אשר נהפך לתנין לא היתה מכה. Er kann hierbei nur die Samaritaner im Auge haben, da die Karäer, gleich den Rabbaniten, תנין ebenfalls nur als Wunder und דם als die erste Plage fassen; vgl.

habe das Folgende gesagt, nachdem zehn Plagen gekommen waren, da, wie bemerkt, die elfte und letzte erst noch kommen sollte. Und die arabische Uebers. hat hier in der That عشر حكم الدين[1]). Eine Bezeichnung für zehn kann hier demnach unmöglich fehlen, und wir haben es mit einer entschieden fehlerhaften Leseart zu thun. א...תערי ist entweder ein aus zwei zusammengezogenen Worten entstandenes Corruptel, und wahrscheinlich (ד)איתי עשר oder (ד)אמטי עשר zu lesen; oder das י am Ende war ursprünglich Zahlzeichen[2]) für 10, das, missverstanden und zum Worte gezogen, Veranlassung der falschen Leseart wurde. Vielleicht stand אמטעת י׳ דיניה[3]). Mit Sicherheit ist die ursprüngliche Leseart nicht mehr herzustellen. Auch in die arab. Uebersetzung scheint sich ein Fehler eingeschlichen zu haben; wegen des vorhergehenden من بعد würde man nämlich statt الاحدى erwarten أن احدى

Z. 4—6] אהן ירחה לוכון ראש ירחיה ist die wörtliche Uebersetzung der ersten Vershälfte von Exod. 12, 2. Hieran knüpft sich ein längeres Gedicht bis Z. 36. Es besteht, wie die meisten samarit. Hymnen und Gedichte, aus vierzeiligen Strophen, in welchen

---

Ahron b. Elijah (ניקומדיאו) im כתר תורה zu Exod. 7, 15 u. 16. So entschieden aber auch die Annahme von 11 egypt. Plagen, deren erste תנין ist, der jüdischen widerspricht, so ist sie in ihren letzten Gründen doch auf eine specifisch jüdische Haggadah zurückzuführen. Midr. Rabboth z. II. B. M. Cap. 9 heisst es: למה א"ל כס של תנין לפי שפרעה נדמה לתנין שנ׳ פרעה מלך מצרים התנים הגדול „Gott hat derwegen gerade das Wunder mit der Schlange befohlen, weil Pharao einer Schlange verglichen wird; denn so heisst es: (Ezech. 29, 3) Pharao, König von Mizrajim, die grosse Schlange“ Die Schlange Pharao sollte durch die Schlange des Moses verschlungen werden. Wie so viele andere Midraschim, so hat auch dieser die Samaritaner beeinflusst, als sie תנין als Plage aufstellten, was sich schon daraus ergiebt, dass eine ihren „Passahhymnen“ (bei Heidenh. a. a. O. Bd. III. S. 96) Pharao, genau so wie der Midrasch, die „Schlange“ nennet: מיד פרעה הנחש.

[1]) Saad. und Abu-Said haben immer nur احكام; das hinzugefügte الدين soll hier entweder den göttlichen Ursprung dieser Strafen bezeichnen, oder dem דיניה des sam. Textes entsprechen.

[2]) Dass sich die Samaritaner der Buchstaben als Zahlzeichen bedienen, ist bekannt; vgl. z. B. Heidenh. a. a. O. Bd. III S. 362 u. das. Bd. II S. 80.

[3]) אמטעת = אמטות von מטה, mit dem im Samarit. gewöhnlichen präfigirten א „das Kommen“, etwa wie das syr. ܡܛܝܬܐ und ܡܐܬܝܬܐ, das dieselbe Bedeutung hat.

ein gewisser Rythmus[1]) unverkennbar ist. Die einzelnen Strophen sind durch den leer gelassenen Raum einer Zeile von einander getrennt; jede derselben enthält in den ersten zwei Zeilen die eben erwähnte Vershälfte aus der Bibel, die demnach achtmal mit einigen leichten Abweichungen wiederholt erscheint. Die beiden letzten Zeilen, die auf הָ, תה oder ותה reimen, variiren, mit Ausnahme von Z. 27 u. 28, alle den Gedanken, dass an diesem Monate, dem Nissan, Trübsal endet und ein frohes Ereigniss beginnt. — אהן, wofür in der Folge immer אדן, einmal Z. 33 הדן steht, kommt im sam. Trg. nur als adverb. loci „wo" vor; hier, wie in der carm. sam.[2]) ist es pron. demonstr. „dieser", in welcher Bedeutung אהן und ההן im jerusal. Talmud. öfter vorkommt. לוכון, wofür in der Folge immer לכון steht, hat auch das sam. Trg. zur Stelle. Für ראש steht in den folgenden Strophen immer ריש, was die gewöhnliche Form ist, die auch das sam. Trg. z. St. hat. Da aber ראש ebenfalls, wenn auch seltener, vorkommt, liegt die Nothwendigkeit einer Emendation um so weniger vor, als es zu den Eigenthümlichkeiten der sam. Scribenten gehört, mit den verschiedenen Formen eines Wortes zu wechseln. Für ראש ירחיה[3]) hat die arab. Uebers. اجل الشهور[4]), während Saadjah (z. St.) اوّل übersetzt. Dieses اجل ist um so auffallender, als man gerade nach der sam. Auffassung dieses Bibelverses erwartet hätte, es würde hier scharf betont werden, dass der Monat Nissan der erste der Zahl nach sei[5]). Wahrscheinlich hat sich unser Uebersetzer auch hier an Abu-Said gehalten, der ebenfalls اجل hat, vielleicht weil er in der zweiten Vershälfte ראשון הוא לכם וכו׳ die sam. Anschauung deutlich genug ausgedrückt findet.

---

[1]) Vgl. darüber Gesenius „Carmina Samaritana" Leipz. 1824, S. 8flg.

[2]) Gesen. das. im Index vocabulorum sam. etc. S. 105. s. v. אהן.

[3]) Wir übersetzten es immer wörtlich „Haupt der Monate", weil dieses den ersten Monat, der Zahl nach (den Anfang), so wie der Wichtigkeit und Bedeutung nach bezeichnen kann, und so dem sam. ראש (od. ריש) ירחיה und zugleich der arab. Uebers. اجل الشهور entspricht.

[4]) Z. 10 ist für اوّل wahrscheinlich ebenfalls اجل zu lesen.

[5]) Vgl. hierüber Geiger in der Z. D. M. G. Bd. XX. S. 540flg.

Z. 7 u. 8] Der Monat Nissan wird, mit Bezug auf den Auszug Israels aus Egypten, „Ende des Elends und Anfang der Erholung“ genannt.[1]) אנשמותה von נשם, ursprünglich, wie im Chald. und Syrischen „athmen“ wovon מנשמה „Nase“ (sam. Trg. zu Gen. 24, 22) eigentlich: das, wodurch man athmet; im übertragenen Sinne: aufathmen, sich erholen, ruhen. Vgl. z. B. Exod. 31, 17 וינפש sam. Trg. ואנשם, ferner Gesen. Carm. samarit. I, 9 u. 10, endlich die Bedeutung „genesen“, welche נשם im jerus. Talmud gewöhnlich hat. (S. Levy „chald. WB. s. v.)

Z. 11 u. 12] bezeichnet diesen Monat als מפתוחה דרחותה ומצונקה דפנותה, was wir „Eröffnung der (Gottes-)Gnade und Schluss des Weichens (derselben)“ übersetzt haben. Es ist das eine Angabe, die uns das Verständniss des ganzen Gedichtes erschliesst und interessante, zum Theil neue, Aufklärungen bezüglich der Dogmatik und der, auf dieser beruhenden Zeitrechnung der Samaritaner gibt. Diese Zeitrechnung ist zwar schon wiederholt, am eingehendsten von Vilmar (Abulfathi Annales sam. S. XLIX), behandelt worden; doch sind hierbei so wichtige Momente unbeachtet geblieben, dass wir glauben, auf diesen Gegenstand hier nochmals eingehen zu müssen, indem wir bezüglich der einzelnen Daten und Belege auf Vilmar verweisen, und uns auf die Fixirung und Beleuchtung der wichtigsten Punkte beschränken.

Die Samaritaner lehnen ihre Zeitrechnung an gewisse, zum Theil fingirte, Ereignisse an, die sich auf ihren Garizim-Cultus beziehen und eben so viele Wendepunkte in ihrem religiösen und politischen Leben bilden. An diese anknüpfend, unterscheiden sie drei grosse Zeiträume. Der erste, von Erschaffung der Welt bis zum Einzug ins gelobte Land, zählt 2794 J. Doch war hierbei offenbar nicht der Einzug in Palästina an sich, sondern der Umstand entscheidend, dass mit ihm zugleich der Garizim-Kultus seinen

---

[1]) Vgl. die „Samarit. Festhymne“ bei Heidenheim, a. a. O. Bd. I, S. 422. ואשרי בזכרון הראש — דאתעבד בו נפוש — ליטראל מן דוש — ומבית העבדים „Und ich will beginnen mit dem Andenken des ersten (Festes),“ (nicht aber: „Heil dem Andenken!“ wie Heidenh., der וְאַשְׁרֵי liest, falsch übersetzt) — an dem Erquickung ward — Israel von Arbeit — und vom Hause der Sklaven (d. h. von Egypten). Zu דוש ist zu vergleichen Peterm. Pent. sam. zu Gen. 31. 42, wo Cod. A יגיע כפי übersetzt: ולדוש כפי.

Anfang nahm. Die Samaritaner berichten nämlich, dass die 12 Steine, welche nach Anzahl der Stämme Israels, beim Durchzug durch den Jarden aus dem Bette desselben geholt wurden[1]), sofort auf dem Garizim aufgerichtet und von dem Hohenpriester Elazar mit „allen Worten des Gesetzes“ (den zehn Geboten) beschrieben wurden, ganz so wie es der bekannte Zusatz des sam.-hebr. Pentateuchs zum Dekalog vorschreibt[2]), Darauf sei die Herstellung eines Weges in Angriff genommen worden, der auf den Gipfel des heiligen Berges führte. Bis zur Vollendung desselben habe nämlich das Stiftszelt ein volles Jahr auf freiem Felde stehen müssen. Im zweiten Jahre schon habe Josua das Heiligthum auf dem Garizim erbaut, das Stiftszelt in demselben untergebracht, einen Altar daselbst errichtet u. s. w.[3]) Mit diesem Garizim-Cultus begann das goldene Zeitalter der Samaritaner. Während desselben liess Gott Israel seine Segnungen und seinen Beistand angedeihen, so dass jedes Missgeschick ferne von ihm blieb und kein Feind ihm Etwas anhaben, oder auch nur widerstehen konnte.[4]) Diese glückliche Periode, die „Gnadenzeit“, רעותה oder רחותה,[5]) in jüngeren Schriften

---

[1]) Jos. 4, 3. Vgl. Abulfathi Ann. hrsg. v. Vilm. a. a. O., arab. Text S. 10, Z. 20 flg. und das sam. Liber Jos. (Juynb. a. a. O.) Cap. XIV u. XV, nur dass es hier heisst, auch Josua habe einen Stein für sich genommen, so dass deren 13 gewesen wären.

[2]) S. denselb. Ex. 20, 17.

[3]) S. Abulf. ann. a. a. O. das. S. 26 Z. 12. ... بنى اسرائل دخلوا فى الشهر الاول الموافق لشهر نيسان واقاموا فى هرجريزيم الحجارة ..... واخذوا فى اصلاح الطريق لصعود المشكن الى الجبل المقدس لان المشكن اقام فى المرج .... وفى السنة الثانية بنا يهوشع الهيكل على هرجريزيم وجعل فيه المشكن.

[4]) Die ausführliche Schilderung dieses glücklichen Zeitalters s. bei Abulf. das S. 30, Z. 7 flg. u. im lib. Jos. Cap. XXXVIII.

[5]) In diesem Sinne scheint dies Wort auch im sam. Trg. zu Num. 6, 25 gemeint zu sein, wo יאר ה׳ פניו אליך übersetzt ist: ה׳ (ינהר Onkel.) יניר רחותה לידך u. zu Deut. 31, 17 wo es als Strafe für den Abfall von Gott heisst והסתרתי פני מהם sam. Trg. ואסמר רחותי מנך. Die nächste Ursache dieser Uebersetzungen mag wohl das Streben sein, Anthropomorphismen zu vermeiden, aber die Wahl des Wortes רחותה zeigt hier deutlich auf eine Absicht hin, die uns bald noch klarer entgegentreten wird.

auch mit der hebr. Bezeichnung רצון[1]) in den arab. sam. Schriften ايام الرضى oder الرضوان genannt, bildet den zweiten grossen Zeitraum der sam. Zeitrechnung. Sie zählt 260 Jahre vom Einzuge in Palästina bis zum Tode des Königs Simson, erstreckt sich also vom J. 2794 bis 3054 nach Erschaffung der Welt.[2]) Das Ende dieses zweiten Zeitraumes und der Anfang des dritten wird wieder durch ein religionsgeschichtlich bedeutungsvolles Ereigniss bestimmt: durch den Abfall der Israeliten vom Garizim-Cultus, dessen Anstifter ʻElî war, der in Schiloh (سيلون) einen, dem Heiligthume auf dem Garizim ähnlichen, Tempel und einen Altar errichtete. Wegen dieses Abfalles „zürnte ihnen der Herr, nahm seine Gnade von ihnen und von dem herrlichen Berge", und eine Periode voll nationalen Unglückes, Sectirerei und Unglaubens begann, und das ist der dritte grosse Zeitraum, der mit dem Weichen der Gottesgnade, im J. d. W. 3054 beginnt und noch heute fortdauert[3]), mit der sam. Bezeichnung פנותה, in den arab.-sam. Schriften الضلالة, oder mit dem sam. Worte فنوتة genannt wird. Die Samaritaner zählen demnach in der ersten Periode nach Jahren von Erschaffung der Welt, in der zweiten nach Jahren der רחותה oder des رضوان, in der dritten nach Jahren der פנותה. Die Worte רחותה (רעותה) und פנותה kommen als Bezeichnungen der erwähnten letzten beiden Zeitperioden in sam. Schriftwerken häufig vor, sind aber als solche in der Regel verkannt worden. Die Bedeutung von פנותה hat der feinfühlige Luzzatto, dem die neueren sam. Geschichtsquellen noch nicht zugänglich waren, wohl schon geahnt[4]), aber erst Geiger[5]) hat in פנותה und רעותה die sam. Bezeichnungen für die Zeiträume des رضوان und ضلالة erkannt.

---

[1]) Vgl. Heidenh. a. a. O. Bd. III. S. 368 ומן משה והרצון u. das. S. 486 והשיב ר צון. Die Anmerkung Heidenheims zur ersteren Stelle „die Zeit von Mose bis zur Ankunft des Messias nennen sie die Zeit der Gnade" ist geradezu unsinnig.

[2]) Abulf. das. S. 37, Z. 3 flg. تكون الجملة من ادم عم الى موت شومشم الملك وهو اخر ملوك الرضوان ثلاثة الاف سنة واربعة وخمسين سنة.

[3]) Vgl. Lib. Jos. das. Cap. XLI, XLII u. XLIII und Abulf. ann. das. S. 34, Z. 3 flg. u. S. 42, Z. 1 flg.

[4]) Vgl. dessen Anmerkungen zu Kirchheim's כרמי שומרון S. 115.

[5]) In d. Z. D. M. G. Bd. XXI. S. 179, Anm. 23.

רחותה, seltener רעותה, ist ein im sam. und in den verwandten Dialecten häufig vorkommendes Wort für „Gnade", „Wohlgefallen", welchem رضوان vollständig entspricht. Weniger sicher ist die eigentliche Bedeutung von פנותה. Die Wurzel פנה, die Castellus (im lxc. heptagl. s. v.) als auch im Sam. vorkommend nicht anführt, ist nichts desto weniger auch da häufig [1]) und zwar in der gewöhnlichen Bedeutung: wenden, zu- abwenden. פנותה kann nun entweder auf Israel bezogen werden und dessen Abwendung oder Abfall vom Garizim, und mithin vom wahren Gottes-Cultus, bedeuten; oder aber auf Gott, der seine Gnade von Israel und dem Garizim abgewendet hat.[2]) Für die erstere Auffassung spricht die arab. Uebersetzung الضلالة, für die letztere die übereinstimmende Darstellung im liber Josuae und in den Annalen des Abulfath. Nach dieser hat nämlich die Panutha damit begonnen, dass Gott in seinem Zorne den Abglanz seiner Majestät von Israel und dem Garizim genommen hat, sein Himmelslicht von dem dortigen Heiligthume, so wie das Himmelsfeuer, das sonst immer die dargebrachten Opfer zu verzehren pflegte.[3]) Demnach bestand die Panutha in der Wegnahme aller Wahrzeichen der frühern Gnadenzeit, also darin, dass die Gottesgnade sich abgewendet hat. פנותה, das einen stereotypen Gegensatz zu רעותה bildet[4]), bezieht

---

[1]) Vgl. Uhlemann „Lexc. samarit. s. v. u. Luzzatto a. a. O. S. 116.

[2]) Vilmar, der gar nicht zu ahnen scheint, dass فنوته die Transscription von פנותה ist, spricht immer nur von „Panutha" und „Panuthae tempora" und geht auf die Etymologie und Bedeutung dieses Wortes gar nicht ein.

[3]) Vgl. Abulf. Ann. a. a. O. S. 37, Z. 2. وغضب الله عليهم وازال
الرضوان عنهم وعن الجبل الشريف u. das. S. 39, ...وتخلفوا عن الانكار
نفرت الملائكة عنهم وسخط البارى عليهم وحلّ غضبه فيهم ورفع
تواجهه عنهم وغاب النور الذى كان يظهر بالقدرة فى المشكن وارتفعت
النار اللهوتية التى كانت لا تفارق القرابين على المذبحين ; vgl. ferner lib. Jos. das. Cap. XLI, dem die hier angeführte Stelle Abulfath's beinahe wörtlich entnommen ist, und Cap. XLII. das.

[4]) Vgl. Gesen. „Carm. sam." VII. 25 mit der Emendation Luzzatto's bei Kirchheim a. a. O., ferner bei Heidenh. a. a. O. Bd. III., S. 489 die Stelle aus dem sam. Gebete zur Neumondsfeier: כל זה ברחותה ובזאת..

sich daher gleich diesem offenbar auf Gott; wie dieses die „Gnade“, so bedeutet jenes „das sich Abwenden“ Gottes.

Z. 11] bezeichnet nun den Monat Nissan als מפתוחה דרחותה, als „Eröffnung (Anfang) der Gottesgnade“, was auf die oben angeführten samaritanischen Angaben zurückzuführen ist, der Cultus auf dem Garizim und mit ihm das Zeitalter der Gottesgnade habe sofort nach dem Einzuge ins gelobte Land begonnen. Dieser Einzug fand nämlich nach jüdischen wie nach samaritanischen Angaben im Nissan statt.[1]) Dass dieser Monat

Z. 12] zugleich auch מצנוקה דפנותה[2]) „Schluss der Panutha“ genannt wird, weiset auf eine bisher unbekannte dogmatische Anschauung der Samaritaner hin. Ihr Messiasglaube gipfelt nämlich in dem Satze, die „fluchbeladene Panutha“[3]) werde nach einer bestimmten Anzahl von Jahren, die übrigens nach ihrer eigenen Rechnung schon abgelaufen ist,[4]) aufhören und der Messias, oder, wie sie ihn nennen, der Taêb, kommen und mit ihm auch die entschwundene Gnadenzeit.[5]) Die Angabe, der Nissan sei auch „Schluss der Panutha“, weiset nun deutlich darauf hin, dass die Samaritaner die Ankunft ihres Taêb im Nissan erwarten, genau so wie die jüdische Anschauung die Ankunft des משיח in diesen

---

הימים צלותינו ומקרתינו ותפלתינו תחת קרבנינו בזאת פנותה הארורה הסירה מעלינו והשיב רצון. Heidenb., der die prägnante Bedeutung von רחותה, פנותה u. רצון nicht kennt, hat diese Stelle missverstanden; sie ist zu übersetzen: . . . All das war während der Zeit der Gnade; aber in diesen Tagen sind unsere Gebete, unsere (Thora-)Vorlesungen und unser Flehen an Stelle unserer Opfer in dieser verfluchten Zeit des Weichens der Gnade; entferne sie von uns und bringe zurück die Zeit der Gnade.“

[1]) Vgl. Jos. 4, 19, das sam. lib. Jos. C. XV und Abulfath ann. a. a. O. S. 26, Z. 13 flg.

[2]) צנק verwandt mit שנק, חנק u. ענק, ein im Sam. häufig vorkommendes Wort für „zuschnüren, schliessen“; vgl. das hebr. צינק und das chald. צינוקא, Gefängniss.

[3]) פנותה הארורה im sam. Neumondsgebet bei Heidenheim a. a. O. Bd. III., S. 489, vgl. das. Bd. II, S. 482, Absatz 17 פנותה היא דעבדת כל אהן לבטה, תהי ארורה לגו כל אתר „die Zeit d. Panutha ist es, die verursacht hat alle diese Leiden; sie sei verflucht an jedem Orte“.

[4]) S. Petermann, Reisen I. S. 283 flg.

[5]) Vgl. hierüber Vilmar a. a. O. S. XLI—XLVIII, der das. die Messiaslehre der Samaritaner ausführlich behandelt.

Monat verlegt.[1]) In diesem, wie in vielen andern Punkten haben sich die Samaritaner durch die, von ihnen verworfene und angefeindete, jüdische Haggadah beeinflussen lassen, was sich auch aus ihrer, ebenfalls jüdischen Quellen entlehnten, Annahme ergiebt, der Taêb werde 6000 Jahre nach Erschaffung der Welt erscheinen.[2]) Da mit dessen Ankunft die Panutha aufhören und die Gnadenzeit wiederkehren soll, heisst er תאב, auch תהב und שאב, part. Peal von תוב = שוב, nicht, wie Vilmar (a. a. O. S. XLIV.) meint, weil er Israel, d. h. die Samaritaner, wieder Gott zuwenden, sondern weil er die Gnade Gottes wieder Israel zuwenden wird.[3])

Auf dieses Dogma vom Aufhören der Panutha und der Wiederkehr der Gnadenzeit im Nissan bezieht sich nun das ganze Gedicht, das ein ziemlich treues Bild von dem Messiasglauben der Samaritaner und von den Erwartungen gibt, die sie an die Ankunft des Taêb knüpfen. Mit dieser werden alle die Leiden und Drangsale schwinden, welche mit dem Weichen der Gottesgnade über sie gekommen sind.[4]) Deshalb bezeichnet auch

Z. 15 u. 16] den Monat Nissan als „Ende der Bedrängniss und Beginn der Erholung", Z. 23 u. 24 als „Eingang des Guten und Ausgang des Schlechten", Z. 31 u. 32 endlich als „Pforte des Segens und Schluss des Fluches". חשניקה (Z. 15) chald. חשנוק und שינוקא, syr. ܫܢܝܩܐ und ܫܘܢܩܘܬܐ, von שנק, verwandt mit צנק, vgl. oben zu Z. 12. Schwieriger ist, was

Z. 19 u. 20] von diesem Monat gesagt wird, er sei nämlich ארש קיומה וספוקה דבטולה. Bekanntlich ist ארש = ראש, Haupt, Anfang[5]) und קיומה, auch קיאם, das chald. und syr. קְיָמָה, die stehende Uebersetzung für das hebr. ברית. Was das für ein Bund

---

[1]) בניסן נגאלו ובניסן עתידין ליגאל „im Nissan sind sie (Israel, aus Egypten) erlöset worden, und im Nissan werden sie einst wieder erlöset werden". Vgl. Talm. Rosch-ha-schanah 11a., Rabboth z. II. B. Mos. C. XV u. a. O.

[2]) S. die diesbezüglichen Daten bei Vilmar a. a. O. S. XLVI.

[3]) Dieser Auffassung entspricht auch der, auf samaritanischen Angaben beruhende, Bericht Petermanns über den Taêb-Glauben der Samaritaner; s. dessen „Reisen im Orient, Bd. I, S. 283 flg."

[4]) Vilmar das. S. XL flg.

[5]) S. meine „Sam. Studien" S. 63 u. Geiger in der Z. D. M. G. Bd. XXI, S. 181, Anm. 36.

sei, dessen Anfang im Nissan war, ist nicht sofort klar. Die Offenbarung am Sinai kann hier nicht gemeint sein, da die Samaritaner dieselbe gleich den Juden am Wochenfeste feiern[1]), das sie jedesmal am Sonntag, am 50. Tage nach dem Sabbath, der in die Woche des Pessachfestes trifft, begehen.[2]) Eben so wenig kann sich dieser Passus auf die Wiederkehr der „Gnadenzeit" beziehen, da diese nur die Wiederherstellung des durch die Panutha gestörten Gottesbundes, nicht aber „Anfang" desselben ist. Vielleicht ist die, im Nissan stattgefundene, Erlösung aus Egypten gemeint, mit der das Bündniss zwischen Gott und Israel gleichsam seinen Anfang nahm. Wahrscheinlich aber wird hier wieder auf eine jüdische Haggadah Bezug genommen. Nach dieser ist die Nacht, in der Gott mit Abraham den „Bund zwischen den Opferstücken" (ברית בין הבתרים) schloss (Gen. 15, 1—19), die Pessach-Nacht, also im Nissan, gewesen.[3]) Die Samaritaner, die, wie schon angedeutet und wie später noch deutlicher ersichtlich, von der Haggadah stark beeinflusst worden sind, scheinen auch diese haggadische Annahme acceptirt zu haben. Wenigstens ergiebt sich aus einem ihrer Pessach-Lieder[4]), dass auch sie, gleich der Haggadah[5]), in diesem Bunde geheimnissvolle Andeutungen über die späteste Zukunft Israels, und die ersten Anfänge des Bundes erblicken, den Gott später durch Moses mit Israel geschlossen hat. So liegt nach diesem Pessach-Liede in den Worten (Gen. 15, 9) קח לי[6])

---

[1]) S. die „Samarit. Festhymne" bei Heidenh. das. Bd. I. S. 424 von והשלישי בו bis מבית העבדים.

[2]) Heidenh. das. das. S. 123, Anm. 23 stellt die Sache falsch dar; s. das Richtige bei Geiger, Z. D. M. G. Bd. XX. S. 542 flg.

[3]) Pirke R. Elieser C. 28 u. Midr. Tanchuma z. Abschn. בט״ו בניסן: בא נגזרה גזירה ונדבר עם אברהם אבינו בין הבתרים.

[4]) Bei Heidenh. a. a. O. Bd. III., S. 364—370.

[5]) Vgl. die Midrasch-Werke zu Gen. C. 15 und die פסיקתא edit. Buber, S. 42b.

[6]) So liest der sam. Bibeltext statt unseres קחה לי. Nach Heidenh. lautet der betreffende Passus in Strophe III dieses Liedes: — קח לי עם עשות בתורה לתלת רזים מעזרים (= מחזרים) „(die Worte:) „nimm mir" und „machet" in der Lehre — beziehen sich auf 3 Geheimnisse". Heidenh. will diese Worte in Exod. 12, 3 finden, wo sie aber gar nicht vorkommen. Es ist vielmehr,

עז משלשת, mit denen Gott den Abraham zur Schliessung dieses Bundes aufforderte, eine geheimnissvolle Hindeutung auf das Pessach-Lamm[1]), wahrscheinlich weil es ebenfalls mit dem Worte לקח (Ex. 12, 3 ויקחו להם) gefordert ward, und von den Ziegen genommen werden konnte. (ומן העזים תקחו, das. V. 5.) In den Worten des biblischen Berichtes über die Schliessung dieses Bundes: והנה תנור עשן ולפיד אש אשר עבר בין הגזרים (Gen. 15, 17) findet Abba-Elasar, der Verfasser dieses Liedes, ferner einen Hinweis auf die Sendung Moses[2]); entweder weil sich Diesem Gott im flammenden Dornbusche, oder, gelegentlich der sinaitischen Gesetzgebung, auf dem flammenden Berge offenbarte. Dieser „Bund zwischen den Opferstücken" scheint hier gemeint zu sein, wenn der Nissan als „Anfang des Bundes" bezeichnet wird. Die andere Bezeichnung: סְפוקה דבְטולה (Z. 20) „Genüge der Störung" (oder Unterbrechung), bezieht sich wieder auf den Taêb-Glauben, dessen Hauptinhalt die Erwartung bildet, der Garizim- und Opfercultus, der durch die Panutha gestört wurde,[3]) werde vollständig wieder hergestellt werden.[4]) Zu בטולה, in dem hier gebrauchten Sinne, ist das talmudische ביטול תורה (Schabb. 32b), Störung, Unterbrechung der Thora, und Trg. zu Spr. 15, 22 und zu II. Chr. 28, 19 zu vergleichen. Dieselbe Anschauung liegt,

Z. 27 u. 28] dem שביל מטרתה ואורח אימנותה zu Grunde, da der Nissan einst zur Beobachtung des Gesetzes, zum wahren Glauben führen wird. Wenn der Taêb nämlich den Garizim-Cultus

---

wie sich aus dem Zusammenhange ergiebt, statt עם עשות zu lesen עז משלשת, das von den Gen. 15, 9 erwähnten Opferthieren, wegen Exod. 12, 3 ausgewählt ist.

[1]) In Strophe VII u. VIII, (S. 366 das.).

[2]) Strophe XI. (S. 368 das.): מעמד אברהם לן מפרש — הבסור במשה דנפש — והנה תנור עשן ולפיד אש — אשר עבר בין הגזרים „das Stehen Abrahams (zwischen den Opferstücken) erklärt uns — die Botschaft durch Mosche, die erquickte — (denn so heisst es:) „und siehe! ein rauchender Ofen und eine Feuerflamme, welche hindurch ging zwischen diesen Fleischstücken." Auch ein anderes sam. Pessach-Lied (bei Heidenh. a. a. O., Bd. III., S. 98, in Str. VII.) zitirt diese Bibelstelle als einen Hinweis auf das später angeordnete Pessach-Opfer.

[3]) S. Abulfath a. a. O., S. 72, Z. 15flg.

[4]) Peterm. „Reisen" Bd. I., S. 284, Vilmar, a. a. O., S. XLV.

wieder hergestellt haben wird, wird er die wahre Gotteserkenntniss auf der ganzen Erde verbreiten, und von allen Menschen als König anerkannt werden.[5]) אימנותה, das syr. und chald. הימנותה, kommt in den „Carm. samaritana" als אימנה und אימנות öfter für „Glaube, Religion" vor. Vgl. אמונה im Neuhebräischen.

Die Bezeichnung des Nissan endlich als „Ende der Knechtschaft und Anfang der Herrschaft"

Z. 35 u. 36] ist auf den Glauben der Samaritaner zurückzuführen, der Taêb werde ihnen mit der Gottesgnade zugleich auch die Weltherrschaft bringen.[2])

Nachdem in Z. 4—6 die erste Hälfte von Exod. 12, 2 wiedergegeben und in dem darauf folgenden Gedichte (bis Z. 36) die Wichtigkeit und Vorzüglichkeit dieses Monates motivirt worden ist, wird die zweite Hälfte dieses Verses: ראישון הוא לכם לחדשי[3]) השנה in

Z. 37—40] paraphrasirt und, um den Zusammenhang herzustellen, mit den Worten על דדי eingeleitet, wie das sinnlose על ברי zu emendiren ist. על דדי entspricht nämlich im Samaritanischen (s. Castell. s. v. דדה) dem hebr. על אודות; auch die arab. Uebers. hat dafür لذلك. Eben so fehlerhaft ist das folgende דוקדם, das in zwei Worte zu theilen und הו קדם (= קדמאה oder קמאי) zu lesen ist; arab. Uebers. richtig هو اولا. הו = הוא; vgl. das syr. ܗܘ. Für לירחה שתה in der folgenden Zeile (38) ist לירחי zu lesen. Vgl. zu diesem ganzen Passus das sam. Trg. z. St. (Ex. 12, 2) קדמאה הוא לוכון לירחי שתה. Z. 39 u. 40 מנה מנגדי כל שנה לעלמה ist eine nachdrückliche Betonung der samaritanischen Annahme, dass der erste Monat des Jahres nicht, wie die Juden meinen, von der Reife der Frucht abhänge, sondern i m m e r (לעלמה) der Sonnenmonat Nissan sei, von dem ab man zu rechnen habe.[4]) Für מנגדי ist מנגדה, oder wahrscheinlicher מתנגדה zu lesen.

Z. 41—50] enthält, gleichsam als Motivirung der Bestimmung, dass der Nissan der erste Monat des Jahres sei, eine Aufzählung aller jener grossen Ereignisse, die in diesem Monate stattgefunden

---

[1]) Petermann, das. das.

[2]) S. die Belege dafür bei Vilmar, das. das.

[3]) So liest der sam. Text für das defective ראשון des jüdischen.

[4]) Vgl. hierüber Geiger in der Z. D. M. G., Bd. XX, S. 542 flg.

haben. Dieses Stück erinnert an die beiden bekannten Pessach-Lieder der jüdischen Festliturgie des Pessach-Abends (הגדה)[1]), sowie an das Gedicht Meir b. Isaak's aus dem jüdischen Rituale (Machazor) des zweiten Pessach-Abends[2]), welche genau dieselbe Tendenz verfolgen. Die Aufzählung aller dieser Ereignisse wird hier Gott in den Mund gelegt, daher durchweg die 1. Pers. sing. ברית, אנדית, דרית u. s. w.; weil das Ganze eine weitere Ausführung von Ex. 12, 2 ist, welcher Vers ebenfalls Worte Gottes enthält. Dass die Welt im Nissan erschaffen worden sei

Z. 41] ist eine Annahme, die offenbar aus jüdischen Kreisen zu den Samaritanern gedrungen ist. Der Talmud hat nämlich eine längere Discussion darüber, ob die Welt im Tischri oder im Nissan erschaffen worden sei,[3]) lässt aber die Frage ungelöst; so dass man in der nachtalmudischen rabbinischen Literatur sowie in der jüdischen Liturgie bald der einen bald der anderen Annahme begegnet.[4]) Während sich jedoch die Juden mehr der Ansicht zuneigen, der Tischri sei der Monat der Welterschaffung,[5]) haben sich die Samaritaner, wie sich aus dem in Rede stehenden Passus ergiebt, für den Nissan entschieden.

Z. 42] בה אנדית מבולה „in ihm brachte ich die Sündfluth", so auch die arab. Uebers. فيه جلبت الطوفان; נדה hat nämlich im Aphel die feststehende Bedeutung „bringen, herbeiführen." [6]) Diese Annahme ist mit den biblischen Angaben nur schwer zu vereinigen. Nach Genes. 7, 11 hat die Sündfluth am 17. des zweiten Monates begonnen, was der Talmud (Rosch ha-schanah 11b), anknüpfend an die eben erwähnte Meinungsverschiedenheit,

---

[1]) Das eine beginnt: אז רוב נסים הפלאת בלילה, das andere: אמץ גבורותיך הפלאת בפסח.

[2]) Es beginnt mit den Worten: ליל שמורים אדיר ונאה.

[3]) Rosch ha-schanah 10b u. 27a, Ab. sarah 8a,

[4]) Vgl. Tossafoth zu Rosch ha-schanah 27a, s. v. כמאן.

[5]) Vgl. Trg. Jon. z. Gen. 7, 11; Pirke R. Elieser C. 23; Nachmani Bibelcommentar zu Gen. 8, 5. Auch die beiden erwähnten Pessach-Lieder der הגדה führen unter den im Nissan geschehenen Ereignissen die Erschaffung der Welt nicht an, während es Meir b. Isaak in seinem Gedichte ליל שמורים thut, mit den Worten: ליל שמורים גיה עולם התאיר.

[6]) Vgl. Cast. Lex. Heptagl. s. v. u. Gesenius, Carm. sam. S. 43, Anm. 11.

ob ניסן oder תשרי der Schöpfungsmonat sei, für den 17. Ijar, respective 17. Cheschwan nimmt; keineswegs aber kann damit der 17. Nissan gemeint sein. Nach der eben erwähnten Annahme der Samaritaner, die Welt sei im Nissan erschaffen worden, der ihnen unbestritten für den ersten Monat des Jahres gilt, sollte man vielmehr erwarten, dass sie den Beginn der Sündfluth, der nach der Bibel im zweiten Monat stattfand, in den Monat Ijar verlegen.[1]) Da hier nichts desto weniger der Nissan als der Monat bezeichnet wird, in dem Gott „die Sündfluth brachte“, so haben wir es jedenfalls mit einer spezifisch samaritanischen Auffassung des auf die Fluth bezüglichen biblischen Berichtes zu thun, die höchst wahrscheinlich auf Folgendes hinausläuft.

Genes. 7, 4 u. 12 ist von einem vierzigtägigen Regen die Rede, von dem die Samaritaner anzunehmen scheinen, dass er die eigentliche Sündfluth quasi eingeleitet hat, welche erst nach demselben so recht und eigentlich begann.[2]) Wahrscheinlich fassen

---

[1]) Unter den „Weisen der Völker“, חכמי אומות העולם, von denen im Talmud, Rosch ha-schanah 11b, im Gegensatz zu den „Weisen Israels“ ausgesagt wird, dass sie nicht nur bei ihrer gewöhnlichen Kalenderberechnung, sondern auch bei Festsetzung der an die Sündfluth anknüpfenden chronologischen Daten der Bibel vom Nissan, als von dem ersten Monate, ausgehen, sind offenbar die Samaritaner zu verstehen. Wenigstens wüssten wir ausser den Juden kein anderes Volk, das nach Jahren der Sündfluth zu zählen und die an diese anknüpfenden chronologischen Angaben (Gen. 7, 6 u. 11; 8, 13; 9, 28; 11, 10—27) der Bibel nach seiner Auffassung festzustellen Veranlassung hätte, als eben die Samaritaner. Dazu kommt noch, dass sie die Weltschöpfung, wie sich oben aus Z. 41 ergab, in der That auf den Nissan ansetzen, und in Folge dessen, wie wir gleich sehen werden, bei Bestimmung der auf die Sündfluth bezüglichen chronologischen Daten der Bibel, wirklich vom Nissan, als vom ersten Monate, ausgehen. Die Bezeichnungen für „Nichtjuden“: עכום כותי u. אומות העולם — Letzteres eigentlich die prägnante Bezeichnung für „Samaritaner“ — wechseln, zumeist in Folge späterer Correcturen, bekanntlich häufig in den rabbinischen Schriften.

[2]) Einer ähnlichen Auffassung begegnen wir übrigens auch bei einigen älteren jüdischen Commentatoren. So heben Salomon b. Isaak (רש״י) und Bechai b. Ascher, in ihren Bibelcommentaren z. St., den anscheinenden Widerspruch zwischen Gen. 7, 12 „und es war der Regen 40 Tage“ und zwischen V. 17 das. „und es war die Sündfluth 40 Tage“ hervor und erklären: es habe zunächst 40 Tage lang geregnet; hätte die Menschheit während dieser Zeit sich gebessert, wäre dieser Regen zum Segen gewesen, da sie es aber

sie ויהי הגשם על הארץ ארבעים יום, V. 12 das., als praeteritum in dem Sinne, dass der Regen bereits 40 Tage war, als das, in V. 11 das. berichtete, sich Oeffnen der Quellen und der Himmelsschleusen, die eigentliche Sündfluth, begann, worin sie V. 17 das. noch bestärkt haben mag, der ausdrücklich berichtet, die Fluth sei erst nach 40 Tagen so stark geworden, dass sie die Arche tragen konnte.[1]) Nur wenn wir diese Annahme, die in einem der zahlreichen, uns leider noch immer unzugänglichen, samarit. Bibelcommentare ihre nachträgliche Bestätigung finden dürfte, festhalten, ist die Angabe, Gott habe die Sündfluth im Nissan gebracht, erklärlich.[2]) Wenn nämlich die eigentliche grosse Fluth, nach V. 11,

---

nicht that, sei er zur Sündfluth geworden. Nur lassen diese jüdischen Commentatoren die Fluth mit diesem 40tägigen Regen, nach V. 11 das., am 17. Tag des zweiten Monates beginnen; während die Samaritaner diesen Regen 40 Tage vorher, also am 7. des ersten Monates beginnen lassen. Salomon b. Isaaks Erklärung wird zwar weder von ihm, noch von seinen Supercommentatoren auf einen Midrasch zurückgeführt, bezieht sich aber nichts desto weniger auf einen solchen, u. z. auf Mechilta z. בשלח, V., wo Gen. 19, 24 erklärt wird: אם עשו תשובה הרי מטר ואם לאו גפרית ואש „werden sie Busse thun, wird es Regen; wenn nicht, so wird es Schwefel und Feuer".

[1]) Vgl. Ibn-Esra, Bibelcomment. z. St.

[2]) Ein anderer Erklärungsversuch, der auf den ersten Blick ungleich einfacher erscheint, erweiset sich bei genauerer Prüfung als nicht stichhaltig. Nach Gen. 8, 13 war die Oberfläche der Erde am ersten Tage des ersten Monates wieder trocken, also die Fluth abgelaufen. Wenn nun בה אנדית מבולה heissen könnte „in ihm entfernte ich die Sündfluth", so wäre die Stelle einfach erklärt. Das ist aber entschieden nicht der Fall. Man könnte bei אנדית allerdings an das hebr. נדה, das im Piel, und an das chald. נדא, das im Pael die Bedeutung „entfernen" hat, denken; aber in dieser Bedeutung kommt נדה im Samarit. nie vor. Es hat hier vielmehr, wie schon bemerkt, im Afel die feststehende Bedeutung „bringen, herbeiführen", und ist es ausschliesslich in diesem Sinne sowohl im sam. Trg. (vgl. Cast. Lex. heptagl. u. Uhlem. im Lex. zu seinen „Justitutiones ling. sam." s. v.) als auch in den „Carm. sam." (s. Gesen. das. S. 43, Anm. 11 u. Kirchh. in כרמי שומרון S. 44, Anm. 2) recht häufig gebraucht, und zwar ist es, wie Gesen. (a. a. O. das.) mit Recht bemerkt, ein Arabismus, und entspricht, wie sich aus mehreren Stellen ergiebt, dem arab. ندا „rufen", im übertragenen Sinne „herbeirufen, herbeiführen, bringen". Hat aber אנדית diese Bedeutung, die ihm auch durch die arab. Uebers. جلبت gesichert ist; so bleibt zur Rechtfertigung dieser Stelle unseres Mns. kaum ein anderer als der oben erwähnte Erklärungsversuch.

am 17. des zweiten Monates begann, Gott aber, gleichsam um sie vorzubereiten, schon 40 Tage vorher hatte regnen lassen; so fällt der Beginn dieses Regens, und mithin der eigentliche Anfang der Sündfluth, 40 Tage vor dem 17. des zweiten Monates, also auf den 7. Tag des ersten Monates, das ist des Nissan.

Z. 43] בה דרית מגדלה „in ihm zerstörte ich den Thurm." דרה, das hebr. זרה, chald. u. syr. דרא, eigentlich „zerstreuen, auseinanderwerfen," davon „zerstören, zertrümmern." Unter מגדל ist der Thurmbau zu Babel (Gen. C. 11) zu verstehen. البرج, das unsere Uebersetzung hat, ist nach Abu-Said z. St., denn Saadjah übersetzt المجدل. Da in der jüdisch-rabbinischen Literatur, meines Wissens, auch nicht der leiseste Anhaltspunkt für die Annahme zu finden ist, der Thurm zu Babel sei im Nissan zerstört worden; so darf diese Angabe unseres Manuscriptes als spezifisch samaritanische Tradition gelten.

Die Verkündigung des Engels, dass Sarah einen Sohn gebären werde (Gen. C. 18), so wie die Zerstörung Sodoms hat nach

Z. 44 u. 45] ebenfalls im Nissan stattgefunden. Es ist das eine jüdische Tradition, welche diese beiden Ereignisse im Zusammenhange behandelt und das echte Gepräge des haggadischen Midrasch unverkennbar zeigt. Sie geht nämlich von der Annahme aus, dass Abraham im prophetischen Geiste alle später gegebenen jüdischen Gesetze vorher geübt habe, und verlegt den Besuch der drei Engel bei Abraham, deren einer die Geburt Isaaks verkündete (Gen. 18, 1 flg.), auf den 15., nach einer anderen Angabe auf den 17. Nissan, indem sie das Wort מועד (das. V. 14) als „Fest" auffasst, und das Pessachfest darunter versteht. Die am nächsten Tage erfolgte Zerstörung Sodom's verlegt sie consequenterweise ebenfalls auf das Pessachfest, was sie schon in den Worten ומצות אפה (das. 19, 3) angedeutet findet, worunter sie die späteren religionsgesetzlich vorgeschriebenen ungesäuerten Pessach-Brode versteht.[1]) Wenn daher die Samaritaner den Besuch der Engel bei Abraham und die Zerstörung Sodoms im Nissan, genauer am Pessachfeste, stattfinden lassen; so folgen sie darin ebenso der jüd. Haggadah,

---

[1]) Vgl. darüber ausführlich Beer „Leben Abrahams" S. 28 u. 37 so wie die Noten dazu.

wie das (zu Z. 41—50) bereits erwähnte jüdische Pessach-Lied אמץ גבורותיך, welches unter den am Pessach stattgefundenen Ereignissen diese beiden ebenfalls hervorhebt.[1]) Bemerkenswerth ist es, dass das sam. Trg. in קמח סלת (das. 18. 6), woraus Abraham für die ihn besuchenden Engel Kuchen bereiten lässt, סלת nicht wie an allen anderen Orten mit dem hebr. Worte, sondern ausnahmsweise פטיר übersetzt, קמח פטיר „Mehl von ungesäuerten Kuchen“, weil es nicht zugeben will, dass Abraham am Pessach von gewöhnlichem Mehle, das leicht in Gährung übergehet, also gesäuert wird, Kuchen gemacht haben soll. Es lässt ihn daher aus, natürlich geriebenen, Osterkuchen (פטיר die gewöhnliche Uebersetzung für מצה) bereitetes Mehl nehmen, das nicht mehr säuern kann, wie es die Juden, aus dem eben erwähnten Grunde, bekanntlich noch heute am Pessach zu thun pflegen.

Z. 46] בה ברכֿת יעקב. Dass Jakob den Segen Isaaks (Gen. C. 27) im Nissan erhielt, ist wieder auf jüdische Quellen zurückzuführen, und in dem schon erwähnten Gedichte Meir b. Isaaks (s. oben. Z. 41—50) ebenfalls hervorgehoben.[2]) Der Midrasch[3]) knüpft diese Annahme an den Umstand, dass Jacob für seinen Vater zwei Ziegenböcklein bereitet hat (das V. 9), die dieser unmöglich hätte verzehren können; sie seien vielmehr bestimmt gewesen ([4]אחד כנגד הפסח ואחד לעשות לו מטעמים „das eine zur Feier des Pessach, das andere zum Essen.“

Z. 47] Dass die Strafgerichte, d. h. die egyptischen Plagen, im Nissan begonnen haben, ist nicht aus der Bibel zu erweisen, vielmehr auch nur eine traditionelle Annahme der Juden, welche diese Plagen entweder im Monat Ab oder im Nissan beginnen lässt.[5]) Wenn aber nach

[1]) דלתיו דפקת כחום היום בפסח u. s. w. (nach Gen. 18, 1) und זועמו סדומים ולהטו באש בפסח u. s. w.

[2]) שריבה ברכות כונה על יעקב בנה.

[3]) Jalkut zu Gen., Abschn. 114 (nach Pirke R. Elieser) הגיע ליל פסח קרא לעשו בנו u. s. w. Vgl. das sogen. Trg. jerus. zu Gen. 27, 1. וקרא ית עשו בריה רבא בארביסר בניסן.

[4]) Vgl. das. das. V. 9: חד לשום פסחא וחד לשום קרבן חגא.

[5]) S. darüber ausführlich, Seder ha-doroth s. anno תמ״ז.

Z. 48] diese Plagen auch im Nissan **endigen**; so ist das in dem Umstande begründet, dass sofort nach der letzten Plage der Auszug aus Egypten erfolgte (Ex. 12, 31—35), der eben im Nissan stattfand.

Z. 50] סכומה, das chald. u. syr. סכום, eigentlich „die Zahl", d. h. die volle, vorherbestimmte Zahl, hier von Jahren (arab. Uebers. أجل = eine vorherbestimmte Zeit) mit Bezug auf Genesis 15, 13, wo der Aufenthalt in Egypten in vorhinein auf 400 Jahre angegeben wird. Aehnlich heisst in der Midrasch-Literatur die Ankunft des Messias, und somit das Ende der Diaspora, קץ „Ende" und עת קץ „Zeit des Endes", weil, wie die Juden und Samaritaner gleichmässig annehmen, die Vorsehung diesen Zeitpunkt vorher genau bestimmt hat. (Vgl. Vilmar, a. a. O. S. XLVI.)

Z. 54] אמיה, das hebr. אֻמָּה, chald. אומא, syr. ܐܘܡܬܐ, neben עם = Volk.

Nachdem in dem Bisherigen der den Samaritanern so wichtige Punkt, dass der Nissan der erste Monat des Jahres ist, nach Ex. 12, 2 gehörig fixirt ist, und alle Momente angegeben sind, welche diesen Monat auszeichnen, kehrt das Mns. wieder zur Erzählung der Bibel zurück und gibt in

Z. 55—57] die ersten Worte des nächstfolgenden Verses (3, das.) genau wieder. Der sam.-hebr. Bibeltext weicht hier nämlich vom jüdischen ab [1]) und liest דברי נא אל כל עדת בני ישראל, was das sam. Trg., nach der Polyglotte, מללו שבי עם כל כנשת ברי ישראל übersetzt; genau so unser Mns.; nur dass es statt עם ein ל, und בני für ברי hat, was bei der grossen Anzahl der verschiedenartigsten Varianten in den einzelnen Exemplaren des sam. Trg. nicht im mindesten auffallen kann. Die arab. Uebers. خاطبا الآن لكل جماعة بنى (بنو) اسراييل **stimmt buchstäblich** mit Abu-Said z. St. überein, während Saad. وكلما جماعة hat. Der Dual خاطبا bezieht sich auf Moses und Ahron, an welche, nach V. 1 u. 2 das., diese Worte gerichtet sind. Die zweite Hälfte dieses Verses wird in

---

[1]) In diesem fehlen die Wörtchen נא und בני, welch letzteres auch LXX. *υἱῶν Ἰσραήλ* und Pesch. ܠܒܢܝ̈ ܐܝܣܪܝܠ haben.

Z. 58—63 paraphrasirt. Das auffallende עורי (Z. 62) könnte zwar zur Noth so erklärt werden, dass es wegen des zweimaligen יעתדון stehe. Der Sinn wäre: sie sollen **sich** vorbereiten, יעתדון גרמון (Z. 58) und sie sollen **ferner** (noch) vorbereiten, יעתדון עורי. Aber in diesem Falle fehlte das Object und zugleich das Wort, auf das sich יהוה in Z. 64 u. 67 bezieht. Sowohl der Zusammenhang als auch der biblische Text — ויקחו להם איש שה — auf den diese Zeilen sich beziehen, fordert hier statt עורי ein, dem hebr. שה entsprechendes Wort. Da es nun in Z. 145, wo Moses sich des hier erwähnten göttlichen Auftrages entledigt, heisst יגדון אענין, so ist hier für עורי zu lesen ענין, oder עאנין, oder auch אענין, welche Formen im Samarit. für das chald. ען, ענא, עאן (= d. hebr. צאן) vorkommen;[1]) nur dass es dort einen Collectiv-Begriff ausdrückt, hier aber, wie sich aus Z. 145 ergiebt, ganz unserem „Lamm" entspricht. Die Corruptel עורי muss übrigens eine alte sein, da sie dem arab. Uebersetzer, der dafür ايضا hat, bereits vorlag. Das Gebot, das Pessach-Lamm, das am 14. Nissan geschlachtet wird, schon am 10. bereit zu halten (Z. 60—65), beobachten die Samaritaner noch heute, während die Juden es nur von dem ersten, in Egypten dargebrachten, Pessach-Opfer (פסח מצרים) gelten lassen.[2])

Z. 64—68] ist die ziemlich treue Uebersetzung von V. 6 das. Nach יהוה (Z. 64) fehlt, wie sich aus der hier behandelten Bibelstelle ergiebt, עד oder סעד „bis"; arab. Uebers. الى أربعة عشر (يوما) יום — בין רמשיה (Z. 66) ist die wörtliche Uebersetzung des biblischen בין הערבים, die auch das sam. Trg. (z. St.) hat. Die arab. Uebers. hat dafür بين الغروبين, wie auch Saad. und Abu-Said übersetzen. Die Samaritaner verstehen darunter die Zeit zwischen Mittag und Sonnenuntergang;[3]) ähnlich erklärt es auch die Mechilta zum Abschn. בא, C. 5. בין הערבים.... משש שעות ולמעלה „von der sechsten Stunde des Tages" (d. h. von Mittags 12 Uhr an) und weiter.

Z. 68—72] ist die wörtliche Uebersetzung des folgenden Verses

---

[1]) Vgl. Cast. s. v. ערן.

[2]) Vgl. einerseits: Petermann „Reisen" I. S. 288, und anderseits Pessachim 96a.

[3]) Petermann, a. a. O. S. 236.

(7 das.) Für שתי המזוזות und משקוף, was das sam. Trg. durch das hebraisirende תרתי מזוזיתה und שקופה gibt, wie auch unser Mns. in Z. 161 u. 162 übersetzt, stehen hier ungewöhnliche und ziemlich auffallende Bezeichnungen, und zwar: מדיקה (Z. 70) für משקוף und סגיאה (Z. 72) für מזוזה. Die Form מדיקה kommt sonst weder im Samarit., noch in den verwandten Sprachen vor. Aruch, s. v. דקא, ebenso Castell. und Buxt. s. v. דוק, haben דקא (דוקיא) „Balken“ und erklären es durch das griechische δοκίς, δοκός. Sie beziehen sich dabei auf Midr. Rabboth zu Klageliedern 1, 1 zu רבתי בגוים, wo in einer Traumdeutung das nom. propr. קסדוקיא (קפודקייא) „Kappadocien“ erklärt wird: כפא בלשון יון עשרים, דיקייא הן בלשון יון קורות „der griech. Buchstabe κ (כפא) bedeutet im Griechischen (als Zahlzeichen) zwanzig, דיקייא aber heisst im Griechischen „die Balken“. Es ist das aber weiter nichts als eine im Midrasch häufig vorkommende etymologische Spielerei, und מדיקה kann unmöglich von diesem דקא, דוקיא, δοκίς abgeleitet werden, so sehr auch diese Erklärung dem Sinne nach genügte. מדיקא entspricht vielmehr, sowohl der Bedeutung als der Etymologie nach, dem hebr. משקף[1]), wofür es hier steht. שקף wird im sam. Trg. immer durch דוק (vgl. Cast. s. v.) gegeben, das auch im Chald. und Syr. „schauen“ heisst und auch im Trg. Jon. und in der Midrasch-Literatur in dieser Bedeutung häufig vorkommt.[2] Dem Hif. השקיף entspricht nun im Sam. (Afel) אדיק, und dem משקף des part. act. מדיקה. So haben sich die Samaritaner, nach ihrer bekannten Manier, sklavisch nach dem Buchstaben zu übersetzen,[3]) משקף zurecht gelegt und übersetzt. מדיקה wäre demnach eigentlich „das, was herunterschaut“, d. i. das Gebälke, der Balken, hier der Oberbalken der Thüre.[4]) Die arab. Uebers.

[1]) Der hebr.-sam. Text hat nämlich die defective Leseart, während der jüd. plene משקוף hat.

[2]) Vgl. Aruch s. v. דק u. Levy „chald. WB.“ s. v. דוק.

[3]) Vgl. meine „Sam. Studien“ S. 36 flg.

[4]) משקוף wird übrigens in einem ähnlichen Sinne auch von manchen älteren Exegeten von שקף = schauen, und nicht von einem, im Kal sonst ungebräuchlichen, שקף „ein Haus decken, bälken“, abgeleitet. So von Ibn-Esra z. St., der es für ein über der Thüre angebrachtes Fenster hält, von Nachmani, der es „Oberbalken“ erklärt, der beim Eintritt ins Haus Allen in

hat hier dafür عتبة, was sowohl die untere als die obere Thürschwelle bedeuten kann, in Z. 161 aber, gleich Abu-Said, das prägnantere مشرف, von شرف „von der Höhe herabblicken." Das sonst nirgends vorkommende פגיאתה (Z. 72) für מזוזת hängt entweder mit dem arab. فجا „öffnen" zusammen, das gewöhnlich von der Thüre gebraucht wird und auch das Auseinanderstehen zweier paralleler Glieder (hier der beiden Thürpfosten) bedeutet, oder es ist verschrieben, und hat dafür, was wahrscheinlicher ist, etwa מזיאתה, oder מזוזיתה zu stehen, wie das sam. Trg. z. St. und hier Z. 162 (מזוזהתה) hat. Die arab. Uebersetzung الاقصيبين, hier u. Z. 162, die weder Saad. noch Abu-Said hat, ist פצים,[1]) das im Talmud. (s. Aruch s. v.) öfter für „Thürpfosten" vorkommt.

Bemerkenswerth ist noch, dass die Reihenfolge der mit dem Blute zu besprengenden Gegenstände, nach der Bibel שתי המזוזות und המשקוף, hier umgekehrt angegeben ist, was um so auffallender erscheint, als diese umgekehrte Reihenfolge recht nachdrücklich hervorgehoben wird: על מדיקה ובתר כן על תרי פגיאתה „auf den Oberbalken und hernach auf die beiden Thürpfosten." Es ist das wahrscheinlich auf folgenden Umstand zurückzuführen. Die Bibel kehrt nämlich bei Wiederholung dieses Gebotes (das. V. 22) die Reihenfolge dieser Gegenstände ebenfalls um und erwähnt משקוף zuerst, während hier zuerst שתי המזוזות steht. Der halachische Midrasch hat nun daraus die Schlussfolgerung gezogen, dass es ganz gleichgültig sei, ob der Oberbalken oder die Thürpfosten zuerst besprengt werden, eben weil die Bibel das einemal den Einen, das anderemal die Anderen zuerst anführt.[2]) Die Samaritaner aber mögen sich, vielleicht aus Opposition gegen die Juden, an den letzteren Vers (22) gehalten, und die dort angegebene Reihenfolge für bindend angenommen haben. Das Besprengen mit dem Blute findet übrigens auch bei den Samaritanern nicht

---

die Augen fällt, wobei er sich gleich Ibn-Esra auf Gen. 26, 8 beruft, endlich von dem Karäer Ahron b. Elijah, im כתר תורה zu St., והיא תואר נגזר על שם ההשקפה.

[1]) Vielleicht ist dieses פצים auch dem verschriebenen פגיאתה zu substituiren und dafür פצימאתה zu lesen.

[2]) S. Mechilta zu Abschnitt בא (Cap. VI.) zu den Worten על שתי המזוזות.

mehr statt, da sie, gleich den Juden,[1]) der Ansicht sind, dass es nur gelegentlich der ersten Pessachfeier in Egypten geboten war. Hingegen machen sie mit dem Opferblute ihren Kindern noch heute einen Strich von der Stirne bis zur Nasenspitze.[2])

Z. 72—76] enthält die wörtliche Uebersetzung des folgenden Bibelverses (8), welche, bis auf einige leichte Varianten, mit dem sam. Trg. übereinstimmt. Auffallend ist שליק נור (Z. 74) für צלי אש, da sich die Sam. stricte an das צלי halten, und das Pessach-Lamm noch heute braten,[3]) der Ausdruck שליק aber unbestimmt genug ist. Im Samaritanischen kommt es zwar, meines Wissens, sonst nicht vor, in den verwandten Sprachen (chald. u. syr.) aber bedeutet es in den meisten Fällen „kochen" und nur sehr selten „dörren, braten". Die arab. Uebers. hat hier das prägnantere مشويا, und das sam. Trg. z. St. צלי נור.

Z. 77] כבר גזירה gibt keinen Sinn; die arab. Uebers. hat dafür حقيقة فريضة. Diesem حقيقة entsprechend, ist כבר in כבן (כבון) zu emendiren. Dieses ist, neben כון, die häufigere sam. Form für das hebr. und chald. כון, und entspricht genau dem arab. حقيقة „die wahre, richtige Bedeutung" einer Sache. So übersetzt z. B. das sam. Trg. נכון הדבר, Deut. 17, 4 כבון ממללה; vgl. übrigens Cast. lex. hept. s. v. כבן und כון.

Z. 80—83] ist die, mit dem sam. Trg. buchstäblich übereinstimmende, Uebersetzung der ersten Hälfte des V. 13 das. Die arab. Uebers. entspricht wieder genau der des Abu-Said. Die zweite Hälfte dieses Verses aber ist (Z. 83—91) weitläufig paraphrasirt. Der Verfasser unserer Handschrift hat nämlich, wie alle späteren Samaritaner,[4]) eine noch grössere Scheu vor Anthropomorphismen als das sam. Trg. Während dieses וראיתי את הדם ופסחתי wörtlich übersetzt, will Jener nicht zugeben, dass Gott gesagt haben soll, er werde das Blut sehen und vorübergehen, und paraphrasirt: der Verderber (מחבלה, wie das sam. Trg. V. 23 das. משחית übersetzt) wird das Blut sehen (עמי, oder עמיה Z. 88

[1]) Vgl. Mischnah, Pessach. 96a.

[2]) Peterm. a. a. O. Bd. I. S. 237.

[3]) Das. das. S. 238.

[4]) Vgl. Gesen. „Carm. sam." pag. 11.

= חמה) und vorübergehen. כיר (Z. 83) ist verschrieben und muss, wie in Z. 88, כי heissen. Derselbe Gedanke ist

Z. 85—90] wiederholt, nur dass hier statt מתבלה steht רגזי (Z. 88) und statt געז das, an den hebr. Text sich anschliessende, פסח[1] (Z. 89). Diese Wiederholung entspricht entweder dem ולא יהיה בכם נגף der Bibel (das.) oder, was wahrscheinlicher ist, einer zweiten Uebersetzung des bereits in Z. 80—85 paraphrasirten Bibelverses. Interessant ist, wie hier die arab. Uebers. die Wiederholung desselben Ausdruckes vermeidet und dasselbe Wort verschiedenartig übersetzt; so ויהי in Z. 80 ويكون, in Z. 85 ويصير, und סימן Z. 82 آية, Z. 86 (85) علامة, Z. 91 أمارة. Der Verf. hat aber, in seinem Streben, Anthropomorphismen zu vermeiden, auch daran Anstoss genommen, dass Gott, oder auch nur sein Engel, oder Zorn, eines Zeichens bedürfe, um die jüdischen Häuser von den egyptischen unterscheiden zu können; deshalb ist in

Z. 90—96] der folgende Vers (14) geschickt benutzt, um dieses Zeichen dahin zu erklären, dass nicht Gott sein bedürfe (Z. 90 u. 91); sondern dass es verordnet sei, um für Israel als Erinnerungszeichen zu verbleiben. Genau so hat auch der jüd. Midrasch das Blut nicht als Zeichen für Gott, sondern für Israel gelten lassen wollen; vgl. zu den Worten והיה הדם לכם לאות die Mechilta z. Abschn. בא (C. VII.) לכם לאות ולא לי לאות „zum Zeichen für euch und nicht für mich", und zu den Worten וראיתי את הדם die Bemerkung derselben (das.) ...והלא הכל גלוי לפניו „ist doch Alles offenbar vor Gott?" u. s. w. Das Wort עד in der Bedeutung „damit" kommt im sam. Trg. als סעד אן und סעד הן (vgl. Cast. s. v.) häufig vor, eigentlich „als Hülfe, damit";[2]) da aber סעד, סהד und עד im Samarit. in allen Bedeutungen häufig wechselt,[3]) erscheint es in den „carm. sam." (s. Cast. s. v.) auch als עד הן, hier fehlt auch dieses הן bereits, wenn es nicht gar irrthümlich weggelassen ist. Dass für ליסמן (Z. 91) לסימן zu lesen

---

[1]) Die Abhängigkeit der arab. Uebers. von Abu-Said zeigt sich auch hier in dem an sich geringfügigen Umstand, dass sie für ופסח (Z. 89) gleich diesem ويعرج hat, während Saad. ويرثى übersetzt.

[2]) Vgl. meine „Sam. Studien" S. 56, Anm. 6.

[3]) S. das. u. S. 20.

ist, ist klar. גזרת עלם (Z. 93) hat auch das sam. Trg.[1]) zu V. 14 das. für חקת עולם; die arab. Uebers. hat dafür, gleich Abu-Said, سنّة الدهر, wie das fehlerhafte الدر zu corrigiren ist.

Z. 96—108] ist die Paraphrase von V. 15 das. חמיר (Z. 101) eine häufige Nebenform von חמר, עמר „Gesäuertes."[2]) יתעקר (Z. 101) ist die Uebersetzung des ונכרתה der Bibel, wofür auch das sam. Trg. z. St. עקר „entwurzeln, ausreissen" hat. Der Zusatz: ושובי ליתו מקבל לה לעלם scheint auf eine den Samaritanern eigenthümliche Auffassung des in der Bibel, als Strafe oder Drohung, öfter erwähnten נכרת מעם, oder מתוך הקהל, oder wie hier (V. 15) מישראל, hinzudeuten. Während nämlich die Juden darunter ein frühzeitiges Absterben des betreffenden oder seiner Kinder, oder Kinderlosigkeit überhaupt verstehen;[3]) begreifen die Samaritaner, wie sich aus dieser Stelle ergibt, unter כרת das ewige Ausgeschlossensein von der Gnade Gottes, die Strafe einer Sünde, für welche es keine Verzeihung gibt. Zu der Redewendung: ושובי ליתו מקבל vgl. im „Midrasch Nanah b. Markas" (bei Heidenh. a. a. O. Bd. I. S. 482) טובך (י)קבל „deine Gnade nehme auf."

In der bisherigen Darstellung der Pessach-Vorschriften sind mehrere Bibelverse (9—13 das.; vgl. Z. 72—80) unberücksichtigt geblieben. Der Verf. geht nun auf diese zurück, und gibt in

Z. 108—113] V. 11 fast wörtlich, und zwar nach dem sam. Trg., wieder; nur hat dieses für בזריז (Z. 108) בזריזו, für חרציכון, dem hebr. חלצים, (Z. 110) ערצימכן, für אסירין (Z. 110) das durch die leidige Gutturalverwechslung entstandene, fehlerhafte עסירין, das Castellus verleitet hat, עסר mit Unrecht die Bedeutung „ligare" zu vindiziren (s. dessen Lex. s. v.), und endlich für das gewöhnliche ואטורייכון (Z. 112) וקילכון, das gleich diesem angeblichen עסר ein hap. legom. wäre, aber offenbar, trotzdem es Cast. (s. v. קיל) als „baculus" aufgenommen hat, ebenfalls nichts weiter als ein Abschreibefehler, und, nach Ergänzung des fehlenden מ, מקיליכון, wie an allen anderen Orten, zu lesen ist. Die arab. Uebers. von בזריז, بافواز, ist verschrieben für باوفاز, das auch Abu-Said z. St.

---

1) In der Polygl. steht fälschlich אגזירת עלי, wofür א׳ עלם zu lesen ist.

2) Vgl. Cast. lxc. s. v. u. meine „Sam. Studien" S. 39 u. 50.

3) Vgl. Aruch und Buxt. (lex.) s. v. כרת.

hat, während Saad. بحفز übersetzt; auch in der Uebersetzung der nächsten Zeilen stimmt sie überall genau mit den entsprechenden Stellen im Abu-Said überein.

Recht auffallend ist es, dass die biblische Vorschrift über die Art und Weise, wie das Pessach-Opfer gegessen werden soll (V. 11 das.) hier, in Z. 107—113, ausdrücklich auf das Essen der ungesäuerten Brode bezogen wird; יתה, in Z. 109, kann nämlich nur auf פטיר (Z. 107) bezogen werden. Ja es scheint sogar, dass der Verf. diesen Bibelvers, den elften dieses Capitels, aus dem Grunde aus dem Zusammenhang gerissen und, wie schon bemerkt, erst nach V. 14 das. angeführt hat, weil er die eben erwähnten Vorschriften an das Essen der Mazzoth anknüpfen will, während er sie, hätte er die Reihenfolge der Bibel beibehalten, nothwendig auf das Pessach-Lamm hätte beziehen müssen, was er vermeiden wollte. Es ist das um so auffallender, als die Samaritaner das Pessach-Opfer beibehalten, also keine Ursache haben, die auf dieses sich beziehenden Vorschriften auf die Mazzoth beziehen zu wollen. Wir wissen aber, dass sie, durch den Fanatismus der Muhammedaner, vielleicht auch der Juden, öfter auf lange Zeit verhindert waren, das Pessach-Opfer rite auf dem Garizim zu bringen,[1]) wo sie sich mit einer häuslichen Feier und mit Mazzoth begnügen mussten, die sie zum Ersatze für das Opfer und zur Erinnerung an dasselbe, sicherlich so assen, wie sie, in der von der Bibel vorgeschriebenen Weise, sonst das Pessach-Lamm zu verzehren pflegten, und, seitdem ihnen das Opfer neuerdings gestattet ist, wieder verzehren.[2]) Unser Manuscript ist nun entweder in einer solchen Zeit abgefasst, oder doch einer solchen Zeit zu Liebe so abgeändert worden, um den Widerspruch zwischen religiöser Praxis und religiöser Theorie zu beheben, der der grossen Menge leicht Veranlassung zu vielen unliebsamen Fragen hätte geben können. Wir kommen übrigens auf diesen Punkt an einem anderen Orte nochmals zurück.

Z. 113—116] ist die Paraphrase des nächstfolgenden Verses (12). כבודי נחת (Z. 114) steht, um den Anthropomorphismus zu vermeiden, für ועברתי; ungefähr wie Onkelos, der hier ואתגליתי

---

[1]) Vgl. Petermann a. a. O. Bd. I. S. 235.

[2]) Das. das. S. 239.

paraphrasirt, in ähnlichen Fällen יקרא, מימרא und Aehnl. hat. Vgl. noch Trg. Jon. z. St. Auch hier ist das sam. Trg. weniger scrupulös und übersetzt wörtlich ועברית, oder ואעבר, wie statt des fehlerhaften ועבר in der Polygl. zu lesen ist. An diese Verkündigung der bevorstehenden letzten Plage knüpft der Verf. zugleich die Vorhersage der durch sie verursachten Ereignisse, wie sie später, als wirklich geschehen, erzählt werden. So ist zu

Z. 117 u. 118] Exod. 14, 8 zu vergleichen, zu

Z. 119 u. 120] das. 13. 21 u. 22, zu

Z. 121—128] das. 12, 35 u. 36, so wie 11, 2. ואתון בון מתעתרין באיקרין רברבין (= בהון) (Z. 123—125) nach Gen. 15, 14, als Gegensatz zu dem folgenden ומצראיה מתרוקנין מכל מדהלון (Z. 126—128), das dem biblischen וינצלו את מצרים (das. 12, 36) entspricht, wo auch das sam. Trg. ורוקנו ית מצראי übersetzt, und Abu-Said وسلبوا, das auch die arab. Uebers. hier hat, (مسلوبين) während Saad. z. St. وانتسفوا übersetzt. מדהלון (Z. 128) ist ein in mehrfacher Beziehung interessantes und lehrreiches Wort. Es entspricht, sowohl der Etymologie als der Bedeutung nach, dem arab. مال, das hier in der Uebersetzung dafür steht. So wie dieses eine Zusammensetzung aus ما „was" und der Dativ-Partikel ل ist, so ist מדהל eine der im Samarit. so beliebten Wortzusammenziehungen, entstanden aus מה דהו, oder מה די und ל, eigentlich: „das, was Jemandem gehört", also „Habe". Dieses מדהל gibt auch die einzig richtige Erklärung eines, im Talmud und in der Midrasch-Literatur nicht seltenen, bis jetzt aber missverstandenen Wortes. Es ist das, von Aruch und Cast. s. v. מדל gebrachte, מדלא, מידלה, מודלה, מדילה, das Cast. gar nicht, Mussafia durch מזלא erklärt, wie einige Handschriften das missverstandene, und darum so verschiedenartig geschriebene, Wort auch wirklich emendirt haben, Levy aber (chald. WB. s. v.) gar durch das arab. دولة, oder das syr. ܙܠܐ, oder ebenfalls durch מזלא. Es ist aber offenbar weiter nichts als dieses מדהל, ebenfalls eine Zusammensetzung, entstanden aus מה, dem relativum ד oder די und ל, wie denn Midr. rabb. zu Klagel. 1, 1 (zu den Worten רבתי בגוים) statt ואפקיד מדלי „er gab aufzubewahren seine Habe," nach Aruch, eine andere Leseart ausdrücklich מה דיליה hat. Das Wort lebte sich ein, die Art und Weise seiner Entstehung ging dem Sprachbewusstsein des Volkes verloren, und wir finden in der jüngeren Midrasch-Literatur das pron. possesiv., das es in dem ל bereits enthält, nochmals hinzugefügt. So erscheint z. B. das eben zitirte ואפקיד מדלי des Midr. rabb. in einem ungleich jüngeren Midraschwerke [1]) schon als ואפקיד מודלה דיליה.

Das bis Z. 128 bezüglich des Pessach-Festes Gesagte ist, nach 12, 1—20, das Wort Gottes an Moses und Ahron, das nun Moses, nach V. 21 das., wieder dem Volke mittheilt. Das ist's, was hier

Z. 128—133] gesagt wird. Nachdem nun „die Nachricht durch's Volk lief, dass es sich für die Zeit des Auszuges [2]) bereit zu halten habe" (Z. 133—136), gibt Moses den Volksältesten die näheren Bestimmungen über die Art und Weise der Pessachfeier. (Z. 137 flg.) Hierbei ist die erste Hälfte des Bibelverses (21 das.), der dies erzählt, dreimal gegeben, indem die Uebersetzung der Bibel-Worte ויקרא משה לכל זקני ישראל, in Z. 137—139, 141—143 u. 147—148, drei auf einander folgende verschiedene Sätze einleitet. Diese dreifache Wiederholung soll offenbar darauf hinweisen, dass Moses bei dieser Gelegenheit drei verschiedene Mittheilungen zu machen hatte, wobei der Verfasser unter den זקני ישראל der Bibel wahrscheinlich jedesmal andere Personen versteht. Zunächst handelte es sich nämlich, nach

Z. 139—141] nur darum, die auf die Feier des Pessach bezüglichen Vorschriften im Allgemeinen, „den Weg", d. h. die Art und Weise derselben, zu lehren. Hier ist זקני (Z. 138) wörtlich übersetzt: סהבי „die Aeltesten", d. h. die Familienhäupter, weil diese Vorschriften, die dem ganzen Volke galten, in allen Familien beobachtet werden sollten. Sodann aber hat Moses, vom Allgemeinen zum Speziellen übergehend, das Schlachten der Opferthiere

Z. 144—146] anzuordnen, u. z. „nach Vorschrift" הך דאמיר לון. Und es ist offenbar Absicht, wenn זקני diesmal (Z. 143), wie im sam. Trg. z. St., [3]) חכימי „die Weisen" übersetzt ist. Es ist nämlich gewiss, und soll gelegentlich eingehender nachgewiesen werden, dass die religiöse Praxis der Samaritaner, neben vielen

---

[1]) In Jellinek's Beth-ha-Midrasch, IV. S. 142.

[2]) Für מפוקה Z. 136 hat דמפוקה zu stehen.

[3]) Das. ist nämlich für עמימאר zu lesen עכימאר = חכימאר; vgl. meine „Sam. Studien" S. 25.

anderen Bestimmungen der von ihnen im Prinzipe verworfenen und angefeindeten jüdischen Tradition, auch die meisten jener Bestimmungen angenommen hat, welche diese in Bezug auf das Schlachten — שחיטה — stellt. So das sorgfältige Untersuchen des Schlachtmessers — בדיקת הסכין — vor dem Schlachten, das Sprechen eines Segensspruches während des Schlachtens, und endlich nach dem Schlachten die Untersuchung des Thieres, das zum Genusse untauglich ist, wenn gewisse Gebrechen oder Krankheitssymptome — טריפות — an ihm gefunden werden. Die diesbezüglichen Bestimmungen, welche, nach dem jüdischen Religionsgesetze [1]) wenigstens, recht zahlreich und sowohl theoretisch als practisch gar nicht leicht zu erlernen sind, muss der Schlächter naturgemäss kennen; daher wendet sich Moses hier an die חכימי, d. h. an Jene, welche die zum Schlachten nothwendige Gesetzeskunde besitzen.

Alle diese Vorschriften bezüglich des Pessachopfers mussten aber nach Ex. 12, 3 u. 6 (vgl. hier Z. 60—66) wenigstens vier Tage vor dem Schlachten des Opfers gegeben worden sein Der Verfasser, der, wie sich aus dem Zusammenhange, besonders aber aus Z. 152—157 ergibt, angenommen hat, Moses habe die Volkes-Aeltesten rufen lassen, als die Zeit zum Schlachten des Opfers schon gekommen war,[2]) musste also

Z. 147 u. 148] die זקני ישראל nochmals durch Moses berufen lassen, sollten sie nach

Z. 149 u. 150] dem Volke mittheilen, dass die Zeit zum Schlachten des befohlenen Opfers, mithin das Fest, schon da sei. Die Bezeichnung dieses Festes (in Z. 150) als מועדה קמאה „erstes Fest" ist auf eine, den Samaritanern eigenthümliche, religionsgesetzliche Bestimmung zurückzuführen. Während nämlich die Juden und Karäer [3]) unter dem Pessachfeste, חג הפסח oder חג המצות ein Fest verstehen, an dessen erstem Tage das Pessach-Opfer gebracht wurde, dessen letzter Tag das „Schlussfest", עצרת, ist, unterscheiden die Samaritaner zwei Feste: das Pessach- und das Mazzoth-Fest, die sie sorgfältig auseinander halten. Das Erstere

---

[1]) Vgl. Schulch.-Aruch, Jorah-Deah, Abschn. 1—60.

[2]) Wahrscheinlich wegen ושחטו הפסח, womit V. 21 das. schliesst.

[3]) Vgl. Ahron b. Elijah, גן עדן, Einleit. zu חג המצות und Abschnitt IV. das.

ist ihnen stricte die Feier des Pessach-Opfers, die sie am 14. Tage des Sonnenmondes Nissan begehen; das Letztere, das sich an dieses anschliesst, feiern sie 6 Tage später zur Erinnerung an den Durchzug durchs rothe Meer und den Untergang Pharaos und seines Heeres.[1]) Das Pessachfest ist ihnen demnach von den beiden, un-

---

[1]) Vgl. das „Schreiben Meschalmah b. Ab-Sechuah's" bei Heidenh. a. a. O. Bd. I, S. 92: ראשם מועד הפסח ובו נקדים (richtiger: נקריב) קרבן הפסח u. s. w. „Ihr (der Feste) Anfang ist das Pessach-Fest, und an ihm bringen wir dar das Pessach-Opfer", und das S. 94. ונאכל המצות שבעת ימים ויום השביעי הוא מועד חג המצות „und wir essen Mazzoth 7 Tage lang, und der siebente Tag ist das Fest des Mazzoth-Festes". Vgl. ferner die, auf diese beiden Feste bezüglichen, Strophen der „sam. Festhymne", die Heidenh. a. a. O. Bd. I. S. 422 flg. veröffentlicht und, wie gewöhnlich, zumeist falsch übersetzt hat. Sie lauten: (Str. II.) ואולם שבעה מספרם — מרן אפרשם — קמיך אני פתרם — ואגלי בון הסודים (Str. III) ואשרי בזכרון הראש — דאתעבד בו נפוש — לישראל מן דוש — ומבית העבדים. (Str. IV.) ועבדו הפסח באיקר — מן צאן ובקר — וצאו (richtiger: ויצאו) ממצרים בבקר — ודבביון הים (richtiger: בים) מאבידים — (Str. V.) והשני בו בתוך הים — עברו בשלום — וסוס פרעה דאתרים — במצלות הים יורדים. „Und zwar sieben ist ihre (der Feste) Zahl — unser Herr (מָרָן d. h. Gott, oder Moses; nicht aber „aus Freude" wie H. übers.) hat sie erklärt — dir will ich sie deuten — und offenbaren in ihnen die Geheimnisse. (Str. III.) Und beginnen will ich (H., der in ואשרי das verb. שרה „anfangen" verkannt und es für das hebr. אַשְׁרֵי genommen hat, übersetzt: Heil dem!) mit der Erwähnung des ersten (Festes) — an dem Erquickung ward — Israel von Arbeit — und vom Hause der Sklaven. (Str. IV.) Und sie bereiteten das Pessach-Opfer in Herrlichkeit (איקר = יקר, vgl. Z. 125 des Mns. — H., der es mit dem rabbinischen עיקר „Hauptsache" verwechselt, das freilich mit ע und nicht mit א geschrieben wird, übersetzt gar: hauptsächlich!!) — von Schafen und von Rindern — und zogen aus Egypten des Morgens — und ihre Feinde verdarben im Meere. (Str. V.) Und das zweite (Fest), an ihm durch das Meer — zogen sie in Frieden — und das Ross Pharaos, das versenkt wurde (vgl. Ex. 15, 1 סוס ורכבו רמה בים) — stürzte in Tiefen des Meeres". Die Sam. haben für diese beiden Feste auch zwei verschiedene Liturgien, welche in den Cod. (vgl. H. a. a. O. Bd. I. S. 281 flg.) die Aufschrift: צלות מועד הפסח und צלות מועד חג המצות haben. Der Durchzug durchs rothe Meer und der Untergang Pharaos fand übrigens auch nach jüdischer Anschauung am siebenten Pessach-Tage statt, weshalb auch die Juden, zur Erinnerung an dies Ereigniss an diesem Tage Ex. Cap. 15 lesen. Vgl. noch Ibn-Esra zu 12, 16 das. והיום השביעי הוא יום טביעת פרעה.

mittelbar auf einander folgenden, Festen das **erste**, wie sie es überhaupt als das erste der sieben Feste, die sie im Jahre feiern, betrachten, und dieses Fest sollten die Aeltesten zunächst ankündigen, wie denn das Folgende auch wirklich nur von dem Pessach-Opfer handelt. Möglicherweise ist חכימי für זקני auch hier (Z. 148) mit Absicht gewählt, und zwar als Hinweis auf die schwierige und künstliche Berechnung des sam. Festkalenders, der, von dem Pessach-Feste ausgehend, nicht, wie früher der jüdische, auf äusserliche Zeichen, sondern auf astronomische Berechnung basirte, also **Gelehrsamkeit** erforderte, worauf sich die Samaritaner nicht wenig zu Gute thaten.[1]) Darauf scheint auch der, an sich sonderbare, Ausdruck: יגלון „entdecken, offenbaren" (Z. 149) hinzudeuten, da das Fest, infolge dieses Umstandes, dem Volke nur von den „Weisen **geoffenbart**" werden konnte. Auf das Abkürzungszeichen ֹ(in Z. 147 — (ואס für واستدعى — ist bereits oben S. 5 hingewiesen worden, und scheint es bei häufig vorkommenden Wörtern auch sonst gebraucht zu sein. So ist z. B. in der „Litanei Markas" (bei Heidenh. a. a. O. Bd. II. S. 474) für das unverständliche אהיה אשר אהיה ר ח אה offenbar zu lesen (אה רח = רחום oder רחמן.

Die Aeltesten entledigen sich nun des ihnen gewordenen Auftrages und tragen in

Z. 152—167] dem Volke all das auf, was nach V. 21—24 das. Moses ihnen gesagt hat. Zu דבחיה דבמטרתה (Z. 153) vgl. oben Z. 62—65. Die Form לילן (Z. 157 u. 168) ist Arabismus, nach ليلا (Z. 168) gebildet, und entspricht die Endsilbe ־ן = der Nunation. — מסירה (Z. 158) für das hebr. אגודה (V. 22 das.), von אסר „binden", also: Gebinde; auch das sam. Trg. z. St. übersetzt אזוב מסרת, das Cast. fälschlich s. v. מסר bringt. Die arab. Uebers. زعتر; باقة ist die Abu-Saids z. St.; Saad. hat صعتر.

Z. 167] beginnt wieder eines der Eingangs erwähnten rythmischen Stücke, das, gleich dem früheren (vgl. Z. 9—36), aus vierzeiligen Strophen besteht, die durch je eine leer gelassene Zeile von einander gesondert sind. So wie in Jenem jede Strophe mit ירחה ארן לכון ריש ירחיה, der Uebersetzung der ersten Hälfte

---

[1]) Vgl. das „Schreiben Meschalmah's" a. a. O. S. 92. —

von Vers 2 (Cap. 12), beginnt; so wird in diesem jede Strophe mit den Worten: ואזלו ועבדו בני ישראל, der, mit dem sam. Trg. buchstäblich übereinstimmenden, Uebersetzung der ersten Hälfte von V. 28 das., eingeleitet. An diesen Vers, in welchem schon der Midrasch der Juden eine lobende Anerkennung für die „Kinder Israels" finden will, welche die göttlichen Befehle sofort bereitwilligst und vollständig erfüllen,[1]) hatten die Samaritaner um so mehr Veranlassung anzuknüpfen, als sie unter בני ישראל bekanntlich direct sich verstanden wissen wollen.[2]) Die erste Strophe

Z. 167—171] vergleicht die Kinder Israels, d. h. die Samaritaner, in ihrem Eifer, die göttlichen Befehle auszuführen, zu Kindern, die bereit sind in ihre Schule zu gehen. עתד (Z. 169) hat nämlich im Samarit. (vgl. Cast. s. v.), mehr noch als in den verwandten Idiomen, die Bedeutung: sich mit Eifer für Etwas vorbereiten, zu Etwas anschicken. — מיותי (Z. 170), infinit. von אתה „kommen", für למיותי; das ל ist wahrscheinlich zu ergänzen, arab. Uebers. للمجى. — ביספר (das.) ist das, nach Art der Sam. (vgl. oben zu מדדול, Z. 128), in ein Wort zusammen gezogene בי ספר, das, neben בית ספר, eine der vulgärsten aramäischen und neuhebr. Bezeichnungen für „Schule" ist,[3]) wozu das in demselben Sinne gebrauchte בי oder בית מדרשא, בית אולפן und בית סופר zu vergleichen ist. Die arab. Uebers. hat dafür كتاب = مكتب. Die zweite Strophe

Z. 171—175] nennt die בני ישראל „Sterne Abrahams am Himmel geordnet", eine Anspielung auf Gen. 15, 5, wo Gott Abraham auffordert, die Sterne zu zählen, und ihm verheisst: so werden deine Nachkommen sein. Die dritte Strophe bricht mit

Z. 176] ab. Hier ist die Eingangs erwähnte Lücke im Mss. von wenigstens 2 Blättern. Der fehlende Schluss erzählt, Was diese בני ישראל thaten: wie sich aus der zweiten Hälfte dieses

---

[1]) Vgl. Trg. Jon. z. St. אזדרזו ועבדו „sie thaten mit Eifer", und die Mechilta z. St. (Abschn. בא, Cap. 12) להודיע שבחן שכשם שאמרו להם משה ואהרן כן עשו „dieser Vers will ihr (der Kinder Israel) Lob bekannt geben, dass sie so gethan, wie Moses und Ahron ihnen gesagt hatten."

[2]) Vgl. mein „De pentat. sam." S. 54 flg. und meine „Sam. Studien S. 91, Anm. 4.

[3]) Vgl. Frankels „Monatsschrift für Gesch. u. Wissensch. des Judenth." Jahrg. VII (1858) S. 385.

Bibelverses (28) ergiebt, offenbar das gebotene Opfer bringen, worüber sich das Gedicht wahrscheinlich eines Breiteren ergehet. Das Streben der arab. Uebersetz. das dreimalige ויעבדו ויאזלו jedesmal a n d e r s zu geben, ist schon oben S. 6 hervorgehoben worden, und wahrscheinlich auf den Umstand zurückzuführen, dass sie nicht von dem Uebersetzer des Manuscriptes herrührt. Diese rythmischen Stücke sind nämlich wahrscheinlich selbstständige liturgische Gedichte, die der Verf. an passender Stelle in seine Darstellung verflochten hat. Diese Gedichte sind aber, als das Arabische die Umgangssprache der Samaritaner wurde, durchweg arabisch übersetzt worden.[1]) Eine solche bereits vorhandene Uebersetzung mag der Uebersetzer hier benützt und wiedergegeben haben; daher die gewähltere Ausdrucksweise.

Mit Z. 176], wo die der Bibel folgende Darstellung bei der zweiten Vershälfte von Ex. 12, 28 abbricht, endet die vierte Seite des Manuscriptes, und mit ihr das erste der zwei Fragmente, aus denen dieses besteht. Die nächst folgende Seite knüpft schon an 13, 19 das. an, wo erzählt wird, dass Moses die Gebeine Josefs mitgenommen habe. Ueber die Auffindung und Wegführung derselben gibt Z. 177—305 einen weitläufig angelegten Bericht, der deutlich das Streben verräth, Josef, den Stammvater der Samaritaner,[2]) und mithin diese selber, zu glorifiziren. Dieser Bericht, der den grösseren Theil des zweiten Fragmentes der Handschrift bildet, liegt nicht vollständig vor. Z. 177 versetzt uns nämlich schon in medias res. Der fehlende Anfang ist aber, seinem Inhalte nach, aus dem uns vorliegenden Theile, sowie nach den Andeutungen der jüdischen Haggadah mit ziemlich Sicherheit zu ergänzen. Dieser Bericht zeigt nämlich wieder einmal deutlich, wie die Samaritaner von den Traditionen der Juden beeinflusst sind, und wie sie diese ihren Anschauungen angepasst haben.

An den Bericht von der Mitnahme der Gebeine Josefs durch Moses wird im Talmud, Sotah 13a, sowie in den verschiedenen Midraschwerken[3]) die Frage geknüpft: wie so denn Moses habe

---

[1]) Gesen. „Carm. sam." S. 11.

[2]) Vgl. mein „De pentat. sam." S. 54 u. meine sam. Studien S. 82.

[3]) Vgl. die Tossiftah zu Sotah IV, Mechilta z. Abschn. בשלח, I., Pesikta

wissen können, wo Josef beerdigt sei? Die Haggadah kennt nämlich bezüglich der Beisetzung Josefs zwei Versionen. Nach der einen sollen ihn die Egypter in einem ehernen Sarge in den Nil versenkt haben, „damit dessen Fluthen gesegnet werden“, d. h. wohl: damit sie zur Zeit der alljährlichen Ueberschwemmung die gehörige Höhe erreichen; nach der anderen soll er in einem egyptischen Gräberfelde, oder in einem Labyrinthe,[1]) zwischen den Gräbern der Könige beigesetzt worden sein.[2]) Nach beiden Versionen ist aber die obige Frage eine um so berechtigtere, als seit dem Tode Josefs schon ein sehr langer Zeitraum verstrichen war, auf dessen Dauer wir noch zurückkommen,[3]) und die Haggadah berichtet auch wirklich, Moses habe drei Tage und drei Nächte vergeblich nach der Grabstätte Josefs gesucht, und das bereits befreite Israel, das ohne dessen Gebeine nicht aus Egypten ziehen durfte, habe noch so lange dort bleiben und warten müssen.[4]) Die erwähnten jüdischen Quellen[5]) bezeichnen nun einstimmig Serach, die Tochter des Patriarchen Ascher (Gen. 46, 17), „die von dem Zeitalter Josefs noch am Leben war“, als die Einzige, welche die Grabstätte Josefs, ihres Oheims, noch kannte und dem rathlosen Moses zeigte. Diese Annahme beruht wieder auf einer anderen jüdischen Tradition, welche der Serach ein ungewöhnlich hohes Alter zuschreibt; sie soll gar noch zu Zeiten König Davids gelebt haben. Jene „weise Frau“ nämlich, welche, nach II. Sam. 20, 16, mit Joab, als er Abel beth-Macha belagerte, unterhandelt hat, soll keine andere als „Serach die Tochter Aschers“ gewesen sein, die sich (das. V. 19) eben ihres hohen Alters wegen „Mutter in Israel“ nannte und mit den Worte אנכי שלמי אמוני ישראל (das.) darauf hinweisen wollte,

---

das. zu 13, 19, Midr. Tanchumah z. Abschn. בשלח und Rabboth zu Deuter. XI z. Abschn. וזאת הברכה

[1]) Nach der Emendation Bubers in seiner Ausgabe der Pesikta (S. 86a) ist nämlich a. a. O. für קברניט zu lesen לברינט של מלכים.

[2]) Vgl. die eben angeführten Stellen im Talmud und Midrasch.

[3]) In der Besprechung von Z. 270—274 des Mns.

[4]) S. die angef. Stellen in der Pesikta, Mechilta und in Rabboth.

[5]) Vgl. zu den bereits angeführten Stellen noch Rabboth, zu Koheleth 9, 18 und Midrasch Samuel (מדרש שמואל) Cap. 32.

dass sie einst die Grabstätte Josefs dem Moses gezeigt habe.[1]) Diese langlebige Serach, der noch dazu „das Geheimniss der Erlösung aus Egypten" (סוד הגאולה) durch ihren Vater Ascher anvertraut worden war[2]), schien der Haggadah naturgemäss die geeignetste Persönlichkeit zu sein, die das Grab Josefs kennen, und bei dessen Auffindung behilflich sein konnte.[3]) Genau so lässt auch dieser sam. Bericht (Z. 200 flg.) Serach die Einzige sein, die das Grab Josefs kennt und Moses zeigen kann; eine Ehre, welche die Samaritaner, wären sie nicht durch die Tradition der Juden beeinflusst gewesen, sicherlich nicht der Tochter eines fremden Stammes, sondern irgend Einem aus dem Stamme Josef, d. h. einem Samaritaner, vindizirt hätten.

Wenn wir zu dem bisher Gesagten noch hinzufügen, dass die jüdische Legende die Egypter zwei Zauberhunde anfertigen und, gleichsam als Wächter, vor Josefs Grab aufstellen lässt, die Moses, als er das Grab zu suchen begann, mit schrecklichem Gebelle anfallen;[4]) werden wir sowohl das Fehlende dieses Berichtes dem Sinne nach ergänzen, als auch das Folgende ganz gut verstehen können.

Der Bericht des Manuscriptes über die Auffindung und Mitnahme der Gebeine Josefs ist demnach folgender. Die Aeltesten kommen erschrocken zu Moses (Z. 177—179). Die Ursache dieses Schreckens, die in dem verloren gegangenen Theile des Mns. angegeben war, ist offenbar in zwei geheimnissvollen Erscheinungen[5]) zu suchen. Einerseits blieb nämlich die Feuer- und Wolkensäule, die, nach Ex. 13, 21 u. 22, vor Israel herziehen sollte, stehen;[6]) während

---

[1]) Vgl. die bereits zitirten Stellen in Rabboth zu Koheleth, Midrasch Samuel, ferner die Pessikta das. zu den Worten: ויקח משה את עצמות יוסף. Die sonstigen Sagen über Serach s. „Seder ha-doroth" z. II. Jahrtausend, 217 s. v. אשר.

[2]) S. Pirke r. Elieser, Cap. 48.

[3]) Vgl. Tossaf., Sotah 13a. S. v. סרח.

[4]) Pessikta a. a. O.; vgl. noch: Rabboth zu Exod. Abschn. 20, u. Jalkut, ebendas. Abschn. 227.

[5]) Folgt aus Z. 183: מה דה אף אדן רזי, arab. Uebers. ما هو ايضا هذا السر, vgl. die Note dazu.

[6]) Ergiebt sich aus Z. 218—220.

anderseits die Zauberhunde der Egypter ihr gräuliches Bellen hören liessen.[1]) Moses beruhiget die zitternden Volksältesten, heisst sie in Betreff dieser geheimnissvollen Räthsel bei den einzelnen Stämmen Nachfrage halten, und versichert, dass dieses Vorgehen zu einer baldigen und befriedigenden Lösung führen werde (Z. 180—194). Die Weisen thun also, und Serach vom Stamme Ascher erklärt sich im Stande, die gewünschte Aufklärung zu geben (Z. 195—205). Sie wird vor Moses geführt und erklärt diesem: die Wolken- und Feuersäule habe stille gestanden, damit die Gebeine Josefs nicht in Egypten vergessen werden (Z. 206—223). Sie wüsste sich genau des Todestages von Josef und des Umstandes zu erinnern, dass er das Volk beschworen habe, einst seine Gebeine mit sich aus Egypten zu nehmen (Z. 223—227). Moses erkennt sofort die Richtigkeit dieser Angabe; im Volke verbreitet sich die Nachricht, dass Josefs Gebeine geholt werden, und Serach, gefolgt von Moses, Ahron und dem Stamme Efraim, geht zu Josefs Grabstätte, wo sein Sarg gefunden wird (Z. 228—247). Moses öffnet ihn, küsst die Ueberreste Josefs, stimmt eine Todtenklage über ihn an, in welche das Volk mit einstimmt (Z. 247—289) und übergibt den Sarg den directen Nachkommen Josefs, den Efraimiten, unter welchen Josua es ist, der ihn trägt und ebenfalls eine Todtenklage anstimmt (Z. 290—305), worauf dann die Wolken- und Feuersäule sich wieder in Bewegung setzte und Israel fortzog (Z. 306 flg.). Dieser allgemeinen Darstellung möge nun die Besprechung der Einzelheiten dieses Berichtes folgen.

Z. 177] beginnt mit der Mitte des Satzes, dessen fehlender erster Theil, wie sich aus Z. 180 und 181 ergibt, dem Sinne nach zu ergänzen ist: und es kamen die Weisen.

Z. 180] נטיאלו, eine höchst sonderbare, wenn auch offenbar echt samarit. Form, der imperat. plur. von נטל „fortziehen". Die Worte מה הו אף אהן רזי

Z. 183 u. 184] „was auch dieses Geheimniss sei", deuten noch auf ein anderes, früheres Geheimniss hin. Das neue, welches Moses jetzt beschäftigt, steht, nach Z. 186—188, mit den egyptischen Zauberern in Verbindung, von denen Moses nicht glaubt, „dass sie durch ihre Zauberkünste die Söhne des Schwures (Israel,

[1]) Folgt aus Z. 185—189; vgl. die Note dazu.

vgl. weiter) zu fesseln, d. h. gewaltsam zurückzuhalten, vermögen.“ Bei dem Umstande, dass dieser ganze Bericht durchweg der jüdischen Legende folgt, darf mit Sicherheit angenommen werden, dass sich dieses Geheimniss auf die schon erwähnten Zauberhunde bezieht, welche die egyptischen Zauberer als Wächter vor Josefs Grab aufgestellt hatten, deren gewaltiges Bellen Israel so erschreckte, dass der Weisen „Herzen sehr erbebten.“ Das frühere Geheimniss muss sich demnach auf das Stillestehen der Feuer- und Wolkensäule beziehen, von dem Z. 218—220 berichtet wird. רזי (Z. 184) für רזה, auch רז, ist das chald. und syr. רזא. Unter בני שבועתה

Z. 188] „Söhnen des Schwures“, d. h. solchen, die beschworen worden sind, einen Schwur abgelegt haben,[1]) ist Israel verstanden, das Josef beschworen hat,[2]) seine Gebeine mit aus Egypten zu nehmen. In so lange Israel diesem Schwure nicht gerecht wurde, war es „gebunden“ (Z. 187) d. h. verhindert aus Egypten zu ziehen, was auch die jüdische Legende recht nachdrücklich betont.[3]) Dass aber die Zauberer diese Macht haben sollten, kann Moses nicht glauben (ליתי מהימן Z. 185—188); er gibt vielmehr (Z. 189—194) seiner Ueberzeugung Ausdruck, dass die Sache bald eine befriedigende Wendung erhalten werde. Schwierig ist

Z. 189 u. 190] לית אהן אלא ברי, was dem hebr. אין זה כי אם ברור entspricht, „das ist nichts als gewiss“, d. h.: ganz gewiss.

---

[1]) Zu בני שבועתה sind die im Hebr., Chald. und Syr. so häufigen Wortbildungen mit בן und בר zu vergleichen.

[2]) S. Gen. 50, 25 u. Ex. 13, 19.

[3]) Vgl. unter den angeführten Midrasch-Stellen z. B. die Pessikta z. Abschn. בשלח und die Mechilta das. Die Erstere lässt Moses zu Josef sprechen: השכינה מעכבת לך וישראל מעכבין לך „die Gottesherrlichkeit, d. h. die Wolken- und Feuersäule, ist deinetwegen zurückgehalten und Israel ist deinetwegen zurückgehalten“, und Letztere: אל תעכב את גאולתנו כי בגללך אנו מעוכבים „halte unsere Erlösung, d. h. unseren Auszug aus Egypten nicht zurück, denn durch Dich sind wir zurückgehalten“. Vgl. noch Rabboth, zu Deuter. Abschn. 11: ומשה היה מסבב את העיר ויגע ג׳ ימים וג׳ לילות למצוא ארונו של יוסף שלא היו יכולין לצאת ממצרים חוץ מיוסף „und Moses ging um die Stadt herum, und mühete sich drei Tage und drei Nächte ab, den Sarg Josefs zu finden; denn ohne Josef konnten sie nicht aus Mizrajim gehen“.

ברי ist nämlich das im Talmud häufig vorkommende, zumeist dem שמא „vielleicht“ entgegengesetzte „gewiss, sicher“; eigentlich בריר, part. peïl von ברר [1]) „aussondern, wählen“, was ausgewählt, also im übertragenen Sinne: rein und klar, deutlich und unzweifelhaft ist, in welchem Sinne auch das neuhebr. ברור gebraucht wird. Dieses בריר ist in den Targumim (s. Levy s. v. ברי) gebräuchliche Form, die sich im Volksmunde zu ברי abgeschliffen hat. In diesem Sinne haben wir auch diese Zeilen, nach dem uns vorliegenden Texte, übersetzt; doch schliessen sie sich so nur sehr ungeschickt an das Vorgehende an, und lassen auch das folgende ולא קעמנן עליו ganz unvermittelt erscheinen. Auch ist dieses ברי im Samaritanischen sonst ungebräuchlich, endlich aber hat es dem arab. Uebersetzer, der dafür شى hat, offenbar entweder nicht vorgelegen, oder er hat damit nichts anzufangen gewusst und dem Sinne nach ما هذا الا شى übersetzt, woran sich das Folgende auch recht gut anschliesst. ברי scheint vielmehr verschrieben zu sein, und stand dafür wahrscheinlich חרי, oder עורי, oder gar אורי, das dem hebr. אַחֵר entspricht, wofür im Samaritanischen, in Folge der bekannten Guttural-Verwechslung, neben diesen Formen noch verschiedene andere vorkommen.[2]) Der Sinn wäre: Moses glaubt nicht, dass Zauberer Israel zurückhalten können, „das ist nichts als etwas Anderes“, d. h.: hier ist eine andere Ursache, woran sich

Z. 190 u. 191] „wir sind (noch) nicht darauf gekommen“ passend anschliesst; zu ולא קעמנן עליו ist zu vergleichen: das syr. ܠܐ ܩܡ, „einer Sache nicht gewiss sein“, das im Talmud[3]) häufige עמד על סוף דעתו, „auf Jemandes letzte (eigentliche) Absicht eingehen, sie verstehen“, und endlich das, auch von der Uebers. hier gebrauchte, وقف على, Etwas wissen, einsehen, eigentlich: auf Etwas stehen.

Z. 191—198] קריב הו קשטה יגלינה בשלם „Nahe ist die

---

[1]) Cast. bringt dieses ברי fälschlich unter ברא.

[2]) So: חורי, חורני, חורן, עורן, עורני, אורני; vgl. die v. Cast. s. v. חורן angeführten Stellen des sam. Trg. mit sammt den Varianten bei Petermann „Pent. sam.“

[3]) S. Erubin 13b u. 53a; vgl. noch: כלום הגענו לסוף דעתו (Menachoth 4a) „wir haben seine eigentliche Ansicht noch nicht erreicht (begriffen)“.

Wahrheit, man wird sie entdecken in Frieden". Der Uebersetzer, der הו als relativum auf יגלינה bezogen hat, übersetzt: ولاكن قريبا يظهره بسلام, was eine ganz ungewöhnliche Construction voraussetzt. Da aber, wie sich aus dem Ganzen ergibt, hier in der That an eine Person gedacht wird, welche die Wahrheit bald enthüllen wird, worauf auch הו hinzudeuten scheint, so liegt die Vermuthung nahe, dass קריב הו בקשטה zu lesen ist, „nahe ist wahrlich" (in Wahrheit), der es u. s. w. Einem so emendirten Texte entspricht einerseits vollständig die Uebers. ولاكن قريبا يظهره, anderseits aber ungleich genauer יגלינה, das nach unserem Texte imperson. gefasst werden müsste.

Z. 194] ist הבפסקו offenbar verschrieben. Dafür ist entweder הך פסקו zu lesen, wo aber הך (= אך, איך, wie, als), das auch in den Zusammenhang nicht recht passt, in der arab. Uebersetzung nicht wiedergegeben und auch פסקו schwierig wäre, da פסק nur im Afel „weichen, zurückweichen" bedeutet. Wahrscheinlich ist das ganze Wort verschrieben und sollte אתפרקו stehen, welchem in der Uebers. تفرقوا vollständig entspricht. Vgl. Gen. 13, 9 הפרד נא, sam. Trg. (in der Polygl. und im Mns. A der Edit. v. Peterm.) אתפרק שוי, und das. 25, 23. Auch weiter (Z. 246) ist פרק in diesem Sinne gebraucht: ופרקת ש״ח, was die arab. Uebers. dort wie hier فرق wiedergibt.

Z. 195] ist מיני verschrieben für ביני, das syr. ܒܝܢܝ, zwischen.

Z. 200] שרה für שרח, wie es in der Folge immer heisst; vgl. Z. 228, 238 u. 246.

Z. 203] הא כה ist כה eine bisher nicht beachtete Nebenform der 1. Pers. des pron. person., zu der das chald. נא für אנא und כן für אנן zu vergleichen ist.

Z. 204] מפריסה von פרס, für פרש, das in den „carm. sam." (s. Gesen. Lxc. das. s. v.), wie im chald., in der Bedeutung: sich deutlich aussprechen, erklären, öfter vorkommt.

Z. 206] סמכ בה, eine Anspielung auf das ungewöhnlich hohe Alter der Serach; die Greisin wird geführt, im Gehen gestützt.

Z. 209] זהר, chald. זיהרא = סיהרא, Mond. Vgl. zu diesem Tropus, Jalk. z. Abschn. פנחס, C. 77b: פני משה כפני חמה ופני

יהושע כלבנה, das Antlitz Moses war wie die Sonne, und das Antlitz Josuas wie der Mond.

Z. 211] יקרון דאנשה, zu dieser Art den Superlativ zu bilden vgl. im hebr. z. B. II. Chr. 21, 17 קטון בניו, der kleinste seiner Söhne, und das in den „Carm. sam." öfter vorkommende נעיר נעירידה, Weisester der Weisen. In יקרון ist רן kaum die chald. Endsylbe ן, oder נא, vielmehr wahrscheinlich die arabische Nunation; vgl. weiter zu Z. 229.

לאליף (Z. 215) ist verschrieben für לאֱלֵין. Durch diese Emendation wird der Sinn von

Z. 215—218] klar, und zwar entsprechend der arab. Uebers. z. St. صواب من هذين الاثنين الذين ذكّروا (عمّي[1] وانتم نسيتموه. Serach sagt nämlich: diese beiden räthselhaften Vorgänge[2]) brauchen euch nicht zu erschrecken, „es ist (vielmehr) recht von diesen Beiden, welche an meinen Oheim erinnert haben, da ihr ihn vergessen habet". תריה (Z. 216) für תרי, תרין, beziehet sich entweder auf die schon erwähnten beiden „Geheimnisse", oder auf das folgende עמוד ענגה ואשתה (Z. 220), ohne welche, wie Serach weiter bemerkt, Josef „in Egypten zurückgelassen worden wäre". נהר eigentlich „leuchten" kommt im chald. (vgl. Levy s. v.) nur im Peal in dem übertragenen Sinne „erinnern" und nur intransitiv „sich erinnern" vor, (vgl. weiter zu Z. 223); hier hat es im Af אנהר eigentlich „erleuchten" die transitive Bedeutung: Jemanden erinnern. עביבה (Z. 217), chald. חביבא, hier im prägnanten Sinne „Vaters-Bruder" (ar. عمّ), weil Josef, als Bruder Aschers, Oheim der Serach von väterlicher Seite war.

Z. 218] ist für נשיכונה, mit Hinweglassung des überflüssigen כ, offenbar נשיונה zu lesen, von נשה „vergessen"; arab. Uebers. نسيتموه.

Z. 223] נהירה אנה „ich erinnere mich". In diesem Sinne ist נהר im Talmud häufig gebraucht; vgl. z. B. Cholin 98a: נהירנא דהכי הוה, ich erinnere mich, dass es so war.

Z. 228] שפיר, eigentlich: schön, dann: gut, recht; vgl. zu

---

[1]) Wegen des Dual hätte man hier اللذين ذكّرا erwartet.

[2]) Vgl. oben zu Z. 183 u. 184.

Gen. 27, 36 הכי קרא שמו יעקב sam. Trg. (השפיר: Peterm.) אשפיר קרא שמה יעקב „hat man denn mit Recht seinen Namen Jakob genannt?" Auch im Talmud ist שפיר ליה eine häufig gebrauchte Redensart für: er hat Recht.

Z. 229] נהירתון דנשיה „weiseste der Frauen" [1]); arab. Uebers. يا افطن النسا; נהיר, part. pass. von נהר, eigentlich: der Erleuchtete, dann: der Weise, kommt auch im sam. Trg. in dieser Bedeutung häufig vor, nur dass dieses die Nebenform נעיר gebraucht (vgl. Cast. s. v. נער) z. B. גבר נעיר Gen. 41, 33 ein weiser Mann (Textw. איש חכם); vgl. im Talm. Schabb. 156a: wer am vierten Tage der Woche geboren wird יהא גבר חכים ונהיר מ"ם משום דאיתלו ביה מאורות, „der wird ein weiser und erleuchteter Mensch, und weshalb? weil an diesem Tage die (Himmels-)Lichter aufgesteckt wurden." Zu dem superlat. נהירתון דנשיה ist oben (Z. 212) יקרון דאנשה zu vergleichen, und ist נהירתון eine ähnliche arabisirte Form wie dieses יקרון (vergl. das.), wobei תון der Endung ـًى entspricht.

Z. 233] steht קהלה, das dem Abschreiber aus der folgenden Zeile vorschwebte, irrthümlich für קולה = الصوت; vgl. oben Z. 198.

Z. 237] ist פעלהתה ein schwer zu erklärendes Wort. Dem Sinne und der arab. Uebers. (حول سرح) nach soll es ungefähr „ringsum" (circum) heissen; eine solche Bedeutung ist aber mit פעלהתה absolut unvereinbar. Es scheint hier die häufige Verwechslung der sam. Buchstaben ࠍ und ࠐ vorzuliegen; נעלהתה wäre das im Talmud gebräuchliche גיהליה „bei Jemanden", ה und ע wechseln, und die Endsilbe תה wäre das suffix der 3. pers. sing. fem.; also נעלהתה דשרח, bei Serach. Von den Stämmen geht gerade Efraim mit, weil Josef dessen Stammvater war, wobei noch zu bemerken ist, dass die Samaritaner unter Efraim direct sich verstanden wissen wollen.[2])

---

[1]) Die Uebersetzung: du hast uns erinnert, dass wir ihn vergessen haben, (נהירתון = נהרתי, 2. pers. sing. fem. und יתון) ist schon aus dem Grunde unstatthaft, weil es da אנהרתון, (Afel) heissen müsste, (vgl. ob. Z. 215—218), und weil in diesem Falle in דנשיה, das דנשיכונה heissen müsste, das suff. der 3. Pers. fehlen würde.

[2]) Vgl. mein „De pentat. sam." S. 54.

Z. 244] Die sonderbare Construction ויגלו על scheint Arabismus zu sein, und dem arab. فكشفوا عن, das die Uebers. z. St. hat, zu entsprechen.

Z. 245] וסבלותה = וסבלו יתה. Die Construction von פרק mit ל

Z. 246] ist wahrscheinlich ein Schreibfehler, zu erwarten wäre מן משה; zu פרק vgl. oben zu Z. 194.

Z. 250] גען, das chald. גחן, sich beugen, bücken = خرّ. — ניחה רוחך

Z. 255 u. 259], wofür Z. 277 ניחה steht, ist eine, wahrscheinlich dem Arab. (vgl. hier مرضية روحك) nachgebildete Redensart, zu der vielleicht auch נייח רוחא füs „Seelenruhe" im Trg. Jon. zu Levit. 26, 32 zu vergleichen ist.

Z. 256] ist zu יקירה דבית entweder ישראל oder, wie in Z. 299, אביו zu ergänzen. Die auszeichnende Benennung: Herrlichster des Hauses (Israel, oder seines Vaters)! يا اجلّ البيت, von Josef, dem Stammvater der Samaritaner gebraucht, ist — Selbstverherrlichung.

Z. 261] wird Josef מסחן חרותה „Herr der Freiheit", صاحب الحرّية, genannt, wahrscheinlich eine Anspielung auf seine Befreiung aus dem Kerker. Man könnte zwar versucht sein, חרותה durch das chald. חרותא, Zweig, zu erklären und in „Herr des Zweiges" eine Anspielung auf den Segen Jakob's zu erblicken, der (Gen. 49, 22) Josef בן פרת nennt; aber חרותה ist meines Wissens im Samaritanischen in der Bedeutung „Zweig" sonst nicht zu finden, sondern nur in der Bedeutung „Freiheit" (vgl. Cast. s. v. חרר). Ferner kommt diese Anspielung auf den Segen Jakobs weiter Z. 278 unverkennbar vor, worauf Josef, in der nächstfolgenden Zeile (279), noch besonders מלכה לבושה דחרותה genannt wird, wo חרותה unmöglich „Zweig", sondern (vgl. arab. Uebers. الملك الذى لبس الحرّية) nur „Freiheit" bedeuten kann.

Dass Moses den Sarg Josefs geöffnet und ihn geküsst habe, ist schon Z. 247—251 erzählt worden;

Z. 268] hebt nun Moses selber nachdrücklich hervor, dass Josef es wissen möge, wie er, Moses, mit eigenen Händen ihn trage. In diesem Umstande liegt nämlich keine geringe Auszeichnung für den Stammvater der Samaritaner. Eine solche Auszeichnung hat schon die jüdische Legende, welche ebenfalls „Moses mit den Gebeinen Josefs sich beschäftigen“ lässt,[1]) darin gefunden; eine um so grössere mussten aber die Samaritaner darin erblicken. Diese sind im Punkte der Verunreinigung durch Leichen bekanntlich sehr strenge; wer eine solche berührt, auch der Nichtahronide, wird auf sieben Tage unrein.[2]) Es wird hier demnach besonders hervorgehoben, dass Moses die Verunreinigung nicht gescheut habe, wo es sich um die Gebeine Josefs handelte.

Z. 264] מון, auch weiter Z. 360, plur. von מאה, hundert, regelmässig מואן. Die Zahl 600,000 ist mit Bezug auf die biblische Angabe Ex. 12, 37 gewählt.

Z. 265] מקלסין גרמך lässt eine doppelte Auffassung zu, je nachdem גרם in seiner primitiven Bedeutung „Knochen“ genommen wird, wie es der arab. Uebers. gethan, عظامكم, oder als pron. demonstr. „Dich“, eigentlich „Dich selbst“.[3]) Zusammenhang und Sprachgebrauch sprechen für Ersteres.

Z. 268] ונופיה דמנך eigentlich: Zweige, Sprossen von Dir, also: deine Kinder, d. h. der Stamm Efraim, der Josef „trägt“ (s. oben Z. 286flg. und weiter Z. 292flg.); vgl. Gen. 4, 25 זרע אחר sam. Trg. נוף חורין. —

Von besonderem Interesse ist die Angabe in

Z. 270—273] dass die Leiche Josefs bis zu ihrer Fortführung 140 Jahre in egyptischer Erde begraben gewesen sei. Diese 140 Jahre sind nämlich nur dann, dann aber durch eine ziemlich leichte Rechenoperation, zu erhalten, wenn dabei von der bekannten jüdisch-traditionellen Annahme ausgegangen wird, welche die Dauer des Aufenthaltes der Juden in Egypten auf 210 Jahre, רד״ו שנה, bestimmt.[4]) Es handelt sich nämlich darum, festzusetzen, wie viele

---

[1]) Vgl. Mechilta z. Abschn. בשלח, I. מי לנו גדול כיוסף שלא נתעסק בו אלא משה, wer ist so gross wie Josef mit dessen Leichnam sich nur Moses beschäftiget hat; u. das. משה נתעסק בעצמות יוסף שאין בישראל גדול ממנו, Moses hat mit den Gebeinen Josefs (bei deren Wegführung) sich beschäftiget, weil keiner in Israel grösser war als er.

[2]) Peterm. Reisen, Bd. I, S. 280.

[3]) Vgl. meine „Sam. Studien“ S. 101.

[4]) Vgl. Pessikta, ed. Buber, פ׳ החודש, Abschn. 95. S. 47b: גדולה

von diesen 210 Jahren bereits verstrichen waren, als Josef starb; diese Summe, von den 210 Jahren, nach deren Verlauf Josefs Leiche ausgegraben wurde, abgezogen, muss sodann 140 Jahre ergeben. Und dem ist wirklich so. Josef war nämlich, als er von Pharao zum Reichsverweser ernannt wurde, (nach Gen. 41, 46) 30 Jahre alt. Darauf folgten (nach das. 45, 11) 7 Jahre des Ueberflusses und noch 2 Jahre der Hungersnoth, die schon vorüber waren, als Jakob und seine Söhne nach Egypten kamen, was wieder 9 Jahre ausmacht. Josef war also zur Zeit des Einzuges der Israeliten in Egypten 39 Jahre alt, oder in runder Zahl 40 Jahre, wenn er, als er Reichsverweser wurde, schon einige Monate älter als 30 Jahr war, oder das dritte Hungersjahr schon begonnen haben sollte, als Jakob nach Egypten kam. Rechnet man diese 40 Jahre von den 110 Lebensjahren Josefs (das. 50, 26) ab, so ergeben sich 70 Jahre. Die Israeliten wären demnach, als Josef starb, bereits 70 Jahre in Egypten gewesen. Da aber ihr ganzer dortiger Aufenthalt 210 Jahre betrug; so ergibt sich, dass Josef, zur Zeit des Auszuges aus Egypten, d. h. als Moses dessen Gebeine mit sich nahm, 210 weniger 70 Jahre, also genau so wie hier angegeben, 140 Jahre in Egypten begraben war. Diese Berechnung ist um so interessanter, als sie ganz und gar auf einer jüdisch-traditionellen Angabe beruhet, und einer anderweitigen samaritanischen Angabe geradezu widerspricht. Abulfath gibt nämlich in seinen Annalen, wo er die Chronologie der Samaritaner, auf Grund ihrer Leseart zu Ex. 12, 46, hoch über die der Juden stellt, ausdrücklich an: ومدة مقامهم بارض مصر لتتمة المدة الجملة المعينة في الشرع الشريف مائتا سنة وخمسة عشر سنة (s. bei Vilm. a. a. O. S. 5 d. ar. Textes.) Hätte der Verf., statt der erwähnten jüdischen, diese sam. Angabe seiner Berechnung zu Grunde gelegt; so hätte sich ihm 215 — 70 = 145, nicht aber 140 Jahre ergeben müssen.

Nach Z. 273 steht Z. 264—267 noch einmal wiederholt, ist aber als Fehler erkannt und nachträglich durchstrichen worden. Der Abschreiber hat also von **zehn** Zeilen vorher irrthümlich noch ein-

---

אין בידינו אלא מאתים ועשר שנה, Rabboth z. Hohenliede zu: קול דודי הנה זה בא, u. endlich Pirke r. Elies. Cap. 48: לא ישבו ישראל במצרים אלא רד"ו שנים.

mal zu schreiben begonnen. Dasselbe ist Z. 277 der Fall, wo in der arab. Uebers. aus Z. 267 also der vorhergehenden zehnten Zeile, منسقين irrthümlich wiederholt und nachträglich durchstrichen wurde. Es sei dies hier zur Begründung der Eingangs ausgesprochenen Ansicht bemerkt, das Mns. sei von einem Exemplare abgeschrieben worden, das entweder 10 unserer Zeilen auf einer Seite. oder 10 unserer Zeilen in einer seiner Zeilen hatte.

Z. 275] אלשניה ist entweder Arabismus, oder hat irrthümlich den arab. Artikel, wobei dem Abschreiber das gegenüberstehende السنين vorgeschwebt haben mag.

Z. 278] ברה דפרותה יוסף ist das biblische בן פרת יוסף Gen. 49, 22, wo auch das sam. Trg. בר פרותה יוסף übersetzt. Zu לבושה דחרותה

Z. 279] vgl. מסחן חרותה Z. 261; s. Anm. dazu.

Z. 280] מגלגל ist das reduplizirte arab. جل; vgl. meine „Sam. Studien“ S. 80. Dass „die Söhne der Frauen (Jakobs) sich bückten“ vor Josef

Z. 284 u. 285] ist eine Anspielung auf dessen Träume (Gen. 37, 5—11), die sich dann in Egypten verwirklichten (das. 42, 6 u. 9). Es ist das wieder eine Selbstverherrlichung der Samaritaner, da hier nachdrücklich betont wird, dass sich vor Josef, ihrem Stammvater, die Stammväter der übrigen Stämme Israels hätten beugen müssen. — Die Angabe, dass Josef „verherrlicht wird durch Wolke und Feuer“

Z. 288 u. 289] ist auf den schon mehrfach erwähnten Umstand zurückzuführen, dass die Feuer- und Wolkensäule stille stand, und sich erst dann in Bewegung setzte, als Josefs Leichnam gefunden und mitgenommen wurde. מקלס (Z. 288) ist entweder hebraisirende Form und מְקָלַס, oder Ethp., und mit Ergänzung eines ausgefallenen ת, מתקלס zu lesen.

Z. 290] אַסעם, Af. von סעם, das chald. סום, Pael, סיים „beendigen, schliessen.“

Z. 292] gibt Moses dem „Hause Efraim“, worunter, wie schon zu Z. 237 bemerkt, die Samaritaner sich selber verstehen, den Auftrag, die Leiche Josefs seines Stammvaters zu tragen, worauf hin, nach

Z. 294 u. 295], Josua, der Vornehmste des Stammes Efraim,

bei den Samaritanern die gefeierteste Persönlichkeit nach Moses, herbeeilt, den Sarg trägt und ebenfalls

Z. 297—306] eine Todtenklage über Josef anstimmt. אבאה (Z. 298) „Vater“ im prägnanten Sinne, weil Josua, als dem Stamme Efraim angehörig, directer Nachkomme Josefs war. ירותה (Z. 300) ist Apposition zu אבאה und יָרותה zu lesen, das chald. יָרותא und syr. ܝܪܘܬܐ, der Erbe, „der geerbt hat die Krone von ihm“; מן קנומה bezieht sich nämlich auf das vorhergehende אביו in Z. 299. Das ganze ist eine Anspielung auf den Segen Jakobs, wo die Samaritaner, um ihren Stammvater Josef zu glorifiziren, in לקדקד נזיר אחיו (Gen. 49, 26) נזיר von נֵזֶר ableiten und „Krone“ übersetzen.[1]) Das sam. Trg. z. St. hat: ולרום כליל אחיו; dieses כליל ist hier (Z. 301) gemeint. Unter „Wagen der Herrlichkeit“, den Josef nach Z. 302 seinen Nachkommen vererbte, ist, nach Z. 304 u. 305, das Tragen seiner Leiche zu verstehen, das seinen Kindern, d. h. den Samaritanern, übertragen wurde (vgl. oben Z. 293), wodurch diese verherrlicht wurden. Die Gebeine Josefs wurden, nach Josua 24, 32, später in einem Felde bei Sichem beigesetzt, nach den Samaritanern genauer am Fusse des Garizim.[2])

Dieser breitspurige, mit sichtlichem Behagen ausgeschmückte, tendentiöse Bericht, dem Ex. 13, 19 zum Ausgangspunkte dient, wird Z. 306 u. 307 damit geschlossen, dass, nach Mitnahme der Gebeine Josefs, die Wolken- und Feuersäule, die bis dahin stille gestanden hatte, wieder vor Israel her zog. In dem Folgenden schliesst sich die Handschrift wieder genau an die biblische Darstellung an, und gibt in

Z. 308—311] den nächstfolgenden, 20. Vers das. wieder, nur sind die beiden letzten Worte des hebr. Textes, בקצה המדבר, wofür das sam. Trg. דבאיצטר מדברה hat (Onkel. דבסטר מדברא) hier paraphrasirt: קריבין לתרח מדברה, nahe zum Eingange der Wüste. Die nächstfolgenden Bibelverse (21 u. 22 das.) sind übergangen, weil sie als Abschluss des Berichtes von der Mitnahme

---

[1]) Vgl. meine „Sam. Studien“ S. 21.

[2]) Heidenh. a. a. O. Bd. I. S. 122; vgl. im Schreiben Meschalmas das. das. S. 100 ואנחנו בעיר שכם קרובים מן הר גריזים בית אל וקרוב מן קבור אדונן יוסף בן פרת.

der Leiche Josefs besser am Platze waren, und ihrem Inhalte nach bereits in Z. 306 u. 307 gegeben sind.

Z. 312 u. 313] schliesst daher sofort an Cap. 14 das. an, dessen erster Vers hier wiedergegeben ist.

Z. 314—318] entspricht V. 2 das., nur ist וישובו ויחנו hier פַּנֵּן, richte, dirigire,[1]) umschrieben, und לפני בעל צפון (sam Trg. לקדם), wegen des folgenden נכחו, übersetzt: לקבל, gegenüber; die Schlussworte: תחנו על הים sind ganz unübersetzt geblieben. Die arab. Uebers. schliesst sich genau an Abu-Said an. Während Saad. פי החירות übersetzt فم الجبلات, hat die Uebers. hier gleich Jenem فم الجيزة ferner وثن صفون, Götze Zafun, für בעל צפון, das Saad. صفون الطاغون wiedergibt. Dieses Wort wird übrigens auch in der Mechilta (z. Abschn. בשלח, I,) nicht als Ortsname, sondern als Name eines dort aufgestellten Götzen gefasst.

Z. 319 u. 320] ואנה מגיח עליון ברחמים ist V. 25 das. כי ה׳ נלחם להם nachgebildet, sam. Trg.: הלא יהוה דאגחה לון. Zu

Z. 321—325] ist V. 4 das. zu vergleichen; וגנותה מתגליה ist Umschreibung für das hebr. ואכבדה בפרעה (V. 4).

Z. 325—329] entspricht V. 3 das., und zwar מסרבכין אנון נבכים בארעה צניק עליון מדברה vollständig den hebr. Textworten: נבכים הם בארץ סגר עליהם המדבר. Das hebr. נבכים ist hier מסרבכין wiedergegeben; סרבך kommt allerdings noch einmal Lev. 6, 21 vor, wo das sam. Trg. das vom Mehlopfer gebrauchte מרבכת, eingerührt, vermischt, מסרבכה übersetzt, was eine Verstärkung des hebr. und chald. רבך, arab. ربك, ist und im übertragenen Sinne auch hier erklärlich wäre. Wahrscheinlich aber ist hier מסרבלין zu lesen, was bei dem häufigen Wechsel von ע und ס, dem מערבלין entspricht, das Onkel. hier für נבכים hat. Das sam. Trg. der Polyglotte hat hier zwar das hebraisirende נביכין; da aber die verschiedenen Codd. stark nach Onkelos zu emendiren pflegen, ist mit ziemlicher Sicherheit zu erwarten, dass die Petermann'sche Ausgabe des sam. Trg. zu Exodus unter den Varianten z. St. auch das מסרבלין oder מערבלין des Onkel. enthalten wird, woher es unser

---

[1]) Vgl. das Trg. Jon. zu להטתה הדרך, Num. 22, 23. למכוונא יתה לאיסרטא, sie hinzulenken nach dem Wege.

Manuscript entnommen hat. Die Schlussworte dieses Verses sind hier und im sam. Trg. übereinstimmend übersetzt, und ist zu צניק (Z. 228) das zu מצנוקה דסכותה (Z. 12) Gesagte zu vergleichen. Die arab. Uebers. متحيرون هم في الارض منطبق عليهم القفر folgt wieder genau der Abu-Saids, während z. B. Saad. z. St. sich ganz anderer Ausdrücke bedient.

Z. 330—332] ist nach dem Schlusse von V. 5 das. vorweggenommen.

Z. 332—353] gibt nach einer Einleitung (Z. 332—336), die sich auf Num. 33, 4 bezieht, die näheren Umstände an, welche Pharao zur Verfolgung Israels bewogen. Für צוקתון (Z. 336) hat die arab. Uebers. عزيتهم, wofür wahrscheinlich غَزَاتهم zu lesen ist, der Uebersetzer hat nämlich צוק (vgl. Cast. s. v.) in der gewöhnlichen Bedeutung „anfeinden, bekriegen" genommen; wenn nicht gar غصّتهم zu lesen ist, das diesem צוקתון besser entspricht. ויילנו (Z. 339) für וי לנו, offenbar ein Arabismus, gebildet wie ويلى mit dem person.-suff., ebenso ist כשבקנון יפקון arab. Construction, wie نمكنهم يخرجون. Z. 339 flg. legt, an die zweite Vershälfte 14, 5 das. anknüpfend, den Egyptern eine längere Rede in den Mund, die sie an Pharao gerichtet haben, um ihn zur Verfolgung Israels zu bestimmen, welche Rede die Freilassung Israels als Fehlgriff bezeichnet (Z. 345—350) und schliesslich (Z. 350—353) den Gedanken betont, dass ausserdem noch die von den Israeliten entlehnten Geräthe (vgl. das. 12, 35 u. 36) zurückzubringen seien. Aehnliches lässt auch die Mechilta[1]) die Egypter bei dieser Gelegenheit sprechen, wobei sie an denselben Bibelvers anknüpft. Für הניאתה (Z. 351) ist מניאתה zu lesen, die Geräthe. Ex. 12, 35, worauf sich dieser Passus des Mns. beziehet, ist כלי כסף וכלי זהב im sam. Trg. ebenfalls מני כסף ומני דדהב übersetzt[2]); מנה, das syr. ܡܐܢܐ, chald. מן, מאן, das auch Onkel. z. St. hat. Zu ושבקונן רוקניך (Z. 353) ist das. V. 36 zu vergleichen, וינצלו את מצרים sam. Trg. ורוקנו ית מצראי u. Onkel. ורוקינו.

Z. 356] צמות, versammeln; vgl. meine „Sam. Studien" S. 69.

---

[1]) Z. Abschn. בשלח, I. zu den Worten: ויהפך לבב פרעה.

[2]) Vgl. oben Z. 121 מזיאנין במני כספה.

Z. 357] עלולי von עלל gehen; vgl. Gen. 7, 16 והבאים... באו samarit. Trg. ו ע ל ו ל י ה . . . . עלו; also עלולי קרבה, die in den Krieg Ziehenden, d. h. die kriegsfähig waren; arab. Uebersetz. داخلی الحرب.

Z. 358—360] die wörtliche Uebersetzung von Ex. 14, 6, die, bis auf einige orthographische Abweichungen, mit dem sam. Trg. z. St. übereinstimmt. Z. 359 u. 360 ist zu lesen: וַעֲמֵה אנסב עִמֵּה

Z. 360—366] für V. 7 das. — תת (Z. 360) für שת; zu מון vgl. oben zu Z. 264. — רכב בחור (Z. 361), den auch vom sam. Trg. z. St. beibehaltenen hebr. Bibeltext, hat der arab. Uebersetzer missverstanden; er nahm רֶכֶב für רֹכֵב, Reiter, und בחור nicht als part. pass. von בחר, wählen, sondern für das nomen בחור, der Jüngling, und übersetzte فارس شباب, junger Reiter. Abu-Said z. St. hat richtig: راكب احراثا. Z. 365 ותליתאין על כלה steht für das hebr. Textwort: ושלשים על כלו, wofür das sam. Trg. z. St. ו ת ל י ת ת י ם על כלה hat, wo ותליתתים nach unserem תליתאין zu emendiren, und für das zweite ת, das diesem so ähnliche und darum so häufig mit ihm verwechselte sam. א (ࠀ und ࠀ) zu setzen ist. Die arab. Uebers. hat, mit Abu-Said buchstäblich übereinstimmend: وقوادا على جملته. Der nächstfolgende Bibelvers (8 das.), weil schon vorher in Z. 321—324 behandelt, ist im Mns. übergangen, das sofort an V. 9 anknüpft, dessen erste Hälfte in

Z. 366—368] fast wörtlich wiedergegeben ist. Hier bricht das Mns. ab, und zwar bei den Bibelworten וישג ארחם, die in der letzten Zeile ומטו בון gegeben sind. Das letzte Wort ואכון, und sie, bezieht sich auf das hebr. חנים in V. 9; „und sie lagerten am Meere“, wie es in diesem Bibelverse weiter heisst.

Welcher Art von Schriftwerken das Manuscript angehört? In welcher Absicht und zu welchem Zwecke es verfasst wurde? Darauf lässt sich aus Form und Inhalt desselben mit ziemlicher Sicherheit ein Schluss ziehen. Trotzdem es sich nämlich ziemlich enge an die Bibel anlehnt, kann es doch unmöglich zum Zwecke einer Uebersetzung oder erläuternden Paraphrase derselben abgefasst sein. Dagegen spricht schon der Umstand, dass, wie wir gesehen, einzelne

Bibelverse ganz ausgelassen, Andere nur flüchtig berührt, noch Andere zusammengezogen sind, bei Anderen wieder die Reihenfolge der Bibel oft nicht beachtet ist. Ein Werk, das die Bibel so weitläufig und mit einer solchen Fülle eingeflochtener, zum Theile recht langathmiger, haggadischer und liturgischer Stücke paraphrasirt, wie hier die wenigen Capitel aus Exodus behandelt werden, müsste aber auch, seiner Anlage nach, ein Monstrum an Umfang, jedenfalls aber so bedeutend sein, dass die Samaritaner, wenn sie ein solches besässen, dessen gewiss irgendwo Erwähnung gethan hätten. Umfangreich kann aber das Mns. auch als Ganzes nicht gewesen sein. Es bestand nämlich, wie an dem noch vorhandenen Fragmente deutlich zu ersehen ist, ursprünglich aus einigen Halbbogen Baumwollenpapier, die übereinander gelegt, in Quartformat gefaltet und in der Mitte zusammen geheftet wurden, so dass der äusserste Halbbogen das erste und letzte Blatt des Heftes bildet. So konnte aber eben nur ein, aus wenigen Blättern bestehendes, Heft zusammengenäht werden. Nachdem die Naht sich getrennt hatte, scheint der äusserste und der mittlere halbe Bogen verloren gegangen zu sein, so dass, wie schon bemerkt, Anfang und Ende und ungefähr zwei Blätter aus der Mitte fehlen.

Dieses Heft war aber ursprünglich nichts anderes als eine samaritanische Pessach-Haggadah.

Aus den, allerdings spärlichen, Daten, die wir über die Pessach-Feier der Samaritaner besitzen, ergibt sich, dass sie, gleich den Karäern,[1]) die jüdische Auffassung theilen, welche aus Exod. 13, 8 die Pflicht deduzirt, gelegentlich der Pessachfeier vom Auszuge aus Egypten zu erzählen.[2]) Für das eigentliche Pessach-Fest und für das unmittelbar darauf folgende Mazzoth-Fest[3]) haben die Samaritaner eine weitläufige Liturgie, welche einen verhältnissmässig grossen Theil ihrer gesammten Liturgie ausmacht.[4]) Sie haben nämlich eine doppelte Feier dieser beiden Feste, deren eine auf den Garizim, die andere im Hause des Hohenpriesters beim gemein-

---

[1]) Vgl. Ahron b. Elijah im כתר תורה, zu Ex. 13, 8 u. 9.

[2]) Pessachim 116a flg.

[3]) Vgl. hierüber oben die Note zu Z. 137—150.

[4]) S. darüber Heidenh. a. a. O. Bd. I. S. 281 flg.

schaftlichen Mahle stattfindet.[1]) Die Feier auf dem Garizim hat Petermann (Reisen im Orient I. S. 236 flg.) ziemlich ausführlich beschrieben, und es ist sehr zu bedauern, dass er sich durch seine Reisegefährten bereden liess, dem darauf folgenden Abendgebete und gemeinschaftlichen Mahle nicht beizuwohnen. Bezüglich dieses zweiten Theiles der Feier sind wir demnach nur auf jene Angaben beschränkt, welche ihm der sam. Priester diesbezüglich machte, so wie auf jene, welche einer gereimten Schilderung zu entnehmen sind, welche ein samarit. Priester, Pinchas, von der Nachfeier des Pessach entworfen und Heidenheim (a. a. O. I. S. 113 flg.) veröffentlicht hat. So allgemein gehalten diese Angaben auch sind, so weisen sie doch auf eine häufige Uebereinstimmung der sam. Bräuche mit den jüdischen hin, und lässt sich aus ihnen die Thatsache constatiren, dass sowohl gelegentlich der Feier auf dem Garizim als auch der Nachfeier im Hause des Hohenpriesters, Dank- und Loblieder, vor Allem aber das Recitiren gewisser auf das Pessach-Fest Bezug habender Bibelstellen und, während der Nachfeier, das Erzählen „von Egypten, dem Durchgang durch das rothe Meer und dergleichen" (Peterm. das. S. 239) einen hervorragenden Theil der Feier bilden. Für unsern Zweck haben diese Bibelstellen ein besonderes Interesse. Sie sind nach Petermann's ausdrücklicher Angabe (das. S. 237), Exod. Cap. 12, Cap. 13 und 14, die in verschiedenen, durch einzelne Strophen liturgischer Gedichte unterbrochenen, Abschnitten verlesen werden. Nun sind es aber gerade diese Capitel, welche unser Mns. behandelt, das mit der Mitte des ersten Verses aus Cap. 12 beginnt und bei V. 8 des 14. Capitels abbricht. Nun liegt, in Folge des erwähnten Fehlens einiger Blätter, die Einleitung zum zwölften und der Schluss des vierzehnten Capitels, ferner aus der Mitte jener Theil nicht vor, der an Cap. 12 V. 29 bis Cap. 13 V. 19 anknüpft. Diese Capitel sind aber die, auf Einsetzung des Pessach- und Mazzoth-Festes, sowie die auf den Durchgang durchs rothe Meer bezüglichen Bibelstellen, demnach solche, welche sich

[1]) Vgl. die Schilderung der Pessachfeier in dem Gedichte des Hohenpriesters Pinchas, das. das. S. 114: אחרי מיפל קרבן הפסח — אל השולחן הקדש נסע — ואל בית הכהן הגדול נסע; vgl. noch das. S. 239.

schon ihrem Inhalte nach als natürliche Grundlage einer Pessach-Liturgie ergeben, und auch ausdrücklich als solche bezeichnet sind. Dass dies auch bei der jüdischen „Haggadah zu Pessach" (הגדת פסח, אגדה, אגדתא), der Fall ist, lehrt schon die erste Betrachtung derselben.[1])

Nach Alle dem halten wir es für mehr als wahrscheinlich, dass unser Mns. ein verhältnissmässig grosses Fragment einer samaritanischen Pessach-Haggadah ist, welche, ähnlich wie die jüdische, an den biblischen Bericht in Exodus anknüpft, diesen mehr oder minder ausführlich paraphrasirt, und an passender Stelle durch Liturgie-Stücke und Erzählungen unterbricht, welche, wie die ihnen entsprechenden in der jüdischen Pessach-Haggadah,[2]) wahrscheinlich erst nachträglich hinzukamen. Das erste und zweite dieser liturgischen (rhythmischen) Stücke (Z. 5—36 u. Z. 37—50) welche den Vorzug des Monates Nissan vor den anderen Monaten und die Hoffnungen behandeln, welche sich an denselben knüpfen, entspricht, wie in den Noten zu den betreffenden Stellen hervorgehoben wurde, bei Festhaltung des spezifisch samaritanischen Standpunktes, der Tendenz nach genau den beiden Stücken: אז רוב נסים und אמץ גבורותיך der jüdischen Pessach-Haggadah. Das dritte durch die Lücke in der Mitte des Mns. unterbrochene Stück (Z. 167—177) ist, wie in den Noten z. St. nachgewiesen wurde, eine Verherrlichung der Samaritaner, und endlich die breitspurige Legende von der Auffindung und Fortführung des Leichnams von Josef (Z. 177—305) eine Glorification Josefs, des Stammvaters der Samaritaner. Die verloren gegangene Einleitung enthielt vermuthlich ein Lob- oder Danklied und einige der bei der Pessach-Feier üblichen Segenssprüche, der ebenfalls verloren gegangene Schluss aber, nach Abschluss des Berichtes vom Durchzug durchs rothe Meer und dem Untergange Pharaos, wahrscheinlich den üblichen Glückwunsch, mit welchem sowohl die Pessach-Feier der Samaritaner als auch ihre Pessach-Lieder zu schliessen pflegen.[3])

---

[1]) Vgl. Zunz „Gottesdienstliche Vorträge der Juden" S. 126.

[2]) Zunz, das. das.

[3]) Vgl. bei Heidenh. a. a. O. S. 118flg., und den Schluss der fünf sam.

Es ist kaum daran zu zweifeln, dass diese Pessach-Haggadah sich unter den 19 Bänden der samaritanischen Liturgie vorfindet, welche das British Museum besitzt; wahrscheinlich in Cod. 19007 add. Mns. (bei Heidenheim das. Bd. I. S. 282), oder in Cod. 1905 add. Manus. (s. das. S. 284). Die endliche Herausgabe dieser gesammten Liturgie wäre eine namhafte Bereicherung unserer Kenntniss des Ritus und der Anschauungen der Samaritaner, zu der die Veröffentlichung dieser Fragmente einen bescheidenen Beitrag zu liefern beabsichtigt.

Pessach-Lieder das. Bd. III. S. 96 flg. u. S. 476 flg; endlich Petermann, a. a. O. S. 240.

II.

Das samaritanische Targum.

I. Die Petermann'sche Ausgabe.

Die fehler- und mangelhafte Textesbeschaffenheit der, im samaritanischen Idiome abgefassten, Uebersetzung des samaritanischen Pentateuch, die bis jetzt vollständig nur in der Pariser und Londoner Polyglotten-Bibel vorlag, hat schon von den verschiedensten Seiten den wiederholt geäusserten Wunsch laut werden lassen: es möge, auf Grund eines besseren und reichlicheren handschriftlichen Materiales, eine neue und correctere Ausgabe dieser Uebersetzung veranstaltet werden. Petermann, dem wir bereits werthvolle Beiträge zur Kenntniss der Sprache, Literatur und Dogmatik der Samaritaner verdanken[1]), ist jetzt diesem Wunsche entgegengekommen, und hat sich, durch die Beschaffung und mühevolle Verarbeitung des eben so seltenen wie spröden und schwer zu behandelnden Materiales, den Dank Aller verdient, die sich mit Bibelexegese und semitischen, speziell mit samaritanischen, Studien beschäftigen. Von seiner Ausgabe dieser samaritanischen Bibel-Uebersetzung ist bis jetzt der erste Theil erschienen unter dem Titel:

„Pentateuchus Samaritanus, ad fidem librorum manu-„scriptorum apud Nablusianos repertorum, edidit et varias lec-„tiones adscripsit H. Petermann. Fasciculus I. Genesis. „Berolini, apud W. Moeser, 1872" (128 S. gr. 8°).

Gegen die äussere Form und die Anordnung des Buches wäre allerdings Manches zu bemerken. Zunächst ist es lebhaft zu bedauern,

---

[1]) S. Petermann's Artikel: Samaria, Samaritaner u. s. w. in Herzogs Realencyclopädie, seine „Reisen im Orient" (Leipz. 1860) Bd. I. S. 234—240 u. S. 264 – 292, sein „Versuch einer hebräischen Formenlehre nach der Aussprache der heutigen Samaritaner" in den „Abhandlungen für die Kunde des Morgenlandes, herausgegeben von der D. M. G. V Bd. Nr. 1, als Separatabdruck bei Brockhaus, Leipz. 1868" und seine „Brevis linguae sam. grammatica" etc. Berlin 1873.

dass Petermann das Buch mit samaritanischen Lettern hat drucken lassen. Im Interesse des Buches, das in diesem Falle wahrscheinlich auch mit dem des Verlegers zusammenfällt, wäre die hebräische Quadratschrift zu wünschen gewesen, deren einzelnen Buchstaben ihrem Lautwerthe nach genau den samaritanischen entsprechen, so dass die Transscription hier, ohne Zuhülfenahme der bei solchen Gelegenheiten oft nothwendigen lästigen Aushülfsmittel, auf die einfachste Art hätte geschehen können. Durch die samaritanische Typen wird das Buch unnütz und zwar namhaft vertheuert, was seiner weiteren Verbreitung von vorherein Eintrag thut,[1]) und seine Benützung den vielen Lesern unmöglich macht, oder doch erschwert, denen die samaritanischen Buchstaben fremd, oder weniger geläufig sind als die hebräische Quadratschrift.

Recht sonderbar und für Jeden, dem das Buch nicht vorliegt, geradezu irreführend ist der Titel, den Petermann seiner Ausgabe beigelegt hat. Unter „Pentateuchus Samaritanus" versteht man, nach dem Wortsinne und der üblichen Terminologie, die samaritanische Bibel, d. h. den samaritanisch-hebräischen Bibeltext, nicht aber die im samaritanischen Idiome abgefasste Uebersetzung dieser Bibel. Deutlicher wäre „Pentateuchi samaritani versio", oder zum Unterschiede von Abu-Said's arabischer Uebersetzung „Pentat. samarit. versio samaritana" gewesen; noch kürzer und prägnanter aber „Targum samaritanum", ein Titel, der sich um so mehr empfohlen hätte, als die Samaritaner selber diese Uebersetzung (s. Castell. lex. heptagl. s. v. תרג) תרגום nennen, eine Bezeichnung die auch hier in der Folge immer beibehalten werden soll.

Ein fühlbarer Mangel ist das Fehlen aller Prolegomena. Petermann hat sich ausser der Polyglotten-Edition noch fünf neue

---

[1]) Fünf Thaler für ein Heft, das bloss die Genesis enthält, also 25 Thaler für den ganzen Pentateuch, ist ein Preis, der vielleicht nicht öffentliche Bibliotheken, aber ganz gewiss die meisten Privatpersonen von der Anschaffung des Buches zurückhält. Derselbe Theil desselben Werkes, der mittlerweile in hebräischer Quadratschrift erschienen ist („das samarit. Targum zum Pentateuch, herausgeg. v. Dr. A. Brüll, Frankf. a/M. Verlag v. W. Erras, 1874) kostet 15 Sgr., also genau den zehnten Theil der Petermann'schen Ausgabe. Dafür ist die Brüll'sche Edition, eine von den gröbsten Fehlern gesäuberte Transscription der Polyglotten-Ausgabe, bei dem heutigen Stande der Dinge, vollkommen werthlos.

Handschriften[1]) des samaritanischen Targum zu verschaffen gewusst, deren Eine er seiner Ausgabe zu Grunde legte, während er die abweichenden Lesearten der Anderen als Variae lectiones zu den betreffenden Versen gibt. Er bietet aber auch nicht die leiseste Andeutung über die Beschaffenheit und über das muthmassliche Alter dieser Codices und schweigt auch, was am meisten vermisst wird, über die Form der von den verschiedenen Codices benützten Schriftzeichen. Die Samaritaner haben aber bekanntlich neben der gewöhnlichen noch eine Art von Schnellschrift, die sich von der ersteren nicht wenig unterscheidet.[2]) Aber auch die in derselben Schriftart geschriebenen Manuscripte zeigen recht häufig Eigenthümlichkeiten in der Schreibung einzelner Buchstaben. Buchstaben, die in der einen Handschrift eine auffallende Aehnlichkeit mit einander haben, also leicht verwechselt werden können, sind in einer anderen deutlich von einander zu unterscheiden und umgekehrt[3]). Dazu kommt noch der später zu besprechende Uebelstand, dass unsere samaritanischen Typen die entsprechende Buchstabenform in den Handschriften nur höchst ungenau wiedergeben. Bei der Fehlerhaftigkeit samarit. Mss., die in den Petermann'schen Codd. nur zu stark hervortritt, ist man aber häufig auf Emendirungen hingewiesen, die leichter und mit grösserer Sicherheit zu treffen wären, wenn man die Beschaffenheit der Schrift, vorzüglich aber jener Buchstaben kennen würde, die einander ähnlich sind, und demnach von den Abschreibern leicht mit einander verwechselt werden konnten. Es würde sich empfehlen, dass Petermann diese unerlässlichen Aufklärungen, die er vielleicht als Anhang zu dem vollendeten Werke zu geben beabsichtiget, schon dem zweiten Hefte beigebe.

Recht störend ist ferner die Art und Weise, wie Petermann

---

[1]) Eine derselben, das mit D bezeichnete, scheint ein Fragment zu sein, das sich nur über die ersten Capitel der Genes. erstreckt, da nach Cap. 5 keine einzige Variante daraus beigebracht wird.

[2]) Vgl. Gesenius „Carmina samarit." S. 6 und das. die Schrifttafel am Ende des Buches.

[3]) Man vgl. z. B. mit der eben erwähnten Schrifttafel das facsimilirte Specimen aus einer samarit. Pentateuch-Rolle in der Synagoge zu Nablus, das Mills in seinem Buche „A three months' residence at Nablus" (London. 1864) S. 299 gibt.

die Varianten zu seinem Texte gibt. Da er neben der Polyglotten-Edition noch drei, in den ersten 4 Capiteln gar vier Codd. berücksichtigt, ausserdem aber die von ihm als fehlerhaft erkannten und emendirten Stellen der, seiner Edition zu Grunde gelegten, Handschrift anführt; sind oft zu einem und demselben Worte 5—6 variae lectiones. Diese Varianten sind zu den betreffenden Versen ohne nähere Angabe des Wortes, auf das sie sich beziehen, der Reihe nach gegeben. Bei dem Umstande, dass sich unter ihnen häufig von einandar gänzlich abweichende, fremdartige und schwer erklärliche Worte finden, ist der Leser nicht selten in Verlegenheit zu bestimmen, auf welches Textwort die Variante sich beziehe. Um das zu können, gehört eine grosse Vertrautheit mit dem samaritanischen Idiome und mit den gewöhnlichen Fehlern samaritanischer Abschreiber; oft aber reicht auch diese nicht aus.[1]) Die Stellen, auf welche die Varianten sich beziehen, sollten, der grösseren Bestimmtheit und leichteren Uebersichtlichkeit wegen, bei jedem einzelnen Verse durch Buchstaben oder Ziffern kenntlich gemacht sein, was in den noch aussenstehenden vier Büchern des Pentateuch vielleicht noch geschehen könnte.

Endlich muss noch constatirt werden, dass das Buch eine nicht unbedeutende Anzahl von Druckfehlern enthält,[2]) welche bei der Erklärung, respective Richtigstellung der hier so häufig vorkommenden sonderbaren Wortformen und fremdartigen Ausdrücke nicht wenig störend sind.

Abgesehen von diesen, die äussere Form betreffenden, allerdings bedauerlichen Mängeln ist die Petermann'sche Edition des samaritanischen Targum eine höchst dankenswerthe und, mit Ausnahme einzelner Irrthümer und Versehen, correcte und umsichtig ausgeführte Arbeit. Sie bietet durch die Fülle des beigebrachten Materiales nicht nur viel des Interessanten in sprachlicher und sachlicher Beziehung; sie eröffnet auch ein ganz neues Gesichtsfeld zur einzig richtigen Beurtheilung des samaritanischen Targum und

---

[1]) So ist z. B. nicht abzusehen, ob das unverständliche שוסה, das A 42, 15. hat, für הקטן oder das folgende הנה stehe? ob סורי, das derselbe Cod. 49, 3. hat, sich auf בכורי oder auf כחי bezieht? u. a. A.

[2]) Ein Verzeichniss jener Druckfehler, die mir beim Durchlesen des Buches aufstiessen, habe ich Hrn. Prof. Petermann eingesendet.

des samaritanischen Idiom's, in deren Auffassung sie, wenn richtig benutzt, nothwendig eine förmliche Revolution hervorrufen, wenn aber gedankenlos nach- und ausgeschrieben, die auf diesem Gebiete herrschende Verwirrung bis ins Unendliche steigern muss.

Die Dienste, welche das samaritanische Targum der Exegese und Sprachwissenschaft bisher geleistet hat, haben sich schon früher als höchst problematisch herausgestellt. Wie ich in meinen „Samaritanische Studien“ (Breslau 1868) nachgewiesen zu haben glaube und Nöldeke in seiner, im weiteren Verlaufe noch öfter angeführten, ausführlichen und lehrreichen Rezension derselben in Geiger's „Jüdische Zeitschrift“ VI. S. 204 flg. zugibt, verdanken wir der bisherigen Benutzung dieses Targum samaritanische Wortverzeichnisse, Wörterbücher und Grammatiken,[1]) welche eine Menge falscher Wörter und Worterklärungen enthalten, deren Vergleichung mit den entsprechenden oder ähnlich scheinenden der verwandten Idiome höchst irreführend ist. Aus der Petermann'schen Edition ergibt sich aber bis zur Evidenz, dass diese Wörterbücher und Grammatiken noch ungleich mangelhafter sind, als bisher angenommen werden konnte; dass das samaritanische Idiom gar keine ihm eigenthümlichen Wurzeln und Wörter besitzt, sogenannte „kuthäische Wurzeln“ gar nicht existiren und die sonstigen Besonderheiten desselben auf ein Minimum zu reduziren sind; dass das, was bis jetzt als samaritanisches Targum galt, bloss ein und noch dazu relativ recht fehlerhaftes Exemplar der verschiedenen, von einander wesentlich abweichenden Abschriften ist, die von diesem Targum cursiren; dass in Folge dessen die meisten der über Tendenz, Wesen, Werth und Sprache dieser Version aufgestellten Annahmen sich als hinfällig erwei-

---

[1]) Als solche sind zu bezeichnen: Morinus, Exercitat. ecclesiasticae in utrumque Samaritan. Pentateuchum (Parisiis 1631); Cellarius, Horae Samaritanae etc. (edit. sec. Francof. et Jenae M. DCCV.); Millius, Dissertationes selectae etc. (Lugd. Batav. 1743) besonders Dissertatio XIV. pag. 425 flg., Castellus, Lexicon heptaglotton (zur Londoner Polyglotte) und dessen „Animadversiones Samarit.“ im VI Bd. dieser Polyglotte, Uhlemann, Institutiones linguae Samarit., Lipsiae 1837 (2 Theile) und dessen „Lexicon samarit.“ im zweiten Theile dieses Buches, endlich Petermanns schon erwähnte sam. Grammatik, woselbst S. 84 noch einige weniger bedeutende einschlägige Werke verzeichnet sind.

sen; dass sämmtliche von Petermann beigebrachte Codd. weiter nichts sind als eben so viele verschiedene, verschiedenartig corrumpirte, respective corrigirte und eigenmächtig umgestaltete Rezensionen des ursprünglichen samaritanischen Targum, die alle Producte einer Zeit sind, in welcher das Samaritanische längst mehr keine lebendige Sprache war, und endlich, dass wir das ursprüngliche samaritanische Targum noch immer nicht, oder — bis auf einige Fragmente, von denen später die Rede sein wird — vielleicht gar nicht mehr besitzen.[1])

In diesen Sätzen sind die wichtigsten generellen Resultate vorweggenommen, die sich aus den nachfolgenden Abhandlungen ergeben. Um aber diese Resultate als richtige nachzuweisen und für die weiteren Operationen einen sicheren Boden zu gewinnen, sind vor Allem zwei Punkte zu fixiren: erstens, die Fehlerhaftigkeit aller bis jetzt vorliegenden Codices des samaritanischen Targum; zweitens, die Willkührlichkeit der samaritanischen Copisten sowohl in Bezug auf einzelne Buchstaben als auch auf ganze Wortformen.

Die durch Leichtfertigkeit, Unverstand und Willkühr der Abschreiber entstandenen zahlreichen Corruptelen sind nämlich vorher nach gewissen Kategorien zu ordnen. Es sind für sie, so sonderbar es auch klingen mag, gewissermassen Regeln festzustellen, nach denen sie zu entstehen pflegen.

II. Fehlerhaftigkeit der Codices.

Dass samaritanische Handschriften, mögen sie nun welcher Gattung von Schriftwerken immer angehören, in der Regel mehr

---

[1]) Neubauer, in seiner „Chronique Samaritaine" Paris 1873 (Separatabdruck aus dem Journal asiatique v. J. 1869) S. 4 berichtet, dass die Bodlejana jüngst ein „altes" Fragment des samarit. Targ., das Ende von Levit. und fast ganz Numeri enthaltend, erworben habe und dass in der Stadtbibliothek zu Cambridge sich ein anderes Fragment dieses Targum befinde und dass Nutt beide Fragmente ediren will. Die Lesearten, die Neubauer aus dem ersten Fragmente zu Levit. 25, 26—33 beibringt, versprechen nicht viel. Mittlerweile ist das Buch von Nutt unter dem Tittel „Fragments of a Samaritan Targum" (London 1874) erschienen, und denke ich an einem andern Orte darauf zurückzukommen.

oder minder fehlerhaft geschrieben sind, ist eine bekannte Thatsache. Man vergleiche, um sie zu erhärten, nur die erste beste Edition eines samaritanischen Mns., vor Allem aber eine kritische, wie z. B. die Anmerkungen von Luzzatto (in Kirchheims כרמי שומרון S. 111 flg.) zu den von Gesenius edirten „Carmina Samaritana“, oder die „Litanei Marka's“ nach Geiger in der Z. DMG. XXI S. 173 flg., oder unter den in so hohem Grade unkritischen Textveröffentlichungen Heidenheims (in dessen „Vierteljahrsschrift“ II. S. 218 flg.) „das Gebet Ab-Gelugah's“, von welchem ihm zwei Abschriften zur Vergleichung zu Gebote standen. So oft noch ein samaritanisches Mns., möge es nun in samaritanischer oder in arabischer Sprache abgefasst sein, edirt wurde, so oft haben die Herausgeber auch Veranlassung gehabt, über fehlerhafte Textesbeschaffenheit der Handschrift und über Flüchtigkeit und Unkenntniss der Abschreiber zu klagen. (Vgl. oben S. 42 flg.)

Dass die Polyglotten-Edition [1]) des sam. Trg. in dieser Beziehung ebenfalls Starkes leistet, habe ich in meinen „Sam. Studien“ (S. 22—30) nachgewiesen. Nichts desto weniger ist hier die Textcorrumpirung eine viel grössere, als man ohne die Petermann'sche Ausgabe hätte annehmen dürfen, noch ungleich grösser aber in manchen andern Codd., von denen diese Ausgabe variae lectiones bringt. Schon die oberflächlichste Vergleichung dieser Varianten unter einander und mit T. zeigt eine wahrhaft erschreckende Menge von Abschreibefehlern. Die meisten rühren von der leichtfertigen Verwechslung solcher Buchstaben her, die eine mehr oder minder grosse Aehnlichkeit mit einander haben, wie: ࠀ und ࠑ, ࠇ und ࠄ, ࠊ und ࠍ, ࠌ und ࠔ, ࠁ und ࠓ, ࠊ und ࠌ, ࠌ und ࠁ, ࠏ und ࠊ, ࠏ und ࠒ. Hierbei ist in vielen Fällen freilich nicht

---

[1]) In der Folge soll diese, nach dem Vorgange Petermanns, immer nur Ed. bezeichnet werden, die 4 Codd., aus denen Peterm. Varianten bringt, wie bei ihm: A. B. C. D. der seiner Ausgabe zu Grunde liegende Text durch T., sowie der Cod., nach welchem er seinen Text edirte, wie bei ihm „Ap.“ (Apographon). Ebenso soll der Name des Herausgebers, der Kürze wegen, in der Folge nur durch P. bezeichnet werden, das samarit. Targum durch: sam. Trg., das häufig vorkommende „Textwort“, scil. der Bibel, durch Tw.; das Targum des Onkelos durch: Onk., das dem Jonathan b. Usiel zugeschriebene, so wie das sogenannte jerusalemische Targum durch J. I. und J. II. und endlich Abu-Said durch A. S.

an die betreffende Form dieser Buchstaben zu denken, wie sie der, in ganz unverantwortlicher Weise entstellte, Typendruck zeigt. In Handschriften haben Buchstaben, die sich in unseren Druckwerken scharf unterscheiden, oft eine auffallende Aehnlichkeit und umgekehrt. Das gilt besonders von ࠁ und ࠍ, die in den Mss., die mir bis jetzt zugänglich waren,[1]) sich nur durch ein kleines, von rechts nach links gezogenes, Strichelchen unterscheiden, welches fast senkrecht auf dem oberen waagrechten Striche des ࠍ steht, nach dessen Wegfall ein förmliches ࠁ zu Tage tritt; so dass ich in Mss. ein irrthümlich für ࠁ gesetztes ࠍ oft so corrigirt fand, dass dieses senkrechte Strichelchen in der Mitte einfach durchstrichen war, um es dadurch als überflüssig zu bezeichnen. (S. oben S. 3). Aehnliches gilt von ࠁ und ࠌ, von ࠌ und ࠔ, die in Mss. ungleich leichter als in unseren Druckwerken mit einander verwechselt werden können (s. ob. S. 42) von ࠄ und ࠑ[2]) und endlich besonders von den im Typendruck so grundverschiedenen ࠏ und ࠒ, die in Mss. oft nur schwer zu unterscheiden sind[3]) und auch wirklich oft verwechselt werden. Bei dieser Gelegenheit sei recht nachdrücklich auf die unzureichende Form unserer neueren samaritanischen Typen hingewiesen. Diese sind zwar zierlicher und kleiner als die oft unförmlich grossen in älteren Druckwerken, geben aber dafür in der Regel die wahre Gestalt der Buchstaben viel weniger treu wieder.[4]) Eine entsprechende Aenderung thäte hier wahrlich Noth.

Aber auch dort, wo ähnliche Buchstaben der Leichtfertigkeit des Abschreibers nicht Vorschub leisten, sind Schreibefehler allgemein. Für Ed. sind nicht wenige solcher Fehler in meinen „Sam. Studien" S. 22 flg. nachgewiesen; Nöldeke (in Geigers „Jüd. Zeitschr." a. a. O.) hat solche, und wie sich aus den anderen Codd. bei P. ergibt, mit Recht noch vermuthet in קדולין, das Gen. 12,

---

[1]) Vgl. die Schrifttafel von Gesen. a. a. O., so wie die bei Mills, a. a. O. S. 286, endlich die Schriftprobe bei Nutt a. a. O.

[2]) Vgl. dieselben Schrifttafeln.

[3]) S. oben S. 3, so wie Mills und Nutt a. a. O. das.

[4]) Die relativ besten Typen haben noch die letzten Bände des Journal asiatique, doch lassen auch diese noch viel zu wünschen übrig.

16.[1]) für גמלין steht, in קיצם (für das hebr. ברית), wofür einfach קיאם zu setzen und in קד, Brust, 49, 25. wofür חד zu lesen ist. Solchen und ähnlichen Fehlern werden wir in allen Codd. häufig begegnen; vorläufig mögen als Beispiele dienen: 19, 34. Ap. רישין für רמשין (Tw. אמש), 20, 8. Ap. ואקחם für ואקדם (Tw. וישכם), 27, 39. Ap. משמטי für משמני und 30, 2, Ap. מטין für מעין (Tw. בטן). Diese wenigen, durch den Zusammenhang und die anderen Codd. als unzweifelhafte Fehler nachgewiesenen, Beispiele sind absichtlich nur dem, der Petermann'schen Edition zu Grunde gelegten, Codex entnommen; die andern ungleich fehlerhafter geschriebenen Codd. wimmeln von solchen Corruptelen. Da es sich hier, wie in der folgenden Besprechung der am gewöhnlichsten vorkommenden Fehler, vorläufig nur um die Constatirung von Thatsachen handelt, begnügen wir uns mit verhältnissmässig wenigen Beispielen. Die weiteren Auseinandersetzungen werden für jeden der hier angeführten Fälle noch zahlreiche Belege bringen.

Bemerkenswerth ist die Consequenz, mit der Fehler oft festgehalten, respective auf andere Stellen übertragen und weiter fortgeführt werden; eine Thatsache, auf deren Erklärung wir noch zurückkommen, die aber schon hier nicht scharf genug betont werden kann, weil man sonst hinter einer öfter wiederholten Form nicht leicht eine Corruptel vermuthen würde. So hat z. B. Ed. für das hebr. קרא, das sie in der Regel gleich den anderen Codd. זעק übersetzt, in drei aufeinander folgenden Versen, 26, 20. 21 u. 22, קעק, obwohl kurz vorher (das. V. 18) und kurz nachher (V. 25) das richtige זעק steht. Castell. hat auch wirklich s. v. קעק „i. qu. זעק vel pro eo.“ Ein ähnlicher oft wiederholter Fehler, auf den schon „Sam. Stud.“ S. 25 flg. hingewiesen wurde, ist das häufige, von den Wörterbüchern auch wirklich acceptirte, עמם für עכם (= חכם, für das hebr. ידע) und עמימאי für עכימאי (für das hebr. חכמים oder זקנים); ferner עמום, das Ed. Num. 4, 6. 8; 10, 11 für das an anderen Orten gebrauchte richtig עכום (Tw. תחש) hat (s. a. a. O. S. 28); ועספר, das A und Ed. 8, 3 u. 5 für Tw. וחסרו haben, wofür sicherlich ועסרו = וחסרו der anderen Codd. zu lesen ist; endlich scheint auch das öftere שמק für שמע,

---

[1]) Da vorliegende Arbeit, an die Petermann'sche Edition sich anlehnend, fast ausschliesslich die Genesis behandelt, ist in der Folge die nähere Bezeichnung „Gen.“ als selbstverständlich weggelassen.

hören, ein solcher consequent beibehaltener Fehler zu sein. Wir werden im weiteren Verlaufe oft genug auch Fällen begegnen, wo, besonders seltener vorkommende oder fremdsprachliche Wörter in allen Petermann'schen Codd. gleichmässig verschrieben sind, oder auch in verschiedener, nur nicht in der richtigen Form vorkommen. Ein, in einen älteren Codex eingeschlichener, Fehler ist nämlich in späteren Abschriften entweder unverändert beibehalten, oder gar noch weiter corrumpirt worden; so dass das ursprüngliche Wort nur noch schwer, oft gar nicht mehr zu erkennen ist.

Die, auch den andern aram. Dialecten nicht fremde, Transposition der Consonanten, welche Uhlemann (a. a. O. S. 16, § 7) auf Grund der Ed. als Gesetz aufstellt, das sich nach bestimmten Regeln vollziehen soll, ist, mit einigen wenigen Ausnahmen, ebenfalls bloss auf die, wie wir sehen werden, durch äussere Umstände motivirte Unkenntniss und Leichtfertigkeit der Abschreiber zurückzuführen. Solche Formen werden nämlich nur in den allerseltensten Fällen von allen Codd. gebracht; zumeist hat sie nur der eine oder der andere, und auch dieser nicht constant. Die von Uhlemann für seine vorgebliche Regel (a. a. O. das.) beigebrachten Beispiele sind fast alle weiter nichts als blosse Schreibefehler. So ist אנשי 17, 14, (Tw. הפר) sicherlich bloss verschrieben für אשני, das auch Onk. z. St. hat (Sam. Stud. S. 24); למיק (Tw. לטש) 4, 22. wofür nicht סליק, sondern סיקל zu lesen ist, sicherlich ebenfalls bloss Fehler, denn es ist nicht das arab. صلاق, sondern das auch im Talmud und den Midraschim als סיקלא vorkommende صيقل, das auch A. S. und Saad. z. St. haben. Für סרח, umgeben, ist 19, 4 wo es meines Wissens allein vorkommt, wie sonst immer סחר zu lesen, Ed. סרחין ist nämlich nach A. סחרין zu emendiren; עמך wissen ist, gleich dem eben erwähnten עמם, verschrieben für עכם; עמס ist nicht חצב sondern das chald. חמס, hebr. חמש, zeigt also bloss die gewöhnliche Guttural-Verwechslung, aber keine Consonanten-Transposition; für עקר fliehen endlich — manche Codd. haben übrigens mitunter gar: אקר, ארק, אגר und ähnliche Formen — ist einfach das gewöhnliche ערק zu setzen, das die anderen Codd. auch wirklich in den meisten Fällen haben, wo Ed. fälschlich עקר liest, obwohl sie an anderen Orten mitunter in denselben Fehler verfallen (vgl. 27. 43; 31. 20, 21 u. a.).

Diese Transposition der Buchstaben, der wir weiterhin noch öfter als einer häufig vorkommenden Art von unzweifelhaften Fehlern begegnen werden, ist nicht selten mit der bekannten willkührlichen Gutturalverwechslung combinirt. Diese ist nicht mit Uhlem. (a. a. O. S. 13) darauf zurückzuführen, dass diese Buchstaben im samaritanischen Dialecte nicht so genau („non tam accurate") unterschieden werden als in den anderen; sondern auf den schon längst hervorgehobenen, von Nöldeke[1]) und Petermann[2]) scharf betonten Umstand, dass die Samaritaner, sowohl in ihrem Dialecte als auch, was sich später als besonders wichtig ergeben wird, in der Aussprache des Hebräischen, die Gutturale gar nicht unterscheiden, sondern geradezu vernichten. Vgl. z. B. 31, 20 Tw. ברח, wofür alle Codd. das eben erwähnte richtige ערק haben, nur Ed., אקר, hat erst ע mit א verwechselt und dann die Buchstaben transponirt, ein Fehler, der Cast. s. v. verleitet hat, אקר als selbstständige Wurzel „i. qu. ערק" anzunehmen. Ein ungleich interessantes Beispiel bietet dasselbe Wort 35, 1. wo Tw. בברחך übersetzt ist: T. במחקרך, A. במערוקך, B. במרחקך, Ed. במעקרך; also neben ערק in A., noch: חקר, רחק und עקר.

Diese Gutturalverwechslung ist oft nicht nur mit Buchstaben-Transposition, sondern noch ausserdem mit allerlei anderen Schreibefehlern combinirt, wodurch wahre Monstra entstehen. So hat z. B. für Tw. ותרצני 33, 10. T. ואריחתני (רחח, das chald. רעא, hebr. רעות, רצון), A. ואריח, wo die letzten drei Buchstaben von T. fehlen, C. ואחריעיני, Ed. ותריכני und B. gar ואבצהאני, in welchem man ואריחתני in T. kaum wieder erkennen kann, und doch ist es — wenn man sich die samaritanische Form der betreffenden Buchstaben vergegenwärtiget — nichts anderes als dieses. B. hat nämlich für ר fälschlich ב, für י das diesem so ähnliche צ, den Guttural ה dem ח substituirt und endlich א für das ähnliche ת. Nach Restituirung dieser Buchstaben findet man in ואבצהאני die Leseart ואריהתני = ואריחתני wieder; ࠅࠀࠁࠑࠄࠀࠍࠉ für ࠅࠀࠓࠉࠇࠕࠍࠉ. Ein ähnlicher, aber noch mehr complizirter

[1]) Vgl. dessen „Ueber einige sam.-arab. Schriften die hebr. Sprache betreffend" (Sonderabdruck aus den Nachrichten von der k. Ges. der Wissenschaften zu Göttingen 1862) S. 11flg.

[2]) S. dessen „Versuch u. s. w." S. 6.

Fehler ist das von P. mit einem Fragezeichen begleitete, לעסורה, das A. 47, 11. für Tw. אחוזה hat. Hier ist: 1) eine Gutturalverwechslung indem ע für ח steht, 2) eine Buchstaben-Transposition zwischen ע und ס, welche die Plätze zu wechseln haben, und 3) ein gewöhnlicher Schreibefehler indem ר fälschlich für כ steht; es ist nämlich zu lesen לסענה = לסחנה (s. Cast. s. v. סחן), das alle anderen Codd. haben.

Diese Verwechslung der Gutturale, am gewöhnlichsten von ע, ח und ה, aber oft genug auch von ע und א und ע und ה, hat zur Folge, dass der Copist nicht die Gutturale abzuschreiben pflegte, welche ihm vorlagen, sondern an ihre Stelle willkührlich andere setzte, wodurch Worte, welche einen oder mehrere Gutturale enthalten, fast in jedem Cod. in einer anderen Form zu erscheinen pflegen. Man vergleiche z. B. für den Wechsel von ע und א 29, 35. Tw. עור, A. עורי (christl. paläst. ܥܘܪ) Ed. אורי; für den Wechsel zwischen ה und ע 7, 14, Tw. כנף, T. u. B. פרה, C. פרע, Beides für das hebr. u. chald. פרח, das auch Onk. u. J. I. z. St. haben, und endlich Stellen wie 43, 22. Tw. אמתחתינו, T. u. A. בעדינן, C. בהדינן, Ed. עדאינן, Ap. באדינן.

Die Aussprache der Samaritaner hat aber noch andere weitgehende Willkührlichkeiten zur Folge, die sich nur äusserst selten in constanten Formen, dafür um so häufiger in der variirenden Schreibung einzelner Wörter äussern, deren Fixirung aber für die Erklärung vieler auffallender Erscheinungen von Wichtigkeit ist. Was zunächst die Aussprache der Buchstaben: בגדכפת betrifft; so ist dieselbe ziemlich unsicher und schwankend. Sicher scheint zu sein, dass ד und ת von den älteren Samaritanern anders ausgesprochen wurde, als von den Neueren. Während nämlich ihre älteren Grammatiker (s. Nöldeke „Ueber einige sam.-arab. Schriften" u. s. w. S. 16) behaupten: 5 Buchstaben hätten zwei oder mehr Aussprachen, nämlich בדופת, und unter diesen ד und ת eine aspirirte, المرفّية, (= רפה) und eine nicht aspirirte, المدغوشة (= דגש); berichtet Petermann (Versuch u. s. w. S. 7) „die weichere Ausprache der litterae בגדכפת hat sich bei den Samaritanern nur in den Buchstaben ב und פ erhalten". Da die Samaritaner, der späteren Zeit wenigstens, und unsere Codd. rühren alle von einer solchen her, ת und כ demnach immer hart, ת und כ, aussprechen; setzen sie, bei ihrem bekannten Mangel an grammatischem

Sinn, oft ט für ת und ק für כ und umgekehrt. So hat z. B. B für die Partikel לות 16. 2, לבט; 30. 31, Ap. אתר für אטר „ich werde hüten"; Ed. 21. 16, קשטה für קשתה „Bogen", ähnlich noch 49. 24, und B. 19. 25, für Tw. ויהסך, das die anderen Codd. ואסך und והסך geben — והסק.[1])

Aus demselben Grunde sind die Samaritaner bei der Transscription der Fremdwörter, besonders aber im Wiedergeben der aspirirten und nichtaspirirten Buchstaben, ungleich ungenauer als die, in dieser Beziehung ebenfalls nicht immer consequenten, verwandten Dialecte. So ist das gr. *κιϑάρις,* chald. קתלום, קתרים (vgl. Aruch s. v.) 4, 21 in allen Codd. קטרום; *κασσίτερος* (chald. קסטירה, קסטר) — קסתרנה; das lat. capitulum 6, 15 קפתולה für Tw. קימתה, wofür C. רומה hat; das lat. caput 10. 10 in T., A. u. Ed. קופית für Tw. ראשית. Zahlreichen ähnlichen und noch ungleich auffallenderen Fällen in der Transscription des Arabischen werden wir später begegnen.

Auf die Aussprache der Samaritaner ist ferner das häufig für ו auftretende ב zurückzuführen, wo es nicht in constanten, feststehenden Formbildungen erscheint, die auch in den verwandten Dialecten mitunter vorkommen. Unter den drei verschiedenen Aussprachen des ו bei den Samaritanern ist eine ב (A. S. bei Nöldeke a. a. O. S. 29 (البا الاصل فى العبرانيّة), nach P. (a. a. O. S. 8) zumeist dann, wenn das ו verdoppelt wird. Unter den Buchstaben בגדכפת hat sich ferner, wie eben erwähnt, neben פ nur noch in ב die weichere Aussprache erhalten. Da nun einerseits ו manchmal zu ב, anderseits aber ב ausnahmsweise aspirirt, also gleich ו ausgesprochen wird, haben die Abschreiber häufig den einen Buchstaben willkührlich für den andern, am häufigsten ב für ו gesetzt. S. Beispiele „Sam. Stud." S. 24 und Formen wie לספבאתה, das B. 10, 5. für Tw. ללשנו, statt des gewöhnlichen ספואה oder אספואה, dem chald. ספא, hebr. שפה, hat.

Ebenfalls auf Rechnung der Abschreiber ist die wechselnde Schreibung mancher Worte bald mit ב bald mit פ zu setzen, was

[1]) Aehnliche, offenbar auch nur auf die Leichtfertigkeit der Abschreiber zurückzuführende Formen zeigt das Christl.-paläst.; wie z. B. ܡܣܦܠܐ und ܡܣܦܠ für ܡܣܒܠܐ und ܡܣܒܠ, ferner ܐܬܡܗܘ, sich wundern, für ܐܬܡܗܘ (S. Nöldeke in Z. D. M. G. XXII. S. 462.)

wahrscheinlich auf den eben erwähnten Umstand zurückzuführen ist, dass diese beiden Buchstaben ausnahmsweise zuweilen aspiriren; z. B. ברנס 36, 14 für das sonst übliche פרנס, verpflegen, leiten, גוף Grube, das A. 26, 25 für גוב hat. Ein in gewissen Formen constanter Wechsel von ב und פ ist bekanntlich auch in anderen besonders jüngeren aramäischen Dialecten zu finden (vgl. Nöldeke in Z. D. M. G. XXI. S. 193 und XXII. S. 462) und in einigen wenigen Fällen auch im Samaritanischen, z. B. פלס, zürnen für בנס (Sam. Stud. S. 104.)

Ungleich störender, besonders in der Transscription der später zu besprechenden Arabismen, ist der willkührliche Wechsel der Zischlaute. Worte, in welchen solche Laute vorkommen, sind nicht nur in den verschiedenen Codd., sondern oft genug in einem und demselben Codex bald mit dem einen, bald mit dem andern Zischlaut geschrieben. Dieser Umstand dürfte theils auf verschiedene, verschiedenen Gegenden Palästinas, oder gar verschiedenen Ländern angehörige, Abschreiber zurückzuführen sein, welchen, je nach den verschiedenen aramäischen Dialecten, auch verschiedene Formen desselben Wortes vorschwebten, theils auf die Aussprache der Abschreiber, zum grössten Theile aber auf ihre Unkenntniss und Leichtfertigkeit.

Am auffallendsten ist der häufige Wechsel von ס und צ, welche die Samaritaner, nach P. (a. a. O. S. 8 flg.) richtig aussprechen. So haben z. B. 3, 16 für das richtige עצרוניך in A. und Ed. die anderen Codd. עסרוניך; so ist 12, 8. A. ונכסב nach Ed. zu emendiren ונצב, so hat Ap. 30, 38. ואצקק für ואסקק, 45, 5, G. תסטערו für תצטערו. Für das chald. צורכא Bedarf kommt in Ed. allein neben צרכן noch סרכן und שרכן vor (Sam. Stud. S. 65).

Eben so häufig steht ז für ס und umgekehrt. So 8, 11. wo nur Ed. das gewöhnliche זבן Zeit hat, alle anderen Codd. סבן; 25, 1. wo alle ואוזף für ואוסף haben; 30, 24. wo das nom. propr. יוסף in B. und Ed. יוזף ist; 41, 3. A. וחזירין für das richtige וחסירין, das es im Vers vorher hat, und 42, 37. Ap. עסרנה für עזרנה.

Der Wechsel zwischen שׁ und שׂ mit ס und umgekehrt, der uns häufig in der verschiedenen Schreibung eines und desselben Wortes entgegentritt, ist offenbar nur auf Flüchtigkeit und Unkenntniss des Abschreibers zurückzuführen, da die Samaritaner שׁ und שׂ nicht unterscheiden, sondern gleichmässig „sch“ aussprechen (Nöldeke a. a. O. S. 2 und P. a. a. O. S. 9), also nicht anzunehmen ist, dass die Lautähnlichkeit zwischen שׂ und ס die Verwechslung veranlasst hat. Vgl. z. B. נפס für נפש, das A. D. und Ed. haben; 14, 3, das nom. propr. סיעפיה bei A., wofür Ed, שיעפיה hat; das. V, 23 Ed. עסרתי für Tw. העשרתי und 7, 20 für חמש עסרי fünfzehn der anderen Codd. in A. und Ed. חמס עשרי, wo in dem ersten Worte ס für ש, in dem zweiten ש für ס steht.

Ob der ebenso häufige Wechsel von כ und ג, auf den ich schon „Studien" S. 6 hingewiesen, nur auf Nachlässigkeit und Leichtfertigkeit, oder auch auf dieAussprache der Abschreiber zurückzuführen ist, wage ich nicht zu entscheiden. Nöldeke (a. a. O. S. 16) meint zwar, dass die Aspiration von ג und כ den Samaritanern wahrscheinlich fehle; die häufige Verwechslung Beider in einem und demselben Worte, z. B. 41, 56 und 42, 5, כפנה und גפנה Hungersnoth, scheint aber doch darauf hinzudeuten, dass diese Buchstaben, vielleicht in Folge einer aspirirten Aussprache, irgend eine Lautähnlichkeit hatten.

Diese verschiedenen Arten von Fehlern mussten constatirt werden, damit später die richtige Erklärung für auffallende Wörter und Wortformen gefunden werden könne. So lange man solche nämlich, auf die Autorität der Ed. hin, als ursprüngliche, demnach specifisch samaritanische Wortbildungen betrachtete, ohne die eben behandelten Fehler und Willkührlichkeiten der Abschreiber in Betracht zu ziehen; so lange mussten sie freilich entweder unerklärt bleiben, oder in weithergeholter Weise erklärt werden und so Veranlassung zu den sonderbarsten grammatischen Regeln und den abentheuerlichsten lexicographischen Bestimmungen geben. Diese auffallenden Formen, zu deren Erklärung Castel, und nach ihm oft Uhlemann, neben dem Aethiopischen, Coptischen und Armenischen, noch das Keltische, Flämische, Spanische, Englische, ja sogar, wie z. B. s. v. שוף, das Anamitische und Ungarische herbeizieht, sind aber, wie wir sehen werden, zum grossen Theile weiter nichts, als solche, allerdings specifisch samaritanische, Schreibefehler, welche wie noch an vielen Beispielen nachgewiesen werden soll, jeder grammatischen Regel Hohn sprechend, mit den änderweitig als giltig erkannten Gesetzen der Sprachvergleichung durchaus nichts zu schaffen haben. Es musste das der tadelnden Bemerkung Nöldeke's, ich hätte in meinen „Sam. Studien" die Gesetze der Sprachvergleichung nicht beachtet, (S. dessen Rezens. a. a. O. S. 209) hier um so eher entgegengehalten werden, als sonst derselbe Vorwurf in noch grösserem Maasse auch die vorliegende Arbeit träfe.

Bei dieser schlechten Textesbeschaffenheit aller von P. benützten Codd. sind die Eingangs erwähnten Druckfehler doppelt bedauerlich. Ihr häufiges Vorkommen lässt vermuthen, dass manche der ohnehin corrumpirten Formen durch Druckfehler noch mehr verunstaltet worden sind. So ist z. B. 43, 10 A. תרין זרנין (Tw. פעמים) sicherlich זבנין zu lesen und 49, 25 ברוך תהוך ebenso gewiss תהום; ob diese und ähnliche unzweifelhafte Fehler dem Cod., oder dem Setzer, respect. Corrector zuzuschreiben sind, ist nicht zu eruiren. Den noch aussenstehenden Lieferungen thäte eine sorgfältigere Correctur dringend Noth.

III. Willkühr der Abschreiber.

Noch auffallender und störender als diese Schreibefehler, ist die fast unglaubliche Leichtfertigkeit, mit welcher der Text des sam. Trg. behandelt, und die plumpe Willkühr, mit welcher darin herumcorrigirt und geändert worden ist; ein Vergehen, welches das harte Urtheil Sirachs (50, 26) über die Samaritaner: *ὁ λαὸς μωρὸς ὁ κατοικῶν ἐν Σικίμοις*, als nicht von Sektenhass allein dictirt erscheinen lässt. Die verschiedenen Codd. zeigen nämlich in zahlreichen Fällen ein und dasselbe Wort in den verschiedensten Formen und Bildungen, oder übersetzen gar ein und dasselbe Tw. durch die verschiedensten, zum Theil verschiedenen Dialecten und Sprachen entlehnten, Bezeichnungen. So erscheint dasselbe Wort unter den verschiedensten Formen z. B. 26. 15, Tw. וימלאום, dafür T. u. C. ומלונין, A. וימלינון, B. ומלונון, Ed. ומלתון; 27, 34, Tw. כשמע, dafür T. כמשמועי, A. כמשמעוי, B. u. C. כדשמע, Ed. כשמע, Ap. כמשועי; 42. 29, Tw. אביהם, dafür neben אבוהון noch: אביהון, אבירן, אבהון; das. V. 32 für Tw. שנים עשר die Formen: תרי עסר, שנים עסר, תריעסר, תרים עסר u. תרתיעסר.

Als Beispiele für begrifflich identische, aber sprachlich ganz verschiedene Uebersetzungen eines und desselben Tw. mögen dienen: 26. 14, Tw. ועבדה, dafür T. C. ועבדו, A. ואריסו (gr. *οὖρος*, auch chald. und christl.-paläst.), B. ועבידו, Ed. ופרנסה (vgl. das chald. und syr. פרנסא „Verpfleger, Leiter“ und Onk. zu 15, 2); 27. 45,

Tw. ושלחתי, T. ואושט, B. ואשגר, C. ואשלח, wofür Ed. fehlerhaft: ותשלח (ࠕ für ࠀ); 29. 21, Tw. הבה, T. הביא, A. אנדי, B. אעאל C. הב, Ed. העאל; 30. 30, Tw. מעט, T. B. und C. זעור (Onk. זעיר) A. קליל (= J. I. und ar. قليل) Ed. ציבער (vgl. Stud. S. 105, christl.-paläst. ܙܥܘܪ, ܙܥܘܪܐ).

Aber nicht nur die verschiedenen Codd., sondern auch ein und derselbe Cod. hat für dasselbe Tw. die verschiedensten Uebersetzungen, oft sogar in einem und demselben Verse. Diese Thatsache ist für Ed. bereits „Sam. Stud." S. 18 flg. constatirt worden; nur ist dort daraus und aus anderen ähnlichen Erscheinungen der Schluss gezogen, das sam. Trg. rühre von verschiedenen **Verfassern** her, während sie heute, wo jeder der Petermann'schen Codd. dieselben Erscheinungen zeigt, nur als Beweis gelten kann für die vielen Hände, die in jedem Cod. eigenmächtig corrigirt und geändert haben. So steht z. B. 9, 23, für Tw. ערות in T. A. und Ed. erst קלשפות [1]) dann סלוק; für Tw. נקוד haben 30, 22, das erste mal alle Codd. נמור, das zweite mal A. לפוט, V. 33 das. hat A. für dasselbe Wort erst לפוט dann קלפוט, das. V. 39 ערפוט, 31, 8. נקושין und das. V. 10 נקופין, die beiden Letzteren offenbar verschrieben für נקודים. Für das hebr. מרגלים **Kundschafter** hat A. allein in Cap. 42 nicht weniger als 6 verschiedene, zum Theil unerklärliche Uebersetzungen, und zwar V. 9, טפילין, V. 11 משמצין, V. 14, כרספין, V. 16, שחורין, V. 30, מגליפין und V. 31, גשושין.

Die zahlreichen Schreibefehler und Corruptele aller Art, die bunte Mannigfaltigkeit sowohl in den Formen eines und desselben Grundwortes, als auch in der Uebersetzung eines Textwortes durch die verschiedensten Bezeichnungen, endlich aber die später zu besprechende Verschiedenheit der Codd. in der Auffassung derselben Bibelstellen haben zur Folge, dass ein und derselbe Vers in den einzelnen Codd. häufig, sowohl sprachlich als sachlich, ganz verschieden wiedergegeben ist. Diese bizarre, auf den ersten Anblick geradezu verblüffende Form ist, neben der Leichtfertigkeit und Willkühr der Copisten und unberufenen Emendatoren, noch auf eine Reihe von Ursachen zurückzuführen, deren Erforschung nicht nur für das sam. Trg. und so für das ganze Idiom von höchster

---

[1]) Auf die meisten dieser auffallenden Wörter kommen wir noch zurück.

Wichtigkeit ist, sondern auch ein grelles Schlaglicht wirft auf die literarische Thätigkeit und auf das Geistesleben der Samaritaner überhaupt.

IV. Interpolationen aus Onkelos.

Eine, und nicht die unwichtigste, dieser Ursachen ist die, schon von manchen älteren Forschern (Hottinger, Eichhorn) angenommene, von Winer wieder angezweifelte, von Kirchheim ohne genügende Beweisführung neuerdings behauptete Abhängigkeit des sam. Trg. von Onkelos, welche ich „Sam. Studien" S. 4—13 — natürlich nur für Ed. — überzeugend nachgewiesen zu haben glaube; so dass auch Nöldeke (in seiner erwähnten Rezension a. a. O. S. 205) „die Sache sehr wahrscheinlich findet", wenn er auch noch kein „definitives Urtheil" fällen möchte. Die Petermann'sche Edition beweiset die Richtigkeit dieser Annahme von Neuem, und zwar nicht nur für Ed., sondern mehr oder minder auch für alle andern Codd. Es ist hierbei natürlich nicht an eine Abhängigkeit des ursprünglichen sam. Trg. von Onk. zu denken, etwa in der Art, dass dieser von dem samaritanischen Uebersetzer bei Abfassung seiner Version zu Rathe gezogen und benützt worden ist; sondern, wie ich (a. a. O. S. 11 flg.) nachgewiesen, nur an Interpolationen aus demselben, also nicht an eine durchgehende oder auch nur stellenweise durchgeführte, sondern an eine zwar häufige, aber immer nur gelegentliche Benutzung des Onkelos, die bald hier bald dort durchschlägt, je nachdem ein Scholiast seine Randglossen, oder ein samaritanischer Ballhorn seine Textesverbesserungen machte, die dann von den späteren Abschreibern einfach acceptirt wurden. Es ist das ein Vorgang, der übrigens, in allerdings selteneren Fällen, auch in den Codd. der arab.-sam. Uebersetzung des Abu-Said zu Tage tritt.[1])

---

[1]) בחרבי ובקשתי 48, 22, übersetzt Onk. nach der Haggadah (vgl. Baba-bathra 123a) בצלותי ובבעותי „durch mein Gebet und mein Flehen", offenbar in der Absicht, dadurch die Anspielung auf שכם (34. 25, 26), die heilige Stadt der Samarit., zu verwischen. Eben deshalb geben auch sämmtliche Codd. des sam. Trg. den hebr. Text hier wörtlich wieder, ebenso A. S., der بسيفى وبقوسى hat. Aber Cod. C. bei Kuenen (Liber Gen. sec. arab. pentat. sam. versionem. Lugd. Batav. 1851) hat bemerkt in marg., dass eine an-

Am häufigsten sind Interpolirungen aus Onk. in A. und Ed., minder häufig in T., seltener in B., am seltensten in C. Gelegentlich sei schon hier bemerkt, dass einerseits A. und Ed. und andererseits B. und C., wie später nachgewiesen werden soll, in der Regel mit einander übereinstimmen, und so gleichsam zwei Gruppen bilden, deren Lesearten sich gegenseitig ergänzen, resp. corrigiren.

Mit Uebergehung jener zahlreichen Stellen, wo ein oder mehrere Codd. des sam. Trg. statt der von den anderen Codd. gebrauchten Uebersetzung eines Tw. oder einer Bibelstelle, gerade die von Onk. gebrauchte acceptiren, sollen hier den in „Sam. Stud." (a. a. O.) angeführten Beweisstellen für Interpolirungen aus Onk. in Ed. noch einige auch für andere Codd. hinzugefügt werden, und zwar solche, wo diese mit Onk. auch dort zusammenstimmen, wo er von dem einfachen Wortsinn der Bibel abweicht.

Das nom. propr. רפאים 14, 5, übersetzt B., von den anderen Codd. abweichend, gleich Onk. גבריה, Helden; 15, 1 Tw. במחזה, A. und Ed. בנבואה wie Onk., und das. מגן לך wieder gleich Onk. תקות לך „bin dir Stärke"; 25, 28, Tw. נפל behalten die anderen Codd. bei, nur B. hat dafür שרה, wohnen, Onk. שרא; 30, 17. וישמע אלהים אל לאה übersetzt A. nicht wörtlich gleich den anderen Codd., sondern (l. לצלות) וקבל אלהים לצלות לאה, Onk. וקביל יי צלותה דלאה; das. V. 41 haben A. und Ed. הצאן המקשרות von קשר, binden, abgeleitet und קטיריה (Ed. קטיראתה) übersetzt, wonach T. und B. יטיראתה zu emendiren ist, nur C. hat בכיריה, Onk. מבכרתא Erst-, Frühgeborene; im Gegensatz dazu übersetzt Onk. ובהעטיף im nächsten V. ובלקישות beim Spätwurf, ebenso A. ובלקשיה und C. ובלקישות, während die anderen Codd. ובפרידת haben, offenbar weil sie in Folge ihrer Aussprache, עטף mit חטף, wegreissen, also: trennen verwechselt haben. 35, 8, hat Onk. האַלון gelesen אֵלון und dieses wie a. a. O. (vgl. 13, 18; 14, 13) מישרא, Ebene, übersetzt, in Folge dessen konnte er תחת nicht wörtlich unter übersetzen, sondern hat בשפולי in der Niederung; A. hat zwar noch für תחת das

---

dere Leseart (نسخة) sei: بصلاتى وبتخدعى. Ersteres Wort entspricht genau dem בצלותי des Onk., letzteres („meine kluge List") ist entweder eine missverstandene, oder freie Uebersetzung des synonymen בבעותי.

ursprüngliche, wörtlich entsprechende כתי, alle anderen Codd. aber: מישרה (בשפול B.) שפול. 41, 13. Tw. כני, alle Codd. דרגי Stufe, nur Ap. hat das von Petermann unterdrückte שמשי, Dienst, Amt, eine nach Onkelos, שמושי, gemachte Correctur. 41, 25 paraphrasirt A. האלהים עשה gleich Onkelos עתיד למעבד; das. V. 47 Tw. לקמצים, A. und C. gleich Onkelos לאוצרין in Vorrathskammern (vgl. J. I. zur St.), während die anderen Codd. לצמותין haben, in Haufen, (vgl. zu צמת „Stud.“ S. 69). 43, 11, Tw. נכאת ולוט, alle Codd. קטף ואיטרן, nur A. gleich Onkelos שעף ולטום; 43, 18 Tw. ולהתנפל, C. und Ed. behalten נפל bei, A. ולמסתקפא, Onkelos ולאסתקפא, sich zu werfen, T. und B. haben ולמתרברבה, ebenfalls nach Onkelos, der das vorhergehende להתגלל übersetzt לאתרברבא, was diese beiden Codd., die dort גלל beibehalten, hier für להתנפל übernommen haben.

Dass Ed. auch dort dem Onkelos zu folgen pflegt, wo dieser halachische und haggadische, also spezifisch jüdische Elemente aufgenommen hat, ist bereits „Stud.“ S. 9 flg. nachgewiesen worden. Andere Codd. folgen ihm, indem sie von den übrigen abweichen, blindlings auch dann, wenn seine Uebersetzung den samaritanischen Tendenzen geradezu widerspricht. Ein interessantes Beispiel bietet 10, 30, ספרה הר הקדם, worunter die Samariter den ihnen heiligen Berg Garizim verstehen, den sie deshalb auch so nennen (s. Geiger in Z. D. M. G. XX. S. 154), weshalb auch A. S. z. St. geradezu übersetzt نابلس جبل القديم [3]). Die Codd. des sam. Trg. haben deshalb auch das הקדם beibehalten und übersetzen טור הקדם; nur B. folgt Onkelos, der טור מדינחא, Berg des Ostens hat und übersetzt: טור מנעה, l. מדנעה, die gewöhnliche samaritanische Form für das chald. מדנחא. Wie sehr aber eine solche Uebersetzung der samaritanischen Anschauung widerspricht, beweist, neben den Anführungen Geigers (a. a. O. das.) noch eine Notiz bei Mills (a. a. O. S. 271) „Here Amram (so hiess der vorletzte, 1860 noch lebende Hohepriester der Samaritaner) rendered Har Hakkedem (Gen. 10, 30) not „a mountain of the east“ but „the old mountain“ meaning Gerizim“. טור מדנעה in B. kann also unmöglich auf samaritanischem Boden gewachsen, sondern muss dahin — offenbar aus Onkelos — verpflanzt worden sein.

---

[3]) نابلس, das arabische Neapolis, wie שכם, die am Fusse des Garizim gelegenen Hauptstadt der Samarit., in späteren Zeiten hiess.

Mehrere der zahlreichen in den Text des sam. Trg. aufgenommenen Glossen (vgl. „Stud.“ S. 31 flg.) weisen ebenfalls deutlich auf Interpolationen aus Onkelos hin, und zeigen zugleich die Art, wie diese entstanden sind. 14, 20, מגן nicht nach der rezipirten Interpunctation der Juden מִגֵּן, sondern מָגֵן zu lesen, scheint specifisch sam. Auffassung zu sein. [1]) Mit Ausnahme von B., der das hebr. Wort beibehaltenn hat, wo sich nicht entscheiden lässt, wie er gelesen, übersetzen alle Codd. דתורס oder דתרים, das chald. תריס, Schild, so auch A. S. الذى هو ترس اعدائك. Hierzu hat nun Jemand in seinem Exemplar des sam. Trg. die Uebersetzung von Onkelos z. St. דמסר angemerkt; diese Randglosse kam zu דתורס in den Text, so dass A. und Ed., in Folge der Gedankenlosigkeit eines unverständigen Abschreibers, für Tw. מגן die doppelte Uebersetzung דתרוס ומסר haben. 27, 12. Tw. כמתעתע, A. B. Ed. כמטעי, wie ein Irreführer, wonach auch T. und C. כמחטי zu emendiren ist, es ist nämlich transponirt für כמטחי = כמטעי. Ein Cod. hatte dazu nach Onkelos die Randbemerkung כמחלעב, wie ein Spötter, die ein Abschreiber neben der alten Uebersetzung aufgenommen, so dass A. beides hat: כמטעי כמחלעב. Das. V. 21 übersetzen alle הכי קרא שמו durch שפיר, oder fragend השפיר, אשפיר „mit Recht?“; Jemand hat dazu nach Onkelos angemerkt יאות, das Ap. mit aufnahm, so dass T. für הכי hat: יאות השפיר.

Nicht minder schlagend werden Interpolationen aus Onkelos durch den Umstand nachgewiesen, dass viele schwierige, sonst unverständliche Stellen in den einzelnen Codd. nur durch sie zu erklären sind. So ist z. B. נהר פרת 15, 18, mit Ausnahme von B. und C., נהר שלמאה übersetzt. Diese sonderbare Uebersetzung ist nur so zu erklären. Für das unmittelbar darauf folgende Tw. את הקיני (V. 19) hat Onkelos ית שלמאי (S. I. שלמיא). Dieses שלמאי hat Jemand in einem Cod. in marg. angemerkt, und zwar in der Form שלמאה, genau so wie aus Tw. הקניזי (das.), Onkelos קניזאי, im sam. Trg. קנזאה wurde. Ein Abschreiber hat die Rand-

[1]) J. I. z. St., דעבד סנאך כתריסא דמקבל מחתא, hat nicht, wie „Sam. Stud.“ S. 33, Anm. 9 — wegen כתריסא — angenommen wurde, מָגֵן gelesen, sondern מִגֵּן, das als Piel-Form von מגן gefasst ist: „der deine Feinde wie einen Schild gemacht hat, der Streiche empfängt.“ —

glosse שלמאה fälschlich auf das vorhergehende פרת bezogen und dafür gesetzt. [1]) So ist es auch erklärlich, dass פרת nur hier שלמאה übersetzt, an allen anderen Orten aber unverändert beibehalten ist. — Für מי מלל, 21, 7. hat T. u. C. מן נלל, A. und Ed. מן בסר, B. das auffallende מהימן בסר, was Petermann erklärt: pro מי מן (?) Zu dieser unverständlichen Erklärung wäre er nicht gekommen, hätte er Onkelos berücksichtiget. Diesem war es nämlich anstössig, dass Sarah hier sagen sollte: Wer hat dem Abraham verkündigt, dass Sarah Kinder säugen wird? da, nach 18, 10 flg. es Gott selber hat verkündigen lassen. Deshalb paraphrasirt er: מהימן [2]) דאמר לאברהם וקיים „glaubwürdig [3]) ist, der zu Abraham gesprochen und es erfüllt hat," scil. Gott. Dieses מהימן hat B. aus Onkelos übernommen, freilich ohne die Ergänzung וקיים. Eine noch schlagendere Beweisstelle liefert 41, 16. Die sam.-hebr. Bibel liest das., in Folge eines groben Missverständnisses (vgl. mein „de pentat. sam. etc. Leipz. 1865. S. 24): בלעֲדִי אלוהים לא יַעֲנֶה את שלום פרעה, was sämmtliche Codd., mit Ausnahme von A., wörtlich übersetzen: (בלחוד אלהים C.) בלעדי אלהה לא יתעני ית שלם פרעה, ebenso A. S. سوى الله لا يجيب. Aber A. hat hier das sinnlose: לא מן חכמתי אלהן לא יתיב שלמה לפרעה. Onkelos paraphrasirt hier nämlich den jüd. Bibeltext: בלעֲדַי אלהים יענה folgendermassen: בר מן חכמתי אלהן מן קדם יי' יתתב ית שלמא דפרעה „nicht von meiner Weisheit, sondern von Gott" u. s. w. Das hat A. hier übernommen, nur sind die, zum richtigen Verständniss unentbehrlichen, Worte מן קדם יי' ausgefallen, dafür aber לא, das der hebr.-sam. Bibeltext hat, hinzugefügt, worauf wieder der Schluss des Verses nach Onkelos kommt יתיב שלמה, während die Codd. יתעני haben. Hier wäre also eine, und noch dazu verstümmelte, Interpolation aus Onkelos, gleich jener, die „Stud." S. 12 in einem von Morinus angeführten Cod. zu Exod. 28, 20, nachgewiesen ist.

Wird das hier und „Sam. Stud." Gesagte zusammengefasst, so

---

[1]) Uhlem. in seiner Chrest. z. St. ist der Wahrheit nahe, wagt es aber nicht, die richtige Consequenz der Wahrnehmung zu ziehen, dass Onk. am Anfang des nächsten Verses שלמאי hat.

[2]) Nach Luzzatto, אוהב גר S. 38, ist das, und nicht (מן) מאן מהימן, die richtige Leseart.

[3]) Vgl. Num. 12, 7, wo Onk. für das hebr. נאמן hat מהימן.

ergibt sich, dass die verschiedenen Codd. des sam. Trg. mit Onkelos sehr häufig, oft auch dort zusammenstimmen, wo er von dem einfachen Wortsinn abweicht, oder jüdischen Traditionen folgt, ja selbst dann, wenn seine Uebersetzung den samaritanischen Tendenzen zuwiderläuft, und dass viele auffallende und schwierige Stellen nur durch Interpolation aus Onkelos zu erklären sind. In Folge dessen wäre ich geneigt, in vielen Fällen solche Interpolationen auch dort anzunehmen, wo die Uebereinstimmung zwischen dem sam. Trg. und Onkelos einfach aus der Aehnlichkeit der nahe verwandten Idiome erklärt werden könnte. Die einzelnen Codd. stimmen nämlich, wie sich Jeder durch Vergleichung einzelner Capitel leicht überzeugen kann, in ihren von den anderen Codd. abweichenden Lesearten, oft mit auffallender Beharrlichkeit mit Onkelos überein. Wenn z. B. Tw. מטעמים, 27, 4 und 9 in allen Codd. טעמנין übersetzt ist, nur A. gleich Onkelos תבשילין hat; das. V. 23 für Tw. הכרו wieder nur A. gleich Onkelos אשתמודיה; für Tw. ילוה, 29, 34 nur A. gleich Onkelos יתחבר; für Tw. שרית nur A. אתרברבת Onkelos יברבת; für Tw. ותפעם, 41, 8. nur A. gleich Onkelos ומטרפה; das. V. 7 für Tw. הבריאות nur A. סטימיה, Onkelos פטימתא und das. V. 14 für Tw. ויחלף wieder nur A. gleich Onkelos ושני; so liesse sich diese Uebereinstimmung an sich wohl auch durch die Aehnlichkeit der verwandten Idiome erklären Halten wir aber alle eben erwähnten Momente zusammen, so werden wir auch in diesen und ähnlichen Fällen an Interpolationen aus Onkelos denken dürfen.

Unter solchen Umständen ist Onkelos ein wichtiges Hilfsmittel zur Erklärung, resp. Richtigstellung des Textes der einzelnen Codd. Dasselbe gilt von den beiden jerus. Targumim, welche dem sam. Trg. sprachlich am nächsten stehen. Die Beachtung der Targumim, in erster Linie aber des Onkelos, hätte Petermann manche unnütze oder gar falsche Emendirung erspart. So hat z. B. Ap. für Tw. חלקת. 27, 16 ששירות, was Petermann in T. נקירות emendirt; es ist aber שעירות zu lesen = שעיעות des Onkelos und J. I. — Für Tw. נחבאת, 27, 7 hat Ap. אמטרת, das Petermann in T. אסתרת emendirt, offenbar wegen A. אסתתרת; es liegt aber nur einer der häufigen Fälle von Buchstaben-Transposition vor, und ist nach Onkelos und J. I. z. St. einfach אטמרת zu lesen. Mehreren ähnlichen Fällen werden wir noch später begegnen.

Umgekehrt wieder dürfte manche unsichere Leseart in den Targumim nach dem sam. Trg. fixirt werden. Für das häufige בכרן יומא הדין, wofür in Onkelos öfter fälschlich בכדן zu lesen ist, habe ich Das (s. Frankel's Monatsschr. XV. S. 78 und „Stud." S. 101) bereits nachgewiesen; ebenso für צבחר wenig (a. a. O. S. 105), wofür in den meisten Fällen fälschlich צבחר steht, das auch Levy (chald. WB. s. v.) beibehält. Ebenso sind für Tw. כארדת, 25, 25, zwei Lesearten: כגלים und ככלן. Luzzatto (a. a. O. S. 39 flg.) entscheidet sich für כגלים, das auch die meisten neuen Ausgaben haben; dass aber כָּכלן, auch ככלא, (s. Levy s. v.) die ursprüngliche Leseart ist, dürfte aus dem sam. Trg. zu schliessen sein, das hier ככוכלת (C. ככולת) hat. Vgl. noch über die ursprüngliche Leseart von J. I. zu 44, 29, „Stud." S. 103, und das hier später von לשן 17, 11 Gesagte.

V. Hebraismen.

Ein anderer Umstand von Wichtigkeit, der auf die Gestaltung der einzelnen Codd. des sam. Trg., ja auf die spätere Gestaltung der gesammten sam. Literatur, die weitgehendsten Folgen hatte, ist das Aussterben des samaritanischen Idioms. Dieses wurde nämlich mit der Herrschaft der Araber durch deren Sprache verdrängt und gerieth allmählig in Vergessenheit, so dass die Samaritaner mit der Zeit das Verständniss ihres Trg. verloren. Dieses ist, nach den Berichten neuerer Reisender [1]), jetzt ganz ausser Gebrauch gekommen, da die Samaritaner den hebräischen Urtext, in Folge ihrer gottesdienstlichen Pentateuch-Vorlesungen, ungleich besser verstehen als die in ihrem eigenen alten Idiome abgefasste Uebersetzung desselben. So kam es, dass ihre späteren samaritanischen Schriftwerke den ursprünglichen samaritanischen Typus allmählig verloren und eine hebraisirende Tendenz verrathen, die um so stärker hervortritt, je jünger diese sind. [2]) Dieselbe Tendenz ist auch in den verschiedenen Codd. des sam. Trg. deutlich erkennbar. Die allmälig unverständlich gewordene samaritanische Uebersetzung wurde stellen-

---

[1]) S. Peterm. „Reisen u. s. w." S. 285 u. Mills, a. a. O. S. 284 flg. —

[2]) Vgl. Gesenius, „Carm. sam." S. 10, § 4, so wie die meisten der von Heidenheim in seiner „Vierteljahrsschrift" u. s. w. veröffentlichten sam. Hymnen und Festlieder.

weise **zurück ins Hebräische übersetzt**, und zwar so, dass für die, den Lesern nicht mehr geläufigen, samaritanischen Formen die entsprechenden, von den Thora-Vorlesungen her bekannteren und darum weniger fremden **hebräischen** Worte gesetzt wurden, die oft nur durch die nachlässige Schreibung, welche die Eigenthümlichkeiten der samaritanischen Aussprache wiederspiegelt, eine samaritanische Färbung erhalten.

Mit dieser hebraisirenden Tendenz Hand in Hand geht das, auf dieselbe Ursache zurückzuführende, Streben, im Laufe der Zeit ungebräuchlich gewordene, oder selten benutzte alt-sam. Wörter und Formen durch die entsprechenden einfacheren und allgemein verständlicheren der verwandten Dialecte wiederzugeben. Dieses Doppelstreben, dem wir zum grossen Theile, die erwähnten verschiedenen, aber gleichbedeutenden Uebersetzungen desselben Wortes verdanken, hat noch **Winer**[1]) vollständig verkannt, der es als Eigenthümlichkeit des Uebersetzers, also des ursprünglichen sam. Trg., bezeichnet, dass er oft die hebr. Ausdrücke des Urtextes beibehält, oder in deren Wiedergabe zu den verwandten Nachbarsprachen seine Zuflucht nimmt. Diese vermeintliche Eigenthümlichkeit, richtiger: willkührliche Textveränderung, tritt nicht in allen Codd. und nicht überall gleich stark, sondern stellenweise bald in dem einen, bald in dem anderen Cod. unverkennbar hervor. Man vergl. z. B. die Varianten zu Cap. 4 u. 6, und man wird finden, dass hier C., von allen anderen Codd. abweichende, **überall hebraisirende**, zumeist dem hebr. Bibeltexte entlehnte, oder leichtere, offenbar geläufigere Lesearten hat, was durch einige wenige Verse anschaulich gemacht werden soll, in denen die Lesearten von C. denen von T. gegenüber gestellt werden. Man vgl. z. B. 6. 1, T. אתיליד, C. הולדו; V. 2. ועגלו (sie sahen) — וחזו, ברי שלטניה — בנאת בני האלהים — בנות, שפירן — טבן; V. 3. מואן — מאה, שתה — שנה, ליח ילקשן עובדי — רוחי ידון לא; V. 4. ברי שלטניה — בני האלהים, בנאת — בנות, עדיפה — השם; V. 5, רז ענין סודה — יצרה מן מחשבת לבה, ועגל — וחזה; V. 6, ואתנפח — ואתנחם, ית עולם — האדם; V. 7, אשקול — אמחה, דטלמסת — דברית, קמץ — עוף u. s. w. Hier schliesst sich also B. den anderen Codd. **gegen** C. an; während z. B. in den

[1]) „De versionis pentat. sam. indole", Leipz. 1817, S, 38 flg.

Capp. 9, 15, 17 u. 24 B. wieder mit C. in dem Streben übereinstimmt, den Text durch Hebraismen oder geläufigere Lesearten verständlicher zu machen. Während ferner B., wie sich Jeder leicht überzeugen kann, im Ganzen und Grossen stark hebraisirt und leichtere Lesearten hat, zeigt es Cap. 28 u. 29, im Gegensatze zu den anderen Codd., urplötzlich alte Lesearten mit echt sam. Typus. Man vgl. z. B. Cap. 28, V. 4, 13 u. 14. wo B. für Tw. זרע immer נוך hat, die anderen Codd. בן oder זרע, während 15. 3, 5 u. 13 gerade B. das hebr. זרע beibehält; das. V. 14, wo B. für Tw. עפר, das die And. beibehalten, קטם hat; V. 19, B. וזעק für וקרא, V. 20, ותכסי für לבוש, das die And. beibehalten. Ebenso Cap. 29, wo z. B. V. 4, 10 u. 15 für Tw. אח das alte תלים (s. „Stud." S. 55.) und V. 13 תלימת für אחות nur bei B. wieder auftaucht, ebenso V. 8 u. 10 כיפה für אבן, V. 20 בעזביר (= בחזביר) für בעיניו, V. 21 אעאל für הביא u. s. w.

Als Regel kann gelten: dass Hebraismen und von den anderen Codd. abweichende leichtere Lesearten am häufigsten sind in B. und C., seltener in T., am seltensten in A. und Ed.

VI. Arabismen.

Das Aussterben des samaritanischen Idiomes hatte aber, ausser der eben erwähnten, noch eine andere, ungleich wichtigere Folge, welche auf Form und Inhalt des sam. Trg. mit der Zeit von entscheidendem Einflusse wurde, und das ist das allmälige Eindringen arabischer Elemente, welche den ursprünglichen Text nicht nur entstellten und veränderten, sondern nach und nach — wenigstens in manchen Codd. — geradezu überwucherten.

Die unverkennbaren Arabismen in der Polyglotten-Edition des sam. Trg. haben von jeher viel zu schaffen gegeben. Da man sie allgemein als die echten und ursprünglichen Lesearten betrachtete, blieb freilich schliesslich nichts anderes übrig, als entweder mit Frankel[1]) anzunehmen, dass das sam. Trg. erst in der nachmohammedanischen Zeit entstanden sei; oder aber, dass diese Arabismen ursprüngliche Bestandtheile des samaritanischen Idiomes

[1]) S. die „Verhandlungen der ersten Versammlung deutscher u. ausländischer Orientalisten" Leipz. 1845, S. 10.

bilden. So bemerkt Eichhorn (Einl. in d. A. T. § 303 Anm. h.) mit Bezug auf diese Arabismen: „Wer kennt die samaritanische Sprache so genau, dass er bestimmen könnte, wo ihr Eigenthum aufhöre, und die Idiotismen eines anderen Dialectes anfangen?“ Und in der That nehmen sämmtliche samaritanische Wörterbücher und Vocabularien diese Arabismen als samaritanische Wörter, die sie mit Zuhilfenahme des Arabischen erklären, so wie andere durch das Chaldäische und Syrische. Wie wenig man, so lange Ed. allein vorlag, daran denken konnte, diese Arabismen anders, denn als ursprüngliches Eigenthum des samaritanischen Idiomes zu erklären, wie auch ich es (Stud. S. 61, Anm.) gethan, möge unter Anderen die apodictische Behauptung Nöldekes in seiner mehrfach erwähnten Rezension (a. a. O. S. 209) beweisen: „dagegen dürfen wir dem Samaritaner durchaus keine Kenntniss arabischer Wörter zuschreiben.“ Nöldeke hat allerdings Recht, wenn auch in einem ganz anderen Sinne. „Der Samaritaner“, d. h. der ursprüngliche Text des sam. Trg. kennt allerdings keine arabische Wörter; der Samaritaner hingegen, den bis heute mit Nöldeke alle Welt dafür nahm, nämlich Ed., hatte gleich den meisten anderen Codd. nicht nur „Kenntniss arabischer Wörter“, sondern fast nur noch Kenntniss der arabischen Sprache und fast gar keine mehr von dem samaritanischen Idiome. Die Petermann'sche Edition beweiset unwiderleglich, dass jene Annahme die einzig richtige sei, die ich (A. a. O. das.) nur als schüchterne Vermuthung aufzustellen wagte: „Vielleicht sind diese Arabismen gar erst später, als das Arabische bei den Samaritanern sich einzubürgern begann, an Stelle der früher stehenden samaritanischen Ausdrücke interpolirt worden, was bei dieser an Interpolationen reichen Uebersetzung auch nicht unmöglich ist“. Die Arabismen waren in der That nie und nirgends die ursprünglichen Lesearten, sondern haben diese in demselben Masse verdrängt, wie die arabische Sprache das samaritanische Idiom verdrängte.

Die Samaritaner müssen durch das allmälige Absterben ihres Idiomes und durch die schliessliche Alleinherrschaft des Arabischen in eine nicht geringe Nothlage versetzt worden sein, wenn sie, um sich den Inhalt des Pentateuch zu erschliessen, allgemein zu Saadja's arabischer Bibelübersetzung ihre Zuflucht nehmen mussten,[1]) was Abu-Said, den eben dieser Umstand zur Abfassung seiner arabischen Version gedrängt hat, als einen alten Uebelstand bitter tadelt [2]). Da sie aber ihr altes Targum nicht sofort aufgeben mochten und sicherlich auch nicht aufgeben mussten, weil sie das Verständniss desselben naturgemäss nicht mit einem male, sondern erst allmälig verloren; da sie ferner gewiss nur höchst ungerne zu der Uebersetzung des ihnen verhassten Juden griffen, dessen Namen A. S. selten erwähnt, ohne ein قابله الله hinzuzufügen: so blieb ihnen kein anderes Auskunftsmittel als jenes, welches die einzelnen Codd. der Petermann'schen Edition auf Schritt und Tritt verrathen. Es ist das eine, fast ans Unglaubliche grenzende Willkühr, welche, um sich das Verständniss des immer unbenutzbarer werdenden Trg. zu erleichtern, für einzelne Wörter und Redewendungen der aussterbenden Muttersprache, ohne Umstände die entsprechenden aus der zur Umgangssprache gewordenen arabischen Sprache setzte. Dieses Vorgehen gestattet uns auch einen Einblick in die Sprachenverwirrung, welche in jenem Uebergangsstadium herrschen musste, wo das samaritanische Idiom auszusterben und das Arabische herrschend zu werden begann. Die Samaritaner haben Anfangs nur einzelne, mit der Zeit immer zahlreichere arabische Wörter und Redewendungen aufgenommen, und ihre Sprache muss in den ersten Jahrzehnten der Herrschaft der Araber ein immer bunter werdendes Gemisch von Samaritanisch und Arabisch gewesen sein, bis endlich jenes gänzlich erlosch und dieses die alleinige Umgangssprache wurde.

Sämmtliche Codd. der Petermann'schen Edition, also sämmtliche uns zur Zeit vorliegende Codd. des sam. Trg., mit alleiniger Ausnahme der später zu besprechenden, am Schlusse dieser Abhandlung edirten Petersburger Fragmente, sind in der erwähnten Weise arabisirt, wenn auch in verschiedenem Grade; am unverhältnissmässig stärksten A., sodann Ed., etwas minder stark T., noch weniger B., am wenigsten C. Dieser Umstand erklärt die wichtige Thatsache, dass ein unver-

---

[1]) Vgl. die Vorrede des A. S. bei Kuenen „Abu-Saidi pent. sam. versio arabica", Lugd. Batav. 1851, S. 2 u. 3 des arab. Textes.

[2]) Vgl. die Scholien bei Kuenen, a. a. O. Bd. II. S. 122 und de Sacy in Eichhorns „Allgem. Bibliothek" Bd. X. S. 174.

hältnissmässig grosser Theil der bis jetzt als samaritanisch geltenden Vokabeln aus solchen, dem sam. Trg. gewaltsam aufgepropften, Arabismen besteht. Viele der schwierigsten und dunkelsten Wörter, die man, auf die Autorität von Ed. hin, gewöhnlich als „kuthäische Wurzeln“ zu bezeichnen pflegte, weil man sie eben durchaus nicht erklären konnte, entpuppen sich als solche, noch dazu oft corrumpirte, Arabismen; viele andere, die wenigstens ich nicht als solche nachweisen konnte, werden mit der Zeit, besonders wenn mehr oder bessere Codd. vorliegen werden, sicherlich noch als solche nachgewiesen werden.

Einerseits um das hier Gesagte zu erhärten, anderseits aber um, so weit dieses hier möglich ist, zu verhindern, dass ein etwaiges neues sam. Wörterbuch — und ein solches ist in der That bereits avisirt[1]) — zu den, in den bisherigen Wörterbüchern nach Ed. als samaritanisch bezeichneten, thatsächlich aber arabischen Wörtern, nach den Petermann'schen Codd. nicht noch eine Unzahl neuer aufnehme, seien hier verhältnissmässig viele Beispiele für solche Interpolationen aus dem Arabischen angeführt. Zunächst und zumeist nur solche, die entweder sofort als solche erkennbar, oder nur leicht corrumpirt sind. In einer späteren Rubrik, welche die fehlerhaften Lesearten der einzelnen Codd. festzustellen sucht, sollen noch zahlreiche andere Beispiele beigebracht werden, aus denen sich unzweideutig ergibt, dass bald der eine, bald der andere Cod. statt des ursprünglichen samaritanischen Wortes das entsprechende arabische setzt, bald in seiner reinen Form, bald mit einer mehr oder minder starken samaritanischen Färbung, und mitunter auch rein arabische Redewendungen, ja sogar ganze arabische Sätze interpolirt. Diese Arabisirung des Trg. ist natürlich fast nirgends consequent durchgeführt; sondern ein und derselbe Cod. hat für ein und dasselbe Tw. bald den ursprünglichen samaritanischen Ausdruck, bald wieder das entsprechende arabische Wort, je nachdem dieses vom Rande des Manuscriptes, wo es ursprünglich als Erklärung des schwer verständlich gewordenen Trg. stand, gerade in den Text gekommen ist.

---

[1]) Von Dr. Adolf Brüll in dem „Prospectus“ zu seinem Eingangs erwähnten „Sam. Trg.“

Als solche Beispiele seien hier, nach der Reihenfolge der Capp., angeführt:

רקיע השמים ist 1. 14 u. 15 in allen Codd. פלוק שומיה übersetzt; es ist das fehlerhaft geschriebene arab. فلك, das A. S. z. St. — فلك السمآء — hat. Einen deutlichen Beweis für die Richtigkeit dieser, von mir schon „Stud." S. 31 ausgesprochenen Annahme liefern A u. Ed., die V. 15 das. פלוך פלוק שומיה haben. Ein einsichtiger Leser corrigirte nämlich das falsche פלוק am Rande in פלוך (= فلك), das ein unverständiger Abschreiber, mit Beibehaltung des alten Fehlers, in den Text aufnahm. Nur das Petersb. Fragment hat רקיע beibehalten.

2. 1, Tw. צבאם, alle Codd. חולקיון, das Uhlemann und Petermann (= חלק) pars, portio, erklärt; es ist aber sicherlich das ar. خلق, Geschöpf, das einem Emendator hier passender zu sein schien, als das wörtliche „Heer." Das. V. 7 ist Tw. עפר im Petersb. Fragment beibehalten, alle anderen Codd. haben dafür צחף, das Cast. s. v. gar „Belgo-Sax. Slof" (!!) erklärt; es ist das ar. صحف, Erde graben, صحيف, Erde.

3. 15 הוא ישופך.... ואתה תשופנה, C. ישלטנך und תשלטנה, die anderen Codd. haben יקפנך und תקפנה, das ar. قفن, zerschlagen, zerstossen.

4. 1 Tw. קניתי, nur A. u. Ed. מלכתי, das ar. ملك, besitzen, erwerben.

7. 19 Tw. הגבהים, alle Codd. רמיה, aber A. u. Ed. שחיקיה, was „Stud." S. 84 fälschlich als tendentiöse Uebersetzung gefasst und „zerrieben" übersetzt ist. Uhlemann (Chrest. z. St.), der zur Erklärung dieses Wortes das ar. شاهق herbeizieht, hat das Richtige; nur erklärt dieses arabische Wort nicht das samaritanische שחיק, sondern dieses ist das ar. شاهق, hoch, speziell von Bergen gebraucht, wie hier von ההרים, das auch A. S. z. St. hat.

9. 22, Tw. ערוה, B. גנות, Schmach, C. ערוה, T. A. u. Ed. קלשפות, das verschriebene قلفة, Blösse, Eichel, Vorhaut, das dieselben Codd. 17. 11 u. 14 richtig קלפתה (A. S. das. قلفة) geben, wie sie das. V. 14 קליף für das hebr. ערל, Unbeschnittener, haben, wo für וקליף (Tw. וערל) offenbar zu lesen ist ואקליף; es ist nämlich اقلف, das A. S. z. St. hat. — Das. V. 23 wo Tw. ערלה zweimal vorkommt, steht in denselben Codd. das erstemal

dieses קלשפות, das zweite mal aber סלוף, was wieder سلف, Haut, Vorhaut, ist. So stehen in demselben Verse für ein und dasselbe Wort gar zwei verschiedene arabische Ausdrücke.

11. 8, Tw. ויחדלו, A. u. Ed. וקטעו, قطع, wie A. S. z. St.

13. 7, 8 Tw. ריב und מריבה, A. und Ed. סולק und סולקה, das ich schon „Stud." S. 103 für das ar. سلق, schelten, erklärte, wogegen Nöldeke (a. a. O. S. 210), der von Arabismen überhaupt nichts wissen wollte, geltend machte, dass سلق, ursprünglich: kochen, abbrühen, syr. ܫܠܩ, und nur im übertragenen Sinne „schelten" heisst. Diese Einwendung hätte Etwas zu besagen, wenn סולק als samaritanisches Wort durch سلق erklärt werden sollte; es ist aber in A. u. Ed. dieses سلق selber, das in seiner übertragenen Bedeutung: schelten, zanken, hier interpolirt worden ist. Die anderen Codd. haben das ursprüngliche תיגר und תיגרה.

14. 4, Tw. מרדו, B. ebenso, die anderen עצו = عصى, rebelliren, das auch A. S. z. St. hat.

15. 2, Tw. ערירי, A. ebenso, die anderen ערטלאי, eigentlich: nackt, nur Ed. עקימאי, das samaritanisirte عقيم, kinderlos.

19. 9, Tw. לשבר, alle למתבר nur A. u. Ed. לכפתי, das Uhlemann z. St. richtig למפתי emendirt, das ar. فتّ, فتا, zerbrechen, zertrümmern.

21. 8, Tw. משתה, die And. ebenso, aber A. סנוע, Ed. צונה = صنيع, Malzeit, das A. S. z. St. hat. In demselben Verse ist בייומה פלטות, das A u. Ed. für ביום הגמל haben, entweder ein Corruptel von فلا, entwöhnen, oder gar פטמות zu emendiren, von فطم, entwöhnen; vgl. A. S. z. St. يوم فطام. Das. V. 14, Tw. וישלחה, nur A. u. Ed. ואטלקה, das ar. طلق, weil sich auf die verstossene Hagar beziehend, wahrscheinlich in der prägnanten Bedeutung: er verstiess sie als Frau; vgl. J. I. z. St. ופטרה בגיטא, er schickte sie weg mittels eines Scheidebriefes. Die Variante in C. bei A. S. z. St. وا..لقها ist offenbar gleich diesem ואטלקה zu ergänzen واطلقها. Für das hebr. שלח haben A. u. Ed. übrigens häufig das geläufigere طلق; so für אל תשלח 22. 12, לא תטלק, A. S. لا تطلق, für משלח 43. 4, מטלק = A. S. مطلق und das. noch V. 5, 8 u. 14. So ist auch 30, 25 Tw. שלחני A. ארלפני offenbar אטלקני = A. S. اطلقني zu lesen, wobei an die Eingangs hervorgehobene Aehnlichkeit zwischen ∇, ℷ P in sam.

Mss. zu erinnern ist. — Das. V. 23 ist חרלס, das wieder nur die stark arabisirenden A. u. Ed. für Tw. תשקר haben, nicht direct das lat. dolus, wie Nöldeke (a. a. O. S. 208) meint, sondern nach dem, von diesem abgeleiteten دلس interpolirt.

24. 20, Tw. ותמהר, B. u. C. וזרזת, die anderen Codd. ופרת, das ar. فرّ, laufen.

Das in Cap. 27 häufig vorkommende hebr. צוד ist einmal V. 33 (הצד) in T. allein קנץ = قنص, jagen, dem wir später noch in einer der auffallendsten sogen. „kuthäischen Wurzeln" begegnen werden. Das. V. 34, Tw. ומרה, alle Codd. ומרירה, T. ועפצה = عفص, bitter.

30. 14, Tw. דודאים, alle יברוין = Onk. יברוחין, nur A. מלפוח, das samaritanisirte لفّاح des A. S., das im folgenden Verse wieder nur von A. reiner לפוח gegeben ist. Aber schon in demselben Verse ist für das zweite דודאים auch von A. יברוח beibehalten und ebenso in V. 16, das also nur stellenweise durch das neueingedrungene arabische Wort verdrängt wurde. — Das. V. 20, Tw. יזבלני A. יפצלני, offenbar فضل, loben, auszeichnen, das A. für das ihm unverständliche Tw., das die anderen Codd. beibehalten, dem Zusammenhange nach gesetzt hat. — Das. V. 38, Tw. ויחמנה, alle ויתיחמן, nur A. hier u. V. 39 ויפסחן, wahrscheinlich فصع, das von geschlechtlicher Aufregung bei Thieren — hier צאן — und Menschen gebraucht wird.

31. 25, Tw. תקע, die anderen Codd. קבע, אקים oder אשרי, nur A. das erste mal אקים, das zweite mal in diesem Verse aber נצב; da dieses im Samaritanischen und in den verwandten Dialecten pflanzen nicht aber Zelt aufschlagen bedeutet, offenbar نصب, das A. S. z. St. hat. — Das. V. 33 fügt der samaritanische Bibeltext nach ויבא לבן hinzu ויחפש [1]), das auch LXX., ἠρεύνησεν, lesen, wofür A. ופחש hat, فتش wie A. S. z. St. Dasselbe فتش hat A. V. 34 u. 37 für das gleichbedeutende Tw. וימשש und משׁשת und das. V. 35 für Tw. ויחפש, wo aber auch Ed., das an den anderen Stellen gleich den übrigen Codd. בלש übersetzt, schon פחש hat. — Das. V. 36 Tw. פשעי, A. u. C. גרמי = جرمي des A. S. z. St. — Das. V. 47, Tw. יגר סהדותא, Ed. hat יגר von

[1]) Die Lond. Polygl. hat fehlerhaft ויחבש.

גור wohnen, abgeleitet und תותב[1]) übersetzt; A. hat dieselbe Auffassung, bedient sich aber des ar. Wortes מגלס = مجلس. Beide folgen hierin, wie wir später sehen werden, dem A. S., der hier مجلس الشهادة hat. Die anderen Codd. haben יגר סדוותה. — Das. V. 55 (32, 1) Tw. וינשק, die anderen ונשק, nur A. וקבל = وقبّل des A. S.

32. 16 (17) hat A. für Tw. עדר, das in diesem Vers viermal vorkommt, jedesmal קטע = قطيع des A. S., demnach ist 30. 40, wo für Tw. עדרים, das die And. beibehalten, A. קוטרין, C. קטרין zu lesen קוטעין, קטעין; A. S. قطعان.

33. 13, Tw. ודפקום, nur A. ואכלבנון = كلب, antreiben, anspornen; ebenso 35. 4 für רדפו — כלבו und 31. 23 für וירדף — ואכלב.

36. 24, Tw. במדבר, A., das an allen anderen Orten gleich den anderen Codd. מדברה übersetzt, hat gerade hier den Arabismus קפרה = قفر, Wüste.

37. 34, Tw. ויתאבל, nur A. ואתגני[2]) ebenso das. V. 35, Tw. אבל A. גנו = عنى ängstigen, betrüben.

40. 19, Tw. עץ, Alle קיצמה (vgl. Stud. S. 97), nur A. חשבה = خشبة, Balken, das auch A. S. z. St.

41. 40, Tw. ישק, Alle יפרנס, A. ירפק = يرفّق von رفق, helfen, beglücken. — Das. V. 42 Tw. רביד, Alle גימון (vgl. Aruch s. v. גמן) A. נסיקת, mit einer echt samaritanischen Lizenz, ק für כ, das ar. نسيك, نسيكة, Gold, Silberplatte. — Das. V. 46 לפני פרעה A. echt arab. בין ידי פרעה, vgl. A. S. بين يدى فرعون; לפני ist übrigens in A. noch oft بين يدى übersetzt, so: 43. 15; 44. 14; 47. 18; 48. 15 u. a. a.O. — Das. V. 49 Tw. חדל, Alle קץ, nur A. אקטע; A. S. انقطع.

42. 27, Tw. מספה[3]), alle כסה, Streu, Ed. מסאה l. כסאה, A. פלקון, bei der schon hervorgehobenen Aehnlichkeit von ▽ und

[1]) Wie P. hier zu der Bemerkung kommt, dieses Wort stünde „pro גל“, ist unbegreiflich.

[2]) In ואתהב, das Ed. dafür hat, ist ל am Ende ausgefallen; zu lesen ist ואתהבל = ואתאבל, das C. hat.

[3]) Der jüd. Bibelt. liest hier מספוא; hier wie an allen anderen Orten ist aber selbstverständlich die Leseart des sam.-hebr. Textes beibehalten.

ב, zu lesen עלקין, das ar. علاق, علقة, عليق, Viehfutter; so auch A. S. z. St. — Das. V. 28 Tw. ויחרדו, A. וחלטו = خلط, verwirren, ausser Fassung kommen.

43. 3, בלתי אחיכם, A. hat nicht nur בלתי mit إلا übersetzt; sondern sogar die arabische Construction in so weit beibehalten, dass er dem אחיכם in der Uebersetzung noch ein ו vorsetzt: אלא ואחוכין = إلا واخوكم des A. S. z. St. — Das. V. 9, Tw. אערבנו, in Allen ערב beibehalten, nur A. u. C. אכפלתה = كفل, bürgen, gut stehen.[1]) דתלטבנה, das A. hier für Tw. תבקשנו hat, ist offenbar aus طلب, fordern, corrumpirt; etwa für תטלבנה, das samaritanisirte تطلبه des A. S. — Das. V. 11, אם כן אפוא hat Ed., wie Nöldeke (a. a. O. S. 205) richtig bemerkt, אפוא, unsinnig genug von אף, Zorn, abgeleitet und ארגזה übersetzt, ebenso die anderen Codd. רגז, nur A. hat אן כן קשטה, wenn es so wahr ist; hier ist حقا in der Redewendung ان ذلك حقا, die auch A. S. z. St. hat, wörtlich übersetzt. — Das. V. 33 ויתמהו, nur A. ואסתדלו, das ar. ذلي (ذله), erstaunt, überrascht sein.

44. 2, גביעי גביע, Alle, gleich Onk. כלידה, nur A. צעיר צעי; es ist صواع, صاع, Trinkbecher, vgl. A. S. z. St. صاعى صاع; ebenso das. V. 12 und V. 16, wo schon C. ebenfalls ציעה[2]) hat. — Das. V. 12, Tw. ויחפש, Ed. ופתאש = فتش des A. S. z. St., dem wir schon 31. 33 u. 34 bei A. u. V. 35 bei A. u. Ed. begegneten. In demselben Verse ist Tw. אמתחת nur von T., das sonst dafür gleich den anderen Codd. אדי oder טעונה hat, עכום übersetzt; es ist عُكم, عكام, Gepäckkorb, das auch A. S. z. St. hat.

45. 3, Tw. מפניו, A. ממסה, wahrscheinlich نفسه. — Das. V. 24, Tw. תרגזו, so auch die Codd., nur A. תבלדון, das ar. بلد, zögern, sich aufhalten.

47. 15, אפס כסף, A. אמצה כספה, Ed. אמצו הכסף; im

---

[1]) Dasselbe كفل hat C. nach 44. 32, wo A. נסבר (?) liest.

[2]) Hierbei an das talmud. צעה, Schüssel, (vgl. Ar. s. v.) zu denken, das auch Ed. öfter für das hebr. קערה hat, (vgl. „Stud." S. 51) liegt, abgesehen davon, dass es hier dem Tw. גביע nicht entspräche, gerade bei dem stark arabisirenden A. ungleich ferner als das ar. صاع.

nächsten Verse hat A. אסס beibehalten, Ed. שלם, dafür wieder Ap. אמצור; es ist das an einzelnen Stellen in die Codd. gedrungene ar. مضى, aus- zu Ende gehen. — Das. V. 18, Tw. נכחר — alle נבעת, Ed. נבהת, Beides das ar. بهت, lügen. — Das. V. 30, Tw. וקברתני A. ותדלפני wofür ותדפני zu lesen, genau so, wie A. S. z. St. وتدفنى.

49. 15, Tw. למס, T. u. B. לאריש, Ed. לאריס = ارش, Tribut. — Das. V. 27, Tw. זאב Alle דיב, das ar. ذئب, Wolf.

50. 9, Tw. מחנה A. עסכרה = عسكر, A. S. z. St. معسكر, Karawane.

In 49. 33 begegnen wir endlich gar einem Verse, den Ap. ganz und gar arabisch hat, und zwar bis auf einige Fehler ganz mit A. S. übereinstimmend: פלמא פרע יעקוב מן וציה[1]) בניה גמע רגליה אה (l. אלי) אלסריר ותופי ותגתמע (l. ואגתמע) אלי קומה.

Schon diese verhältnissmässig wenigen Belegstellen, denen sich weiterhin noch viele andere anreihen werden, beweisen unwiderleglich, dass zahlreiche Arabismen in den Text des sam. Trg. eingedrungen sind und dort die ursprünglichen Lesearten verdrängt haben. Unter solchen Umständen dürfen wir, besonders in den abweichenden Lesearten stark arabisirender Codd., selbst dann Arabismen suchen, wenn die betreffenden Wörter auch in den verwandten Dialecten vorkommen, zumeist aber dann, wenn diese abweichenden Lesearten mit A. S. übereinstimmen, der, wie später nachgewiesen werden soll, von den Interpolatoren stark benutzt worden ist. So ist z. B. 1. 28, Tw. וכבשוה in allen Codd., mit alleiniger Ausnahme der Petersb. Fragm. übersetzt ועמרו גליה; man könnte dabei wohl an das chald. u. syr. עמר, wohnen, denken; es ist aber wahrscheinlich عمر in derselben Bedeutung; A. S. واعمروها. 4. 22, Tw. לטש, alle Codd. לסיק = صيقل, Metallglätter. Nun kommt wohl auch im Talmud (baba mez. 84a) סיקלי, wie Aruch richtig für סלקא liest, in diesem Sinne vor. Da es aber auch im Talmud ein, meines Wissens, nur hier vorkommender Arabismus ist; so dürfen wir hier um so eher an eine directe Entlehnung aus dem Arabischen denken, als auch A. S. z. St. (ebenso wie Saad.) صيقل hat. Eine in A. u. Ed. gleichmässig vorkommende Glosse beweist einerseits das s p ä t e r e Eindringen dieses Wortes, hat

[1]) A. S. z. St. توصيته, Cod. A. u. C. bei Kuenen: توصية.

uns aber auch andrerseits die ursprüngliche, in den anderen Codd. durch diesen Arabismus verdrängte, Leseart aufbewahrt. A. und Ed. haben nämlich für לטש die doppelte Uebersetzung: עפיף לסיק, worauf ich schon „Stud." S. 32 hingewiesen habe. עפף, schmieden, ist nämlich ein in den Targumim häufig vorkommendes Wort; ein späterer arabisch sprechender Leser, dem صيقل geläufiger war, setzte dieses, wahrscheinlich als Randglosse, für das weniger verständliche עפיף, das ein unverständiger Abschreiber zu diesem in den Text aufnahm. A. und Ed. haben so für dasselbe Tw. beide Uebersetzungen, die ursprüngliche und die später eingedrungene arabische, während in den anderen Codd. letztere die erstere schon gänzlich verdrängt hat. — 19, 6 והדלת סגרו, A. und Ed. ופליקה קבלו; für קבלו ist nach V. 10 das. קפלו zu lesen, das arabische قفل, verriegeln. Dieses קפל kommt zwar, wie schon „Stud." S. 104 bemerkt, auch in der Midrasch-Literatur vor und mag, wie Nöldeke (a. a. O. S. 108) bemerkt, immerhin zuletzt von ܩܦܠܐ, d. i. copula, kommen; aber gerade bei A. und Ed. liegt die directe Herbeiziehung des arabischen قفل ungleich näher, das auch, was hier gegen Nöldeke (a. a. O. das.) bemerkt sein möge, in פליקה zu suchen ist, das, mit der gewöhnlichen Buchstabenversetzung dem arabischen قفل, Riegel, entspricht. Die anderen, hier nicht arabisirenden Codd. haben das ursprüngliche (ודרשה =) ודרשה צנקך. — Auch das von A. und Ed. für Tw. מלך häufig gebrauchte שלטן scheint gerade in diesen Codd. ebenfalls direct سلطان zu sein, da es den arabisch sprechenden Samaritanern ungleich näher lag, Sultan, als König von Askalon (20. 1) oder Egypten zu sagen.

VII. Das sam. Targum und Abu-Said.

Das bisher angenommene Verhältniss zwischen der arabischen Uebersetzung des A. S. mit dem sam. Trg. erscheint, durch die oben nachgewiesene allmälige Arabisirung des letzteren, geradezu auf den Kopf gestellt. Seit de Sacy [1]) galt es als feststehende Annahme, A. S. habe bei Abfassung seiner Uebersetzung

---

[1]) S. dessen „Mémoire sur la version Arabe des livres de Moise et. c. in den „Mémoires de l'Académie des inscript. et belles lettres", Bd. XLIX. p. 1flg. und dessen „De vers. sam.-arabica libror. Mosis et. c. in Eichhorn's „Allgem. Bibl." Bd. X. S. 1—176.

das sam. Trg. benutzt, was auch Kuenen, der spätere Herausgeber des A. S., in seiner Dissertationsschrift „Geneseos libri cap. XXXIV. priora ex arabica pent. sam. versione“ (Lugd. Batav. 1851) S. 9, als feststehend hinstellt. So lange man nämlich in Ed. das echte und ursprüngliche sam Trg. erblickte, musste die häufige auffallende Uebereinstimmung zwischen Ed. und A. S. zu dem Schlusse führen, dieser habe das ältere sam. Trg. benutzt. (S. „Stud.“ S. 16). Nun ist aber gerade Ed. nächst A. jener Cod. der, wie sich aus dem Bisherigen ergibt, unter allen zur Zeit bekannten Codd. des sam. Trg. die meisten arabischen Interpolationen hat. Diese, einmal als solche erkannt, weisen deutlich darauf hin, dass an jenen Stellen, wo ein oder mehrere Codd. des sam. Trg. mit A. S. übereinstimmen, nicht dieser jene, sondern umgekehrt jene diesen benutzt haben. A. S. bot nämlich Jenen, welche sich das Verständniss des sam. Trg. erhalten oder erschliessen wollten, ein willkommenes Mittel zur Erreichung dieses Zweckes. Schwer verständliche, oder bereits unverständlich gewordene Stellen dieses Trg. wurden durch die entsprechende Uebersetzung des A. S. in Gestalt von Randglossen erklärt, die später in den Text kamen, in den meisten Fällen, indem sie dort die ursprünglichen Lesearten verdrängten, mitunter, wie wir gesehen haben, indem sie zu diesen in den Text kamen und so Veranlassung zu doppelten Uebersetzungen wurden. Je mehr ein Cod. des sam. Trg. arabisirt, desto häufiger ist desshalb auch die Uebereinstimmung mit A. S.; je weniger er arabisirt, desto seltener, und fast immer zeigt noch der eine oder andere Cod. die ursprüngliche samaritanische Uebersetzung, je nachdem die Interpolation des A. S. in einem oder in mehreren Codd. Aufnahme gefunden und jene verdrängt hat.

Es gibt allerdings nicht wenige Fälle, wo die arabischen Interpolationen in den Cod. des sam. Trg. der Uebersetzung des A. S. nicht entsprechen.[1]) Diese sind aber wahrscheinlich auf die

---

[1]) Vgl. von den oben (S. 24 flg.) angeführten Stellen z. B. 43. 9, wo für Tw. ערב A. u. C. كفل, A. S. ضمن hat; das. V. 33, hebr. חמוה, A. دلى, A. S. دهش; 45, 24 hebr. רגז, von A. u. A. S. in der Bedeutung „sich aufhalten, zögern“ gefasst, A. بلد, A. S. ربث; 47. 15 Tw. אפס, A. u. Ap. مضى A. S. قرض u. a. m.

Zeit **vor** Abfassung und Verbreitung der Uebersetzung des A. S. zurückzuführen, obwohl es bei der Verschiedenheit der Codd. auch dieser Version — Kuenen (a. a. O. S. 7 flg.) zählt 7 Codd. auf, die gleich denen des sam. Trg. willkührlich corrigirt sind und viele Varianten zeigen (das. S. 11 flg.) — nicht unmöglich ist, dass auch an diesen Stellen die arabischen Interpolationen des sam. Trg. dem einen oder andern Cod. des A. S. entsprechen, wenn sie nicht gar einer **andern**, wahrscheinlich noch **vor** A. S. entstandenen, sam.-arab. Bibelübersetzung entlehnt sind, von deren einstigem Vorhandensein wir jetzt durch Neubauer (s. dessen „Chronique Sam." u. s. w. S. 90 und 112 flg.) sichere Kunde haben. In manchen anderen Fällen wieder dürfte die Uebereinstimmung mit A. S. auf eine gemeinsame Tradition [1]) oder auf eine specifisch samaritanische Auffassung und Tendenz zurückzuführen sein, welche beide unabhängig von einander zu derselben Uebersetzung bestimmten. [2]) **In den meisten Fällen aber ist es klar, dass die Codd. des sam. Trg. direct nach A. S. umgeändert, resp. interpolirt sind.** Die Richtigkeit dieser Annahme dürfte sich dem aufmerksamen Leser schon aus den bisher (S. 24 flg.) angeführten Beispielen von Arabismen im sam. Trg. ergeben haben, denen die übereinstimmenden Uebersetzungen des A. S. absichtlich zur Seite gestellt worden sind; noch deutlicher aber wird sie durch die übereinstimmende Wiedergabe mancher nom. propria und mancher, von dem einfachen Wortsinne abweichender, Uebersetzung in den einzelnen Codd. dieser beiden Versionen.

Wenn z. B. Ed. הרי ארדט 8. 4, übersetzt טורי סרנדיב

---

[1]) Z. B. 24, 63 Tw. לשוח, **alle** Codd. למצלאה, zu beten, auch A. S. للصلوة; offenbar eine auf die Samaritaner übergegangene jüdische Tradition, vgl. „Stud." S. 9.

[2]) Wie z. B. 8, 22 כאחד ממנו, alle Codd. כסקוף מנה, als hätte er sich aus sich selber erhoben, A. S., صار كالاصل منه; wahrscheinlich eine specifisch sam. Exegese zur Vermeidung des anstössigen Anthropomorphismus. (Vgl. „Stud." S. 16.) So auch 17, 17, Tw. ויצחק, alle Codd. חמה, wundern, A S. وعاجب; weil beide Abraham über eine göttliche Verheissung nicht **lachen** lassen wollten, wesshalb hier auch die anderen Versionen ähnlich paraphrasiren, J. I. sogar ebenfalls ותמה. Mehrere ähnliche Beispiele s. weiter unter Abschn. XII. in den tendentiösen Uebersetzungen des sam. Trg.

gleich A. S. جبال سرنديب; so galt das als Beweis A. S. habe nach dem sam. Trg. übersetzt. Aber abgesehen von der unzweifelhaft arabischen Bezeichnung סרנדיב, wie die Araber, deren Sage noch manches biblische Ereigniss nach Ceylon (vgl. d'Herbelot s. v.) verlegt, diese Insel nennen; hat ausser Ed. nur noch A. diese Lesart, die anderen Codd. haben הררם. Gerade in A. und Ed. aber haben die obigen Beispiele (S. 24 flg.) die durch arabische Interpolationen am stärksten entstellten Codd. gezeigt. Die beiden haben das, in den aramäischen Dialecten unbekannte, arabische סרנדיב ganz gewiss erst A. S. entlehnt. Dasselbe gilt 12, 8, wo das nom. propr. עי, wofür A. und Ed. — gleich manchen Codd. des sam.-hebr. Bibeltextes — עינה haben, in T., B. und C. כפרה übersetzt ist, A. S. والكفير (C. والكفور). 14, 14 ist der Ortsname דן wieder nur in A. und Ed, בניאס = بانياس des A. S.; auch diese Uebersetzung kann nur A. und Ed. von A. S., nicht aber dieser von jenen haben. Saad. z. St. übersetzt nämlich nach jüdischen Traditionen (s. dieselben bei Levy, chald. W.-B. s. v. פניאס) דן durch بنياس; dieses hat A. S. wie so vieles Andere von ihm übernommen, von diesem wieder A. und Ed., während die anderen Codd. דן beibehalten. [1]) Das. V. 15 übersetzt A. S. den Namen des Ortes חובה, der nach der Bibel (das.) משמאל לדמשק lag, الغوطة, wie bei den Arabern die Gemarkung von Damaskus heisst; A. und Ed. haben dafür לפוגה, das Michaelis (Einl. I. S. 339) durch فيجة erklärt, ein Dorf in der Nähe von Damaskus. Sie haben hier also wohl eine andere Bezeichnung als A. S.; aber indem sie in der Auffassung mit ihm übereinstimmen, eine jedenfalls spätere, von einem arabisch Sprechenden hineingebrachte Uebersetzung. Die anderen Codd. haben חובה beibehalten. Dass das für בבל stehende לילק eine ähnliche, nur corrumpirte, wahrscheinlich ebenfalls A. S. entlehnte Benennung ist, wird später nachgewiesen werden.

---

[1]) Den arab. Ursprung, aus بنياس oder بانياس, verräth übrigens schon die Schreibung בניאס, wofür die Midrasch-Literatur und die Targumim immer פניאס u. פנייאס haben (S. Levy s. v.). Dasselbe scheint von נאפליס zu gelten, das A. 37. 13 u. 14 für שכם hat. In den aram. Dialecten ist nämlich der spätere Name von Sichem *Νέας πόλις*, Neapolis, נפולין, ניפולין (vgl. Rabb. z. Levit. sect. XXIII. שכם והיא נפולין); während in נאפליס sowohl das א als auch das ס am Ende direct auf das arab, نابلس hinweist; vgl. Peterm. „Reisen" I. S. 265.

Zu den Eigenthümlichkeiten des A. S. gehört, dass er nom. propria häufig als appellativa fasst und als solche übersetzt (vgl. Kuenen a. a. O. S. 27); so z. B. בית אל jedesmal بيت القادر, Haus des 'Allmächtigen; so 12, 8 zweimal, 13, 3 zweimal, 28, 19; 31, 13; 35. 1, 3, 6, 7, 16, 17 u. s. w. An fast allen diesen Orten haben die Codd. des sam. Trg. בית אל beibehalten, nur das arabisirende A. hat 31, 3, 7, 16 בית חילה (חיולה), 13, 3 ausser A. schon auch Ed., die demnach stellenweise nach A. S. corrigirt haben.

Die Abhängigkeit einzelner Codd. des sam. Trg. von A. S. lässt sich aber noch anderweitig nachweisen. So geben z. B. 3, 5 mit Ausnahme von C. alle Codd. כאלהים durch כמלאכיה, A. S. كالملائكة. Man könnte diese Uebereinstimmung wohl auf eine gemeinsame exegetische Anschauung zurückführen, welche die Samaritaner lehrt, אלהים, zur Vermeidung des Anthropomorphismus, E n g e l zu übersetzen. Aber abgesehen davon, dass C., einer der relativ besten und ältesten Codd., sich nicht scheut, כאלהים beizubehalten, weiset noch ein Umstand auf A. S., als auf die Quelle dieser Uebersetzung hin. Er vermeidet nämlich, offenbar von der diesbezüglichen religionsphilosophischen Anschauung der Araber beeinflusst, den Anthropomorphismus ungleich ängstlischer als das sam. Trg. und ist speciell in der Umschreibung von אלהים durch „Engel" consequent, was von jenem nicht gilt. 5, 24 haben wohl beide Versionen „Engel" für „Gott", obwohl C. auch hier אלהים beibehält, ähnlich 6, 2 und 4, wo בני אלהים im sam. Trg., wieder mit Ausnahme von C., ברי שלטניה, A. S. بنو السلاطين übersetzt ist; aber schon 32, 28 (29) ist אלהים, das A. S. wieder الملائكة gibt, in a l l e n Codd. des Trg. beibehalten, obwohl es gerade hier ein starker Anthropomorphismus ist: Jakob hat mit אלהים gerungen und gesiegt. Genau dasselbe ist das. V. 30 (31) bei dem nicht minder starken Anthropomorphismus ראיתי אלהים פנים לפנים der Fall. 33, 10, wo פני אלהים auf Esau bezogen ist und A. S. حضرة الملائكة übersetzt, haben alle Codd. אפי אלהה (אלהים) u. s. w. Daraus ergibt sich, dass es A. S. als R e g e l galt, אלהים so zu umschreiben, worin ihm einzelne Codd. des sam. Trg. gefolgt sind, die an e i n i g e n Stellen nach ihm מלאכיה gesetzt, diese Correctur aber nicht consequent durchgeführt haben. [1])

---

[1]) W i n e r (a. a. O. S. 60) kann sich das schon in Ed. auffällige Schwan-

Bei dieser Scheu, אלהים, wo es sich nicht direct auf Gott bezieht, wörtlich zu übersetzen, bezieht A. S. 42, 28 dieses Wort auf Joseph und übersetzt מה זאת עשה אלהים לנו durch: ما هذا صنع السلطان بنا, um die Söhne Jacobs die unehrerbietige Rede: was hat uns Gott da gethan! nicht führen zu lassen.[1]) Sämmtliche Codd. des sam. Trg. behalten hier אלהים bei; nur A. hat, offenbar nach A. S., ebenfalls שלטנה.[2])

Wo das hebr. שבע, sieben, als adverb. gebraucht, in der Bedeutung „mehrfach, vielfach“ vorkommt, muss es A. S., dem abweichenden arab. Sprachgebrauche gemäss, umschreiben, wie es auch Saad. gethan hat. So hat er 4, 15 für שבעתים — الكمال (Saad. كثيرا), ebenso das. V. 24 und für שבעים ושבעה das. احرى واجدر (Saad. اكثر واكثر). An beiden ersten Stellen haben sämmtliche Codd. des Trg. die wörtliche Uebersetzung, nur an letzterer haben sie, mit Ausnahme von C., gleich A. S., also offenbar nach ihm, יתיר ומותר.

Ein deutlicher Beweis dafür, dass die Trg.-Codd. nach A. S., und nicht dieser nach jenen corrigirt resp. übersetzt, liegt endlich in der Thatsache, dass in den meisten Fällen, wo die Uebereinstimmung zwischen beiden eine augenfällige ist, diese nur von A. und Ed., also gerade von den am stärksten arabisirenden Codd. gilt, während die anderen Codd. von A. S. abweichen. Als Beispiele mögen gelten: 14, 19 hat A. S., der dabei seinerseits wieder Saad. folgt, קנה שמים übersetzt ملك السماوات; die Trg.-Codd. haben קנה שומיה, nur Ed. מלוך שמים, das. V. 22 haben aber schon T. C. und Ed. für dasselbe Tw. das ar. מלך; vgl. ob. S... zu 4, 1. — 20, 16, Tw. ונוכחת, alle Codd. ותוכחין, nur A. und Ed. leiten es von נכח, gegenüber, ab und übersetzen ודלקובל = في المقابلة des A. S. — 30, 20 אם על בנים, alle Codd. wörtlich, nur A.

---

ken in der Uebersetzung von אלהים, das bald beibehalten, bald מלאכיה gegeben ist, natürlich nicht erklären.

[1]) Möglich, ja wahrscheinlich, dass die, bei jeder Gelegenheit grell hervortretende Sucht der Samarit., Josef, ihren Stammvater, zu glorifiziren, auch ihr Theil an dieser auffallenden Uebersetzung hat.

[2]) Wie Eichhorn, dem doch nur Ed. vorlag, (Einl. I. § 287) sagen konnte, dass die arab. und sam. Version hier Sultan übersetzte, ist unbegreiflich, da Ed., gleich allen and. Codd. mit Ausnahme von A., ausdrücklich אלהים hat.

אקרה (= עקרה) עם נוסה Wurzel mit den Zweige, genau so wie A. S. الاصل مع الفرع. — 49, 5 haben alle Codd., in Folge einer später zu erörternden Ursache, Tw. מכרתיהם übersetzt קיאם, Bund; nur A. hat es von כרה, graben, abgeleitet und מקטעותם — wie בקטעותם zu emendiren ist — gegeben, gleich مقاطيعهما, das A. S. z. St hat. Das. V. 22 haben alle Codd. die Lesart des sam.-hebr. Bibeltextes בני צעירי von צער, Schmerz, Drangsal, abgeleitet und לחיצי (Ed. לעיצי) übersetzt, nur A. hat ברי זעור = ابنى صغيرى des A. S.

Solche und ähnliche Stellen beweisen unwiderleglich, dass die Codd. des sam. Trg. stellenweise nach A. S. corrigirt haben. Hingegen habe ich, nach einer sorgfältigen Vergleichung aller Stellen der Genesis, wo diese beiden Versionen übereinstimmen, keine einzige gefunden, von der sich nachweisen, oder auch nur mit annähernder Sicherheit behaupten liesse, A. S. habe sich an das sam. Trg. gehalten. Wo er nicht Saad. folgt, zeigt er vielmehr eine auffallende Selbstständigkeit und ist, abgesehen von äusserst wenigen Fällen, vollständig frei von den zahlreichen kindischen und lächerlichen Fehlern dieses Trg., von dem er, als ein nach arabischen Vorbildern geschulter Grammatiker, [1]) der sogar verwandte Sprachen zur Vergleichung mit dem Hebräischen herbeizieht, [2]) sich durchaus nicht ins Schlepptau nehmen liess. Ja, es deutet nicht einmal der leiseste Umstand darauf hin, dass er dieses Trg. überhaupt gar gekannt, oder wenn gekannt, auch verstanden habe. Wahrscheinlich hat er, nach Art der meisten späteren Samaritaner, nur noch arabisch und hebräisch verstanden. Ueber die hebräische Sprache hat er sogar eine eigene arabische Schrift verfasst; [3]) er war demnach auch nicht auf die Benutzung des sam. Trg., selbst wenn er es gekannt haben sollte, hingewiesen, vielmehr vollkommen befähiget, direct aus dem hebräischen Texte zu übersetzen, und das um so eher, als er dabei bekanntlich Saad. oft zu Rathe zog.

---

[1]) S. Nöldeke „Ueber einige sam. arab. Schriften u. s. w.“ S. 3.

[2]) Nöldeke, a. a. O. S. 18.

[3]) S. dieselbe bei Nöldeke a. a. O. S. 19—37.

VIII. Verschiedene Auffassungen der einzelnen Codices.

Durch diese rücksichtslosen Correcturen und Interpolirungen erklärt sich die oben S. 114 erwähnte Thatsache, dass die verschiedenen Codd. des sam. Trg. für ein und dasselbe Wort oft verschiedene, verschiedenen Sprachen entlehnte Bezeichnungen haben; eine Erscheinung, die neben manchen Zufälligkeiten, die sich auf die Person der Interpolatoren beziehen mögen, zumeist wohl auf die Verschiedenheit der Wohnsitze zurückzuführen ist, welche die Samaritaner, besonders nach Alexander dem Makedonier, inne hatten. Ihre Gemeinden waren nämlich in Egypten, Syrien und dem eigentlichen Palästina zerstreut [1]) und demnach verschiedenen sprachlichen Einflüssen ausgesetzt. Während z. B. die egyptischen Samaritaner, besonders vor Herrschaft der Araber, sich der, in Folge der gottesdienstlichen Thora-Vorlesungen, ihnen geläufigeren hebräischen Sprache bedienen mussten, um sich ihr Trg. verständlich zu machen, oder aber, worauf das *Σαμαρειτικόν* hinzudeuten scheint, [2])

---

[1]) Im „Ordo precum pro mortuis Sam." (in Heidenh. Vierteljahrsschr. I S. 417) sind die vorzüglicheren sam. Gemeinden einer freilich verhältnissmässig späten Zeit (aus der Araber-Herrschaft) aufgezählt: כל קהל ישראל הסגודים להר גריזים . . . בזאת מדינתא ובמדינת דמשק, בעזה, בפלשתים, ובארץ מצרים, ובחלב, ובחמתה, ובצפת, ובטרבליס, ובחצרים ולגו כל מדינתה „die ganze Gemeinde Israel, die sich bücken in der Richtung des Berges Garisim (eine Anspielung auf die Kiblah, welche die Sam. nach dem Garisim nehmen) in dieser Stadt (offenbar Sichem, da dieser Hauptsitz der Samarit. hier nicht namentlich aufgezählt ist) und in der Stadt Damaskus, in Gazah, Philistäa und im Lande Egypten, in Haleb (Aleppo), Hamath, Zefath, Tarablus und in Hazerim (?) und in jeder Stadt". Ungleich interessantere und detaillirtere Aufschlüsse gibt hierüber Neubauer's bereits erwähnte „Chronique samarit."

[2]) An der „De pentat. Sam. et. c." S. 66 flg. ausgesprochenen Ansicht, dass das *Σαμαρειτικόν* keine vollständige Uebersetzung war, sondern dass darunter nur einige, zum leichteren Verständnisse des sam. Trg. angefertigte, griechische Randglossen zu demselben zu verstehen sind, glaube ich heute um so eher festhalten zu müssen, als ein solcher Vorgang ein Analogon in den eben nachgewiesnen arab. Randglossen zu diesem Trg. findet, welche dieselbe Tendenz verfolgen. Die Samarit. mussten, mit dem Aussterben ihres Idiomes, wollten sie ihr altes Trg. noch benutzen, anfangs ebenso zu griechischen erklärenden Randglossen ihre Zuflucht nehmen, wie später zu arabischen. Die zeitliche Aufeinanderfolge der sam. Pentat.-Uebersetzungen ist demnach, wie a. a. O. S. 3 und „Studien" S. 60 angegeben, der Aufeinanderfolge der geschichtlichen Thatsachen entsprechend: sam. Trg., *Σαμαρειτικόν*, A. S.

der griechischen; standen sie in Syrien und Palästina anfangs unmittelbar unter dem Einflusse lebender verwandter Dialecte, deren Formbildungen und Wortbezeichnungen sie statt der eigenen aufnahmen, und später unter dem übermächtigen Einflusse des zur Umgangssprache gewordenen Arabischen. So kam es, dass die verschiedenen Codd. für dasselbe Tw. die oben erwähnten, zwar gleichbedeutenden, aber sprachlich und formell verschiedenen Uebersetzungen haben, je nachdem die ursprüngliche Uebersetzung beibehalten, oder ein gleichbedeutendes Wort aus einem der verwandten Dialecte, oder aus dem Hebräischen oder endlich aus dem Arabischen gewählt worden ist.

Die Verballhornung des sam. Trg. ging aber noch weiter. Sie begnügte sich nicht damit, die Form willkührlich zu ändern und dabei die ursprüngliche Auffassung beizubehalten; sondern änderte und corrigirte auch an dieser ad libitum. Offenbar hat mehr als einer der gelehrten, oder sich gelehrt dünkenden Leser seine Weisheit in den, bei den Samaritanern, besonders in Bibel-Uebersetzungen, so beliebten Randglossen [1]) niedergelegt, und diese Verbesserungen, welche oft genug die, „Studien" S. 35 flg. nachgewiesne, grenzenlose Unwissenheit und Gedankenlosigkeit der samaritanischen Uebersetzer verrathen, sind später von unverständigen Abschreibern an Stelle der ursprünglichen Lesearten aufgenommen worden; so dass die verschiedenen Codd., auch was die Auffassung der einzelnen Bibelstellen betrifft, ganz und gar von einander abweichen. Als Beispiele seien nach der Reihenfolge der Capitel hier aufgeführt:

2, 15. Tw. יתבששו, alle: באת = בהית, ܒܗܬ, das J. I. und Peschittho zu St. haben; aber C. hat שחו = שהו, das chald. und syr. שהא, das Tw. ist nämlich von בוש, Piel בושש = weilen abgeleitet. Vrgl. Ex. 32, 1 כי בשש Ed. הלא שחו.

3, 1. אף כי, alle: ברן כי; C. רגת כי hat die Partikel אף = nom. אף, Zorn, gefasst; רגת steht nämlich für רגז, ein Fehler, den sich die verschiedenen Codd. noch oft zu Schulden kommen lassen.

4, 14. Tw. ומפניך, alle: ומקמיך, vor dir; C. ומרתותך fasst פנים = Zorn.

---

[1]) Vgl, Kuenen a. a. O. S. 15 flg.

8, 3. Tw. וישבו hat A. und Ed. richtig von שוב abgeleitet und ועזרו = וחזרו, sie kehrten zurück, übersetzt, die Anderen falsch von ישב, sie haben nämlich ואתיתבו.

12, 6. אז בארץ, Alle richtig: מטה, damals, nur B. אחיד hat in Folge der sam. Aussprache אז (ez) mit אחז (aez), [1]) ergreifen, verwechselt, dem אחד = אחז entspricht; vgl. 25, 26 וידו אחזת, alle Cod. ואדה אחידה.

13, 12. Tw. ויאהל, T. ומשכן, A. und Ed. והפרס = ואפרס wie Onkelos פרס; B. hat, wieder in Folge der samaritanischen Aussprache, ויאהל mit ויחל, anfangen, verwechselt und ואתרשי übersetzt, ein Fehler, den sich V. 18 das. ausser B. noch T. und C. zu Schulden kommen lassen, die dort für dasselbe Tw. ואתרשה haben.

14, 6. איל פראן, B ebenso, T. fasst איל = אֵל und übersetzt דחלת פראן, Götze Paran, A. und Ed. haben: (? فروش) פרוס פלשה. (A. S. gar قنطرة فران, Brücke Paran.)

18, 2. Tw. וירא, Alle richtg ועמה, er sah; B. und C. lasen וַיִּרָא und übersetzten ודחל, er fürchtete. — Das. V. 21, Tw. ארעה, B. und C. wörtlich: אחכם, ich werde wissen; aber A., Ed. und Ap. אמרק, ich werde vergelten, (ähnlich Onk. אתפרע), das Petermánn in T. mit Unrecht nach B. und C. corrigirt. — Das. V. 27 ואנכי עפר ואפר, C. wörlich: עפר וקטם,. T. A. und Ed. קטם ורבוע. Hier ist eine Glosse in den Text gekommen und ein Wort des ursprünglichen Textes weggelassen; קטם entspricht nämlich dem Hebräischen אפר (vgl. C. ferner Onkelos und J. I. z. St.) רבוע hingegen weder dem עפר noch dem אפר, sondern ist als Auflösung des hebräischen Tropus = روبع, nichtig, schwach, das ursprünglich Randglosse war, später in den Text kam, wobei es die Uebersetzung von עפר verdrängte. Dass eine solche, den bildlichen Ausdruck der Bibel erklärende, Uebersetzung bei den Samaritanern im Schwange war, beweiset B., der עבד ובטול übersetzt, entweder = אבד ובטול, vergänglich und nichtig, oder, was wahrscheinlicher ist, das in derselben Bedeutung sprichwörtlich gewordene עבר ובטל; vgl. Aboth V. 24, wo es von dem hundertjährigen Menschen heisst, er sei: כאלו מת ועבר ובטל מן העולם.

---

[1]) Vgl. zur Aussprache dieser und der folgenden ähnlichen Stellen die Transscription der Genesis bei Petermann „Versuch u. s. w."

19, 15. Tw. השחר, T. und C. שחרה, ebenso B. nur, mit Ausfall des ח, fehlerhaft: שרה, A. und Ed. aber haben לעושה, was Cast. und Uhlem. in ihren Wörterbüchern als dem Tw. entsprechend frischweg „aurora“ übersetzen, ohne eine Erklärung dafür zu geben. Diese Codd. haben aber nicht שַׁחַר, sondern שָׁחוֹר gelesen; לעוש ist nämlich das chald. לחוש, schwarz, das auch im sam. Trg. öfter vorkommt (vgl. 30, 32, 33 und 35). — Das. V. 25, וצמח האדמה T. und C. וצמְחת, A. und Ed. וצלמת, wahrscheinlich, weil durch die Zerstörung Sodoms thatsächlich nicht nur das Gewächs, sondern die ganze Gestalt der Erde verändert wurde (vgl. „Stud.“ S. 69), dem entsprechend ist hier B. וצבעת, das keinen Sinn gibt, wahrscheinlich וצברת = וצורת, Gestalt, zu lesen.

21, 1. וה׳ פקד את שרה, T. פקד, B. gleich Onkelos דכר, A. und Ed. aber haben פקד sinnlos genug = הפקיד, zum Aufbewahren geben, gefasst, und אמסר übersetzt, das demnach keineswegs „visitavit“ bedeutet, wie Cast. und Uhlemann s. v. angeben, sondern wie sonst immer: übergeben; vgl. „Stud.“ S. 26 und Lev. 64 את הפקדון אשר הפקד sam. Trg. (Ed.) ית אמסרנה דאמסר.

26, 22. ist das nom propr. רחבות in T. B. und C. beibehalten, A. hat פתחיאתה von פתח = פתה, chald. und syr. פתא, weit sein, hat es also von רחב abgeleitet, ähnlich Ed., das aber נפושה hat; vgl. in demselben V. Tw. כי הרחיב, Ed. נפש. Ap. ארבע ist, wie in den anderen Codd. zu lesen: אריעב, dieses selber aber = ארחב, hebr. הרחיב. Auch A. S. hat hier فرجة . . . الآن فرج.

27, 19, Tw. שבה, T. und C. richtig: תב, setze dich (A. S. اجلس). Einige Codd. der hebr.-sam. Bibel lesen hier aber שבע, und diese offenbar falsche Leseart ist die Ursache der auffallenden Uebersetzungen, welche die anderen Codd. hier haben. A. סבעה scheint שבע, sättige dich, gelesen zu haben; B. עסהד, Ed. אשעד — Beides fehlerhafte Formen für אסהד oder אסעד, betheuren, beschwören — haben שבע, schwören, gelesen. Das. V. 44, וישבת עמו, B. und C. richtig: ותדור עמה, du sollst wohnen bei ihm; Ed. hat es von שוב abgeleitet und ותעזר übersetzt, עזר = חזר, zurückkehren; T. und A. übersetzen frei: ותשמשנה, du sollst ihm dienen.

30, 2. התחת אלהים אנכי, T. und C. דחל מן אלהה אנה, wie A. S. خائف من الله A. דחול אללה; B. hat den hebr. Ausdruck beibehalten, Ed. aber החליפת אלהים, wie in A. S. Cod. A. اموضع الله und C. اعوض. In dems. V. Tw. מנע ממך, T. מניך, Ed. מנך, A. מן חקרך = ܒܥܩܪ, chald. עיקר, Wurzel, Stamm, was zu dem folgenden פרי בטן recht gut passt, also: der versagt hat deinem Stamm Frucht des Leibes; B. ממעיך hat מִמֵּךְ offenbar mit מִמֵּעֶיךָ verwechselt, und zwar nach dem Vorgange des A. S. صنع من احشائك ثمر الاحشاء.

31. 27, Tw. נחבאת, T. und B. אסחרת, A. richtiger: אסתתרת; C. und Ed. scheinen es von חוב, Schuld, abgeleitet zu haben, denn sie übersetzen: שבשת, das chald. שבש, eigentlich: umranken, dann: verwirren, sich verwirren, fehlen, wovon das talm. שבשתא Fehler. — Das. V. 47 und 48. גל עד, T. ebenso, C. und Ed. גל סעד A. תחום סהדה, Grenze des Zeugnisses, hat גבול עד gelesen.

33. 14, Tw. אתנהלה haben T., B. und Ed. = אתנחלה gelesen, sie haben nämlich אפלגנה, das chald. פלג, das hier wie im sam. „theilen", besonders aber ein Erbe — נחלה — theilen heisst (vgl. Cast. s. v. פלג); A. und C. haben gar אתנחמה gelesen, denn sie übersetzen: אסתובר und אסוברנה; vgl. 37, 15 לנחמו T. und B. למסבראתה, A. לסוברו u. das. Tw. להנחם, A. למסתוברה; im Chald. und Syr. heisst סבר nur „hoffen, vertrauen", nicht aber „trösten" (Gutes hoffen lassen) wie hier. — Das. V. 19 חלקת השדה, alle: פלגת עקלה, Hälfte des Feldes, nur A. hat das sonderbare שׁשית עקלה, dessen Erklärung in 27, 16 zu suchen ist. Dort hat für חלקת צוארו Ap. שׁשירות צבארה, das P., gewaltsam genug נקיות emendirte. Dieses ששיות ist aber entweder für שלשיות = ܫܠܫܠܐ, das A. S. z. St. hat, oder steht für שעיעות Glätte, das Onk. hier hat; auf alle Fälle entspricht es an dieser Stelle dem Tw. חלקה von חָלַק, glatt, mit diesem חלקת hat A. hier חֶלְקַת השדה verwechselt und sinnlos genug ששית עקלה, Glätte des Feldes, übersetzt.

34. 29, Tw. שבו, nahmen sie gefangen, das Alle gleich Onkelos und J. I. beibehalten; nur A. hat es fälschlich von שוב abgeleitet und עזרו übersetzt, vielleicht absichtlich, damit es nicht heisse, die Söhne Jakobs nahmen Weiber und Kinder gefangen, sondern sie gaben, führten sie zurück; עזרו = חזרו. Denselben Fehler hat Ed. 38. 11, wo שבי von Allen richtig חבי übersetzt ist, während Ed., als שובי stünde, עזרי und dazu noch irrthümlich zweimal hat.

35. 21, מהלאה, T. und B. haben מאהל gelesen, denn sie übersetzen מן אהל למגדל עדר, „vom Zelte in den Thurm Eder", A. hat לקבל, gegenüber, C. und Ed. מלעל, מלהל, über, weiter.

41. 2 und 18 ist באחו, im Nilschilf, in Ed. von אח, Bruder, abgeleitet und חלימו übersetzt („Stud." S. 55). T., A. und B. haben באחו, da sie ח nicht aussprachen und bê'u lasen (Petermann „Versuch" u. s. w. z. St.) mit באו verwechselt und אתון, sie kamen, übersetzt. C., das denselben Fehler hat, wählte nach Art dieses Cod. (vgl. oben S. 124) das gleichbedeutende hebräische Wort באו, das demnach nicht mit P. in באחו zu emendiren, sondern gleich אתון „sie kamen" zu übersetzen ist, wofür schon der Umstand spricht, dass C. an beiden Orten (V. 2 und 18) באו hat. — Das. V. 43 ist מרכבת המשנה in A. und C. beibehalten, T. u. B. haben = Onkelos und J. I. תנינתה, Ed. כפלתה, doppelt.

42. 11, Tw. כנים, alle מהימנים (J. I. מהימני), A., in Folge eines echt samaritanischen Schnitzers, דרגין. Das hebräische כן, Basis, Gestell, dann: Posten, Amt, ist nämlich 40, 13 und 41, 13 durch das chald. und syr. דרגא, Stufe, Würde, übersetzt; על כנך — על דרגך mit על כני — על דרגי. Von diesem כן hat nun A., unvernünftig genug, das adj. כנים abgeleitet und — im plur. — דרגין übersetzt. Denselben Fehler hat A. noch 42, 19. 31 und 33. — Das. V. 32, Tw. האחד, alle: והדה; nur A. hat עורנה = חורנה, der Andere, also fälschlich האחר gelesen.

48. 11 לא פללתי, T. und B. לא סכית, das chald. und syr. סכא, erwarten, hoffen; C. behält das Tw. bei, Ed. לא צלית, habe ich nicht gebetet, hat es von פלל = התפלל, תפלה, abgeleitet; das arabisirende A. hat עסלת, vielleicht حفل, an Etwas denken. — Das. V. 16 Tw. וידגו in A. beibehalten, T., B. und Ed., dem Sinne nach, ויסתון, sie sollten sich ausbreiten; C. hat für וידגו, wegen דג, Fisch, chald. und syr. נונא, ein eigenes Verbum ויננון componirt, ein Unsinn, der, wenn überhaupt übersetzbar, „sie sollen sich fischen" lautete.

49. 3, ראשית אוני, T., B. und C. haben אוני, vielleicht mit Absicht, עוני gelesen und dieses von עָנָה, quälen, plagen, abgeleitet, sie übersetzen nämlich רשות לבוטי, Anfang meiner Qual. In Folge derselben falschen Auffassung, die übrigens auch J. I. ושרוי צערי verräth, hat A. צוקתי, meiner Bedrängniss. Ed. hat אוני

von dem im Talm. und in den Trg. häufigen אורנא (ὠνή), Kauf, abgeleitet und קדמאורת זבני, Anfang meines Kaufes, übersetzt (vgl. „Stud." S. 20). — Das. V. 5 haben Tw. מכרתיהם Alle von כרת scil. ברית, einen Bund schliessen, abgeleitet. C. hat nämlich קיאמון, Ed. קיומירן, die gewöhnliche Uebersetzung des hebr. ברית; T. und B. מקיימיתהון haben zu dieser Uebersetzung noch den Bildungsbuchstaben מ hinzugefügt, den das Tw. hat, A. jedoch wie schon oben (S. 140) nachgewiesen, nach A. S. מקטעותם übersetzt. Genau so hat T. und B. כריתי, ich habe gegraben, fälschlich von diesem כרת ברית abgeleitet und דקעימת לי übersetzt, was Uhlemann z. St. gar von einer äthiopischen Wurzel ableiten möchte. — Das. V. 9 Tw. כרע haben T., B. und Ed. כְּרַע gelesen und כביש, wie Schlechtes, übersetzt („Stud." S. 55), C. hat das Tw. beibehalten; A. עמוק = חמוק hat gar קרע, zerreissen, gelesen. Tw. יקימנו das. haben alle wörtlich übersetzt, nur A. ידלקנה, verfolgen. — Das. V. 15 liest der sam.-hebr. Text bekanntlich חמור גרים statt גרם, alle Codd. חמר תותבין, Esel der Einwohner, גרים ist nämlich von גור, wohnen abgeleitet, nur A. hat, auffallend genug, סבול פשתן, Flachs tragend; fast scheint es, er habe für חמור gelesen חמול und dieses gleich حمل genommen und in גרים — wie so? das mögen die Götter wissen! — eine Bezeichnung für Flachs erblickt. Für המשפחים in demselben V. haben die Codd. verschiedene, nur nicht die richtige Uebersetzung; C. und Ed. לשכיה und לשנאיה, haben es von שפה, Lippe, Sprache, abgeleitet,[1]) ebenso A. dessen אספיראתה in אספיראתה zu emendiren ist, ספה = שפה, plur. emphat. ספואתה, hier mit א praefixum. T. und B., die כרכיה, Geschlechter, Familien, übersetzen haben gar המשפחתים gelesen, das sie von משפחה ableiteten. — Das. V. 22 עלי שור, A. עלוי, auf, C. עלי, während die anderen es von עלה abgeleitet und סלק, steigt hinauf, übersetzt haben.

IX. Corrumpirte Lesearten.

Nach den bisherigen Auseinandersetzungen über die Textesbeschaffenheit der Codd. und deren bald hebraisirende bald arabi-

---

[1]) Dieselbe Ableitung von שָׂפָה, in dem Sinne „Saum", liegt auch Onk. u. J. I. zu Grunde, die hier תחומיא, Grenzen, übersetzen.

sirende Tendenz; über die bald aus Onkelos, bald aus A. S., bald nach eigener Willkühr gemachten Interpolationen in denselben, sowie über die gewaltsamen Aenderungen der verschiedensten Art, die an ihnen vorgenommen wurden: dürften die Gesichtspunkte fixirt sein, nach welchen die Lesearten dieser Codd. zu betrachten sind. Jetzt erst kann daran gegangen werden, den sam. Wortschatz, wie er sich vorerst aus den vorliegenden Codd. zu Genesis ergibt, einer genaueren Prüfung zu unterwerfen.

Schon in meinen „Sam. Studien", S. 22 31 ist eine lange Reihe von Wurzeln und Wortbildungen angeführt, welche nach der Polyglotten-Edition des sam. Trg. in die sam. Wörterbücher Aufnahme gefunden haben, aber bloss Schreibefehler oder corrumpirte Lesearten sind. In den meisten Fällen werden auch die daselbst gemachten Angaben, respective aufgestellten Vermuthungen, durch die anderen Codd. bei Petermann bestätiget. Aber auch in dieser Beziehung erhalten wir erst durch die Petermann'sche Edition das nöthige und richtige Licht; sie legt, wie wir gesehen haben, Vieles nahe, woran früher gar nicht gedacht werden konnte oder durfte. Und da ergibt sich denn, dass die Anzahl der als samaritanisch geltenden Wurzeln und Wortbildungen, die sich bei genauerer Prüfung als blosse Corruptele, zumeist als später eingedrungene fremdsprachliche und noch dazu corrumpirte Elemente ergeben, eine ungleich grössere ist, als man bisher anzunehmen wagen durfte. Wenn so schon die bereits vorhandenen, nur auf Ed. sich beziehenden, sam. Wörterbücher und Vocabularien von unrichtigen Angaben wimmeln, die ihrerseits wieder Veranlassung zu weiteren irrigen Angaben und Folgerungen wurden; so ist das durch eine unvorsichtige Benützung der Petermann'schen Codd. in noch viel höherem Maasse zu befürchten.

Die Fixirung solcher corrumpirten Lesearten sei hier nach der Reihenfolge der Capp. versucht. Die Zahl derselben wird sich natürlich in demselben Maasse vergrössern, wie die Petermann'sche Edition vorwärts schreitet, und in dem reichlicher gebotenen Materiale auch reichlichere Gelegenheit zu erfolgreichen Vergleichungen bietet. Aber schon die jetzt nachweisbaren Corruptele werden den bisher als samaritanisch geltenden Sprachschatz von zahlreichen falschen und irreführenden Angaben säubern, und der ferneren Vermehrung derselben vorbeugen, endlich aber eine, von der bisherigen grundverschiedene Anschauung über das Wesen des sam. Idioms gewinnen lassen.

Gleich 1, 21 begegnen wir für Tw. התנינים in allen Codd. dem auffallenden חלקסיתיה, das schon viel Kopfzerbrechens verursacht hat und sich die sonderbarsten Erklärungsversuche gefallen lassen musste. Castellus s. v. will in ihm ein äthiopisches Wort für „Krokodill“ finden, während er es in den „Animadvers. sam.“ z. St. erklärt: est genus piscis, de quo mentio fit in Talmude Hieros. לכיס dictum.“ Dort bezeichnet aber לכיס, wie sich aus dem Zusammenhange ergibt und Aruch s. v. richtig erklärt, nicht den Namen, sondern die Farbe des Fisches; es ist nämlich das gr. λευκὸς, weiss, im Gegensatze zu dem anderen dort erwähnten grünen (ירוקא) Fische. Uhlemann s. v. erklärt es durch τείνω und ταλάσευος „ab externa proceritate,“ Petermann, (Glossar. z. Chrestom. s. v.) ϑαλάσια; Nöldeke (in Geig. Zeitschr. a. a. O. S. 211) vermuthet dahinter eine sonst nicht bekannte Form: Θαλασσόκητος. חלקסיתיה ist nun allerdings ein ursprünglich griechisches Wort; aber nicht direct, sondern auf Umwegen, und zwar durch Vermittlung des Arabischen, später hier eingedrungen. Die ursprüngliche Uebersetzung hat nur noch das Petersb. Fragment (vgl. dasselbe am Ende dieses Buches) das hier, gleich J. I., einfach תניניה übersetzt.

Der Midrasch versteht nämlich hier unter Tw. התנינים den fabelhaften Leviathan, mit dem sich die spätere jüdische Legende bekanntlich viel zu schaffen macht; vgl. Baba bathra 74 b. und J. I., der hier geradezu übersetzt: ית תניניא רברביא ית לויתן ובר זוגיה „die grossen Schlangen, d. h. der Leviathan und sein Weibchen“ Diese allgemein verbreitete, in der Midrasch-Literatur häufig wiederholte, Ansicht hat unter Anderen auch Jacob von Edessa acceptirt. Aus einem von Wright edirten Briefe desselben, aus dem Schröder, in der Z. D.-M.-G. Bd. XXIV. S. 290 flg., einen die hebräischen Wörter: בהמות und לויתן erklärenden Auszug gibt, erfahren wir zunächst, dass das hebr. Leviathan ins Syrische übersetzt ܠܘܝܬܢ ist (a. a. O. S. 291), sodann aber (das. S. 292), dass „die grosse Schlange, die in den Meeren ist“, ܗܘ ܕܬܢܝܢܐ ܒܝܡܡܐ ܡܢ ܥܒܪܝܐ ܡܬܩܪܐ ܠܘܝܬܢ.· ܬܢܝܢܐ ܕܝܢ ܡܢ ܝܘܢܝܐ ܩܝܛܘܣ „bei den Hebräern den Namen führt Leviathan, bei den Griechen aber genannt wird ܩܝܛܘܣ“, d. h. *κῆτος*, Wallfisch. Das biblische התנינים ist demnach der Leviathan, dieser das syr. ܠܘܝܬܢ, das griech. *κῆτος*. Dieses *κῆτος* ist wie in das Syrische, so auch in das Arabische gedrungen, wo قيطس (s. Freytag s. v.) das Sternbild Wallfisch bedeutet. Aus diesem قيطس ist, mit der im Sam. so gewöhnlichen Buchstabenversetzung, קסית, und im pl. emphat. קסיתיה geworden[1]); die Vorschlagssylbe חל aber ist einfach der arab. Artikel ال, der mit sam. Buchstaben geschrieben, wegen der grossen Aehnlichkeit zwischen ࠇ und ࠀ, in חל verschrieben wurde; ࠇࠋ für ࠀࠋ. Demnach ist חלקסיתיה weiter nichts als eine samaritanisirte Plural-Form von القيطس, und in ultima analysi das gr. *κῆτος*, Wallfisch.[2]) Wie nahe übrigens den späteren arabisch redenden Samaritanern die Hinzufügung des Artikels ال, selbst zu nicht arabischen Wörtern, lag, beweist z. B. 49, 29, wo Ap. für החתי hat אלחתי — الحتي des A. S., und Zeile 275 des oben (S. 32) edirten sam. Textes, wo אלשניה für „Jahre“ steht. Der Artikel ال in חל verschrieben kommt überdies noch in dem sonderbaren חלפתיכון vor, das. A. 45, 17für Tw. בעירכם hat. Die sam. Uebersetzer haben dieses in Genesis nur hier vorkommende Wort theils nicht verstanden, theils aber missverstanden. T., B. und C. haben das hebr. Wort beibehalten, was sie häufig thun, wenn sie es nicht zu übersetzen wissen. Ed. hat בעיר gar mit בָּר, Getreide verwechselt; denn sie hat מירכון, wie das hebr. בר sonst immer übersetzt ist, was Cast. nicht eingesehen, der deswegen s. v. מור hat: מיר, frumentum, und mit Bezug auf diese eine Stelle: jumentum!! A. aber verwechselt, vielleicht wegen 46, 5, בעיר mit

---

1) ח für ط hat nach dem ob. S. 111 über die sam. Rechtschreibung, besonders aber für die Transscribirung fremder Wörter Gesagten, nichts Befremdendes.

2) Da die LXX. z. St. *τα κήτη* übersetzen, könnte man vielleicht daran denken חלקסיתיה, als aus diesem *τα κήτη* zusammengezogen, zu erklären. Aber abgesehen davon, dass dann nicht nur das zweite, sondern auch das erste ח für *τ* stünde, das ל ganz unerklärlich wäre, ebenso auch die Buchstaben סי, die deutlich auf das arabisirte قيطس hinweisen; ist an eine directe Entlehnung aus dem Griechischen durchaus nicht zu denken, während die häufige Benützung des Arabischen unzweifelhaft ist. Dazu kommen noch die gleich anzuführenden ähnlichen Fälle, wo der Artikel ال im Sam. entweder beibehalten, oder wie hier in חל verschrieben ist.

בַּר, Sohn; denn sein sonst unerklärliches חלפתיכון ist einfach das ar. فتى, Kind, mit dem ebenfalls in חל verschriebenen Artikel ال.

2. 25, Tw. ערומים mit Ausnahme von C., das gleich Onkelos ערטלאין hat, Alle: עסקפין. Dass dieses auch von Petermann (Glossar s. v.) aufgenommene hap. legom. ein Fehler ist, beweiset 3. 7, wo für dasselbe Tw. wieder עפסופין steht. An beiden Orten ist wahrscheinlich עסופין zu lesen, von עסף = חשׂף, entblössen, nackt sein. — Das. V. 24, Tw. ודבק, mit Ausnahme von C. alle: ויתעלץ, das Cast. und Uhlem. vergeblich zu erklären suchen; es ist nämlich ויתעלק zu lesen, das ar. علق, anhängen, das A. S. z. St. (ويعلق) hat. Die ursprüngliche Leseart hat wieder C. וידבק aufbewahrt. — Das. V. 23 Tw. יקרא, C. יתקרי, die Anderen: יתעקב, was keinen Sinn gibt; entweder ist יתנקב zu lesen („Stud." S. 23), oder — was wahrscheinlicher ist — יתלקב, das ar. لقب, Jemand einen Namen geben. Keineswegs aber heisst עקב im Ethp. appellatus est, wie Cast. und Uhlem. s. v. wollen.

3. 1, Tw. ערום, C. ערים, die Anderen אסטיל, das ich „Stud." S. 45, durch das chald. ארטלאי, syr. ܢܟܠܐ, erklären wollte, entstanden durch Verwechslung dieses עָרוּם, listig, mit עֵרוֹם; wahrscheinlicher aber ist es ein Corruptel von שדל: chald. und syrisch überreden, verführen, daraus אשדיל, verführend, woraus hier אסטיל geworden ist. Dasselbe שדל vermuthe ich das. V. 13 in אשלתי für Tw. השיאני. Es scheint ein ד ausgefallen und zu lesen zu sein: אשדלתי, hat mich verführt; doch könnte man es auch gleich אשליתי fassen von שלה, chald. שלי, sich irren, Af. irre leiten. Keineswegs aber ist es mit Cast. von „שלי ut נשל, evulsit", oder gar mit Uhlemann s. v. von שלל, chald. של, arab. سل, detraxit, abzuleiten. Das. V. 1 אף כי אמר, C. רגת הלא אמר, wozu P. hinzufügt: (רגת?), was aber auch keinen Sinn gibt; es ist weiter nichts als der bereits gerügte Fehler, die Partikel אף mit dem nom. אף, Zorn, zu verwechseln; רגת ist nämlich = רגז. — Das. V. 19, Tw. שובך, mit Ausnahme von C. Alle עפסותך, daher Cast. עפס rediit; Uhlem., der gar das chald. עפש, putruit, vergleicht: putrefactus rediit!! Hier liegt aber bloss die S. 112 erwähnte häufige Verwechslung von ז u. ס, combinirt mit der ebenso häufigen Buchstabenversetzung und mit einem Schreibefehler vor. Für פ ist nämlich ר zu lesen: ערסותך, dieses aber ist עסרותך = עזרותך (von עזר = חזר zurückkehren), das C. auch wirklich hat.

6. 11, Tw. ותשחת, bis auf C. alle: ולפסחת, steht für ותפסחת = ואתפסחת in V. 12 das. („Stud." S. 23); es ist das ar. فسخ, verderben, welches das ursprüngliche ואתחבלת, das nur C. zeigt, verdrängt hat, während für das zweite שחת in V. 12 noch alle חבל haben.

8. 2 Tw. ויסכרו, bis auf C. Alle ואתסתיפו, weshalb Cast. u. Uhlem.: סתף, clausit, haben; es ist aber sicherlich ואתסתימו zu lesen, das gewöhnliche סתם, verschliessen.

9. 7, Tw. ושרצו, Ed. וארפסון, nach allen anderen Codd. zu emendiren וארמסון; vgl. רמס für das hebr. שרץ. Cast. u. Uhlem. haben mit Bezug auf diese Stelle nichts desto weniger: רפס, extendit.

10. 8, ist גבור in B. u. C. גיבר in T. קיצף[1]) in A. u. Ed. קיפץ übersetzt, im folgenden Verse (9) das zweimalige גבור ציד in T. קיצף ציד in A. u. Ed. קיפץ ציד. Dieses von den Wörterbüchern aufgenommene קיפץ wird von Cast. (Animadv. sam. z. St.) durch das ar. قفص, eminuit, sublimis est, erklärt. In diesem קיפץ, oder קיצף liegt aber nur der häufige Fehler vor, dass פ für נ verschrieben ist (s. ob. S. 106); es ist nämlich sicherlich קינס zu lesen, dieses aber ist قانص, قنيص oder قناص, Jäger, wie, גבור wegen des folgenden ציד übersetzt wurde, so dass קינץ ציד eigentlich „Jäger der Jagd"- oder „des Wildes" heisst; die Randglosse قانص oder قنيص hat nämlich das von B. u. C. beibehaltene גיבר verdrängt. Vgl. 27. 33 wo T. u. B. הצד übersetzen: קנץ sowie A. S., der hier in V. 9 für ציד beidemal hat: قنوص. Für dieses ציד, das die anderen Codd. beibehalten, hat wieder B. das erstemal אצאי, C. beidemale עצאי, der Empörer, von عصى, sich empören, offenbar weil sie das nom. propr. נמרוד, auf den גבור ציד sich bezieht, von מרד ableiteten. Für das zweite ציד hat B. עלוס, wahrscheinlich حلس, gross, stark, oder خليس, das dasselbe bedeutet. נמרוד selber ist mit Ausnahme von B. u. C. hier von allen anderen Codd. falsch נמקס geschrieben, an den anderen Orten aber beibehalten.

11. 4 u. 8 hat A. u. Ed. für מגדל, das die andern beibehalten,

---

[1]) Die Petermann'sche Edition hat hier fälschlich קיצף ציד für Tw. גבור, dafür im folgenden V. für das erste גבור ציד — bloss קיצף, ein offenbarer, auch durch Ed. nachweisbarer Fehler.

das erstemal לקדה, das zweitemal סלקולילה. Das Erstere wird von Cast. gar nicht, von Uhlem. „forte a לכד, expugnavit“ erklärt; letzteres von beiden aus dem Armenischen gar. Auf eine ungleich wahrscheinlichere Erklärung führt 25, 16. Das. ist בחצריהם ובטירותם in T. gar nicht, in B. u. C. בכפרניון ובטירותון, in ihren Dörfern und Schlössern; A. u. Ed. aber haben בדרביתון ובקליעתון. Ersteres ist das chald. דירא, Wohnung, dessen Plur.-Formen דירוון und דירוות zu vergleichen sind; die beiden ו sind nämlich wie gewöhnlich ב geworden (vgl. ob. S. 111); Letzteres erklärt Cast. durch das chald. קליעה, Vorhang, Zelteingang; ungleich näher liegt aber bei diesen stark arabisirenden Codd. قلعة, plur. قلاع, Castell, Feste[1]). Auch das nächstfolgende Wort in denselben Codd. ist ein offenbar arabisches Corruptel, לרומון für Tw. לאמתם, wofür לקומון zu lesen, das ar. قوم, Volk. Dieses قلعة scheint nun auch in סלקולילה (viell. אלקולעה für القلعة) und לקדה, freilich verstümmelt, zu suchen zu sein, und das um so eher als auch A. S. hier unter מגדל eine Festung, البرج, versteht, und قلعة speziell eine **hohe** Feste bedeutet, was zum Zusammenhange recht gut passt.

14. 3 Tw. חברו, alle: אדבקו, aber B. אתבחרו l. אתחברו, wie auch J. I. z. St. hat. — Dass das. V. 12 אברי, das Ed. für אחי hat, ein Fehler ist, dessen Entstehung „Stud.“ S. 23 nachgewiesen ist, beweisen die anderen Codd., die dafür אחי lesen. — Das. V. 14, Tw. וירק, alle: וזיאן, er rüstete, nur A. וסרי u. Ed. ושרו; es ist entweder das ar. سرى, eine **nächtliche** Expedition unternehmen, und zwar wegen V. 15 das.; oder es ist ז am Ende zu ergänzen, וסריז = וזריז des Onk. — Das. V. 23, Tw. חוט ist für das von Cast. aufgenommene חרפי in Ed. תפרי zu lesen; vgl. תפר, nähen, תפרא, Naht.

19. 9 Tw. ויגשו, T. u. C. וקרבו, wonach B. וסרפו zu emendiren ist וקרפו für וקרבו. — Das. V. 15, Tw. ויאיצו, T. u. C. ושבשו, d. chald. שבש, vgl. Levy s. v.; A. u. Ed. וטרסו u. B. וסרפו ist gleichmässig für וטרפו verschrieben. (Stud.“ S. 24).

20. 18, Tw. עצר עצר, A. u. Ed. עציק צוק, weshalb auch

---

[1]) In derselben Bedeutung fassen טירותם noch: J. I u. II: קסטרוותהון, lat. castrum; Saad. قصورهم und A. S. ارباضهم.

Cast. עצץ als hap. legom. „clausit" hat, was zu erklären er in den Animadv. sam. sich vergebens abmüht. Aber T. u. C. haben hier עיוק איעיק, das hebr. u. chald. עוק, syr. ܥܨܐ, ar. عاق, zusammenpressen, verengen, das auch im Samaritanischen (s. Cast. s. v.) häufig ist. Es liegt also ein durch die Aehnlichkeit zwischen [illegible] und [illegible] entstandenes Corruptel vor, und ist sicherlich עייק (ע)יוק zu lesen.

21. 8, Tw. ויגמל, B. ואתעל, l. ואתעסל = ואתחסיל des Onk.; vgl. im selben Vers ביום הגמל, B. ביום דאתעסל. — Das. V. 14 ist ואקץ, das B. für Tw. וישכם hat, nach A. u. Ed. וקרץ, früh aufstehen, zu lesen. — Das. V. 15, Tw. מן החימת, A. u. Ed. מן פלקינה, weshalb auch Cast., der gar das französ. flacon vergleicht, und Uhlem. פלקין, lagena, haben. Hier ist aber bloss das נ vom vorhergehenden מן fälschlich herübergezogen und noch dazu in פ verschrieben worden; zu lesen ist sicherlich: מן לקינה, das gr. λάγηνος, λάγυνος, lat. lagena, woraus im Chald. u. Syr. לגינה, aber auch לקנה geworden ist. — Das. Tw. ותשלך, alle: וארמת, (Onk. ורמת), nur A. u. Ed. ולקפת, daher Cast. u. Uhlem.: לקף, projecit, wozu Letzterer das ar. لقف vergleicht, das aber gerade die entgegengesetzte Bedeutung aufnehmen hat. Es ist entweder لقا (in der IV.), wegwerfen, und verschrieben für פאלקת = فالقت, das A. S. z. St. hat; oder, bei der bereits früher hervorgehobenen Aehnlichkeit zwischen ▽ und ב, das mit لقا verwandte und gleichbedeutende لقع.

22. 3, Tw. ויבקע, T. ופלג, er theilte, B. וקטה = וקטע, hauen, spalten, A. ונקס, das schwer zu erklären wäre, hätte Ed. hier nicht ונסק, das selber (vgl. „Stud." S. 24) verschrieben ist für ופסק. Levy, der Ed. für das unfehlbare sam. Trg. hält, bezieht sich (chald. WB. s. v. נסקא) auf dieses fehlerhafte, sonst nie vorkommende angeblich sam. נסק, um dadurch ניסקא, im Trg. zu Sprüch. 26. 8, zu erklären und zu retten, das aber ebenfalls hap. legom. ist, für welches Ms. Ag. offenbar richtig ניקצא liest, v. קצי, syr. ܩܨܐ, zerbrechen. — Das. V. 9, Tw. העצים, Ed. לקימצה, l. לקיצמה wie in A, das chald. קיסם, Scheit; vgl. „Stud." S. 97. — Das. V. 16, Tw. יען, A. גרזי, B. חזן, Beides in das öfter vorkommende גזרי zu emendiren; es ist das ar. جزاء, das A. S. z. St. hat. Vgl. „Stud." S. 100. —

24. 14, Tw. הטי נא, T., A. u. Ed. אמכי ני, beuge doch, C. אעתי ני, lasse doch herab, (Af. von נעת, נחת, herabsteigen) B. ארככי שבי ist offenbar nach Onk. zu emendiren: ארכני.

26. 14, Tw. ויקנאו, T., B. u. C. וקנו, A. וכנסו, Ed. וכנשו, weshalb Cast. כנש, invidit, hat. Es ist aber ופנסו zu lesen, das immer für das hebr. קנא steht und auch in den Trgg. vorkommt (vgl. „Studien" S. 25 u. 104). Auch 37. 11, wo A. für Tw. ויקנאו hat ונפסו, ist ופנסו zu lesen. — Das. V. 21, Tw. ויריבו, A. ועפלקון, nach V. 20 das. zu emendiren, wo A. für dasselbe Tw. richtig ועסקון hat. — Das. V. 25 Tw, ויכרו, Ed. וקטו; mit Bezug auf diese Stelle hat Cast. קטה, fodit, ebenso Uhlemann, der gar das ar. قصّا, قصّ, vergleicht. T. u. C. aber haben hier ועטמו, das chald. חטם, graben, das in A. u. B. עטו, syr. ܥܛܐ, geworden ist. Die mit A. übereinstimmende Ed. las sicherlich ebenfalls עטו, nur ist dieses, wegen der bereits (ob. S. 106) hervorgehobenen Aehnlichkeit zwischen ▽ und P, in קטו verschrieben worden. — Das. V. 26, Tw. ואחזת, Ed. ebenso, die Anderen: וסיעה (Onk. וסיעת), wonach A. וסיפה zu emendiren ist. Für das folgende Tw. מרעהו hat. T. רחמיו, B. מרעמה (Onk. מרחמוהי), wonach das von P. mit einem Fragezeichen begleitete דהמותה in A. einfach רהמותה = רחמותה ist.

27. 16, Tw. עורות, alle: משכי, A. שפיי, l. שכיי, nach Ergänzung des ausgefallenen מ ebenfalls משכיי. — Das. V. 37, Tw. תירוש, mit Ausnahme von T. u. A., die gleich Onk. חמר haben, alle: יביש, ein auffallendes und unerklärliches Wort, das wohl öfter vorkommt, (vgl. Cast. s. v.) aber wahrscheinlich doch bloss verschrieben ist für יריש, gleich תירוש von ירש gebildet. — Das. V. 41 hat B. allein für Tw. וישטם das auffallende נחש, das eine ungeschickte und noch dazu corrumpirte Interpolation aus Onk. zu sein scheint, der hier דבבו — נטר übersetzt, daraus mit Weglassung von דבבו und mit Verwechslung von ט und ח, נחר, das wieder נחש verschrieben wurde.

29. 15, Tw. חנם, A. מעוק l. מעון = מגון, מגן, das die anderen Codd. mit Onk. haben. — Das. V. 22, Tw. משתה, A. משטו, wozu P. bemerkt: pro משתו; ungleich näher liegt משתו, das Ed. hier hat, wozu das christl.-palästin. ܡܫܬܝܐ, Gelage, (Nöldeke, in Z. D. M. G. XXII. S. 476) zu vergleichen ist. ܡܫ

und ܝ können sehr leicht verwechselt werden, ב ist verschrieben für ת. — Das. V. 23, Tw. ויקח, B. וכנשב, mit Hinweglassung des überflüssigen כ, ונשב = ונסב, das die And. haben.

30. 37, Tw. מחשף, A. רסוף, l. רסום = רשום das die And. haben. — Das. V. 40, Tw. וכבשים, A. ועסיריה, l. ועמיריה für ואמיריה der anderen Codd. — Das. V. 41 ist das von Schafen gebrauchte המקשרות von קשר abgeleitet und, sinnlos genug, in A. קטיריה, Ed. קטיראתה, die Gebundenen, übersetzt, wonach das sonst unverständliche יטיראתה in T. u. B. zu emendiren ist.

31. 7, Tw. התל, Ed. דשקר, woraus Uhlemann ein quadrilit. „דשקר, i. qu. שקר“ macht; alle Anderen haben gleich Onk. u. J. I. שקר; so, oder אשקר (Af.) ist auch in Ed. zu lesen. — Das. V. 18, Tw. וינהג, alle: ודעק (Ed. ודהק) = דחק, ar. دعق, antreiben; A. hat das an sich unerklärliche ואחיך. Aber V. 26, das., wo die And. für Tw. ותנהג ebenfalls ודחקת, ודעקת, hat A. wieder ואחיקת, wofür offenbar ודחיקת zu lesen ist; ebenso hier für ואחיך — ודחיק. Das Tw. רכושו אשר רכש, A. כסיפה דנסף, l. נכיסה דנכס, so wie A. im selben Verse für קנינו אשר רכש hat: נכסתה דנכס; es ist das chald. ניכסא, syr. ܢܟܣܐ, Güter, Vermögen, in welchen Sprachen aber ein Verb. נכס, Güter erwerben, nicht vorkommt, das A. um רכש — רכושו nachzuahmen, sich aus ניכסא eigenmächtig gebildet hat. Das. לעלון, das A. für לבוא hat, ist Druck- oder Schreibefehler für das gewöhnliche: לעלול. — Das. V. 19, Tw. לגזז, A. למנשש l. למגשש für למגזת das T., B. u. Ed. haben. — Das. V. 21, Tw. ויברח, A. וסרק l. וערק. Das. Tw. ויקם A. וספט l. וספק für וסקף (s. Cast. s. v.) das hebr. זקף. — Das. V. 27 Tw. בשרים, T., A. u. C. ברבינים, B. u. Ed. ברבנים, Uhlem. (Chrest. z. St.) vermuthet, der Uebersetzer habe ושָׂרים, Fürsten, gelesen, was ihm, so wenig passend es auch ist, wohl zuzutrauen wäre. Wahrscheinlich ist aber einfach ברנינים und ברננים zu lesen, das chald. רננא, Jauchzen, Gesang, was dem Tw. בשִׁרים vollständig entspricht. — Das. V. 28, Tw. נטשתני, T. u. B. gleich Onk. שבקתני, A. כטרתני, Ed. כתרתני. Letzteres ist das Richtige, aber auch versetzt für תרכתני; es ist nämlich das ar. ترك, lassen, zugeben. — Das. V. 34, Tw. בכר, die And. ebenso, A. u. C. באיסף l. באיכף, chald. אוכף, איכף, ar. اكاف, Sattel. — Das. V. 40, Tw. וקרח, alle: וצנתה, wonach A. וצ ונה zu corrigiren ist: וצנונה oder וצנותה. — Das. V. 51

hat der sam.-hebr. Text die schlechte Leseart יראתי, daher C. u. Ed. sinnlos genug: דחזית, die ich gesehen habe („Stud." S. 39); T., A. u. B. haben דחרזית; dieses könnte man zwar durch das talm. u. syr. חרז, eigentlich durchbohren, dann: anordnen, verfertigen, als dem יריתי des jüd.-hebr. Textes entsprechend gefasst werden; wahrscheinlicher aber ist die sam. Leseart יראתי auch hier massgebend gewesen, und, mit Hinweglassung des ר, einfach ebenfalls דחזית[1]) zu lesen.

32. 1 (2) Tw. ויפגעו, alle: ופגעו, nur A. ואעטו l. ואערו; vgl. Onk. וערעו u. J. I. וארעו. Ebenso ist das. V. 17 (18) יטעכך, das A. für יפגשך hat, zu corrigiren: יערעכך, mit Elision des ersten ע = יערעכך des Onk.

37. 26, Tw. בצע, Ed. אכחה, das Cast. u. Uhlem. so aufnehmen und lucrum übersetzen; alle anderen lesen aber חכאה, was das Richtige ist; es ist nämlich das, von dem chald. und syr. הנא nützlich sein, abgeleitete, im Talmud und Midrasch häufige הנאה, Nutzen. Vgl. Onk. z. St. מה ממון מתהני לנא unb J. I. מה הניית ממון.

38. 14, Tw. צעיף, A. רדפה verschrieben für רדדה, Schleier, das J. I. z. St. (רדידא) hat. (זהרה) זהר, das T., A. u. Ed. für צעיף haben ist ebenfalls verschrieben und zwar für זדרה, זדר, das aus *σουδάριον*, sudarium, abgeleitete chald. u. syr. סודרא, Tuch, Schleier.

39. 6, Tw. מאומה, A. מאדם l. מדאם für מדעם, Nichts, in T. u. B. Das. V. 11, A פעלכתה l. פלעכתה = פלחכתה, seine Arbeit.

41. 4 u. 7, Tw. וייקץ und das. V. 21, ואיקץ, alle: ואתעיר und ואתעירת, A. überall ואתפורר, consequent verschrieben für ואתעורר. — Das. V. 33, Tw. וחכם, A. וחסיד, fromm; dieses könnte, weil auf Josef sich beziehend, wohl eine tendentiöse freie Uebersetzung sein, um den Stammvater der Samaritaner zu glorifiziren; aber V. 39 das. hat A. für dasselbe Tw. das entsprechendere ועסם = عسمى, Einer der seine Angelegenheiten klug ordnet, schlau ist, wonach hier וחסיד zu lesen ist וחסים = ועסים. —

[1]) Dass A. S. التى القيت nicht die Leseart des sam. Pentat., sondern יריתי übersetzt, beweiset Nichts für das sam. Trg.; solche Fälle sind bei A. S. nicht selten (vgl. Kuenen a. a. O. S. 24) u. wahrscheinlich auf den Einfluss zurückzuführen, den Saad'.s Bibelübersetzung direct und indirect auf die seinige geübt hat.

Das. V. 35, Tw. ויקבץ, A. ויסרך l. ויסרב für ויסבר, das A. im selben Verse nochmals hat, aber wieder verschrieben: וירטבר, es ist nämlich סבר = צבר, oder, was für A. wahrscheinlicher ist, direct das ar. صبر des A. S. z. St. Ed. hat dafür וישת, worunter Cast. s. v. שתת mit Recht ein Corruptel für וצמח vermuthet, das die anderen Codd. haben; [Samaritan] für [Samaritan], [Samaritan] für [Samaritan] und [Samaritan] für [Samaritan] verschrieben. Ed. hat nämlich an allen anderen Stellen für das hebr. קבץ ebenfalls צמח, Uhlem. hat nichts desto weniger: שתת, fut. ישת posuit, collegit.!! — Das. V. 36, Tw. לפקדון, T. u. B. לסרכן = לצרכן, das chald. צורכא, צורכנא, Bedarf, Ed. לסרמון ist entweder ebenfalls לסרכון zu emendiren, oder, wie „Stud." S. 26 vermuthet ist למסרון; vgl. Levit. 6. 4 את הפקדון אשר הפקד Ed. ית אמסרונה דאמסר; A. hat das Tw. hier ähnlich gefasst למימן = למהימן, zum Anvertrauten.

42. 17, Tw. במשמר, A. בשפלופי nach 43. 12 zu emendiren: בשפועי = בשפואי. — Das. V. 19, Tw. הביאו, Ed. ועיבלו, weshalb Cast. s. v. עבל hat: עיבלו, ferte, asportate, ebenso Uhlem. s. v. עיבל, was als denom. von עבל = חבל, Strick, (!) erklärt und mit sammt dieser abentheuerlichen Erklärung in seiner Grammatik § 17. 4, B. als Beispiel figurirt. Es ist aber nichts als ein gewöhnlicher Fehler; ע steht nämlich für א und ist zu lesen: ואיבלו, wie C. in der That ausdrücklich hat; es ist die in allen verwandten Sprachen gewöhnliche Wurzel יבל, hebr. (Hif.) הוביל, chald. (Af.) אוביל, syr. ܐܘܒܠ, bringen, tragen. — Das. V. 36, Tw. שכלתם, T., B. u. Ed. חכלתם (Onk. אתכלתון, vgl. ثكل), wonach A. עקלתון zu verbessern ist: חכלתון; ע ist nämlich verschrieben für ח und ק steht fälschlich für כ; vgl. 43. 14, Tw. שכלתי, A. חכלית. — Das. V. 38, Tw. ביגון, die meisten Codd. בגנד, ar. غنى, beängstiget, gequält sein, غناء, Beschwerde, Qual; vgl. 37. 34 ויתאבל A. ואתגני und das. V. 35 אבל — גנר. Für dieses בגנר hat hier Ap. בגסר (ב für כ), woraus A. sogar בקסוס gemacht hat.

43. 1, והרעב כבד, A. hat das erste Wort arab., nämlich: וסנוה (= سنهة, سنواء) יקיר, Ed. das zweite, nämlich: וכסנה יטם; dieses von Cast. u. Uhlem. aufgenommene, aber nicht erklärte יטם scheint, obwohl es in Ed. noch einigemal vorkommt, ein wiederholtes Corruptel für עטם = عظم zu sein, das A. S. hat. — Das. V. 2 Tw. שברו, Ed. כרו und das. V. 4 ונשברה, Ed. ונכור,

in Folge dessen Cast. u. Uhlem. כרה oder כיר, emit, wozu sie das hebr. כרה und das ar. كرا und كرى vergleichen. Hier ist aber כ verschrieben für מ und einfach מרו und ומרו zu lesen. Das hebr. שבר, Getreide kaufen, ist nämlich auch von Ed. an allen anderen Stellen durch מור gegeben (syr. ܡܪ, ar. مار), das die anderen Codd. auch hier haben. — Das. V. 11 hat A. für das dreimal vorkommende מעט das erste und dritte mal קטט, das zweitemal קטף, l. קטע = قطع, Abschnitt, Theil, also: ein Schnitt (Stück) Wachs, Honig u. s. w.; dieses in קטף verschriebene קטע ist an den beiden anderen Orten קטט versetzt. — Das. V. 12, Tw. אמתחתיכם, A., das dafür sonst (s. B. 42. 27 u. 28) gleich Onk. טענה hat, עפיכיכון, zu lesen: עכימיכון, das ar. عكم, Tragkorb, Gepäck (A. S. z. St. اعكامكم), das A. in samaritanische Formen giesst. — Das. V. 16, Tw. והכן, A. והספי, l. והכני. — Das. V. 23 ist קפצה, das A. für מטמון hat, wahrscheinlich zu lesen: קנצה für גנטה, גנזה, chald. גניז, das Verborgene, der Schatz. — Das. V. 30, Tw. וימהה, A. ואחוי l. ואוחי. — Das. V. 34, חמש ידות, A. חמש כופין l. מונין = גונין.

48. 2, Tw. וישב, A. וגפס, l. וגלס = وجلس des A. S. — Das. V. 17, Tw. ויתמך, A. וסמך, C. ותמך, wonach T. ומהך u. Ed. ומכך zu emendiren ist.

49. 4. hat Ed. für יצועי — יעוצי, deshalb. Cast. u. Uhlem. „עידץ, lectus" haben, wozu Letzterer gar das ar. عيص, lustrum leonis, vergleicht; hier ist aber, wie so oft, das hebräische Wort beibehalten und יעוצי verschrieben für יצועי, welches das mit Ed. in der Regel übereinstimmende A. ausdrücklich hat. — Das. V. 9, Tw. גור, A. שלפיף, scheint ein Corruptel von شبل, junger Löwe, zu sein, das A. S. hat. — Das. V. 11 Tw. לשרקה, T., B. u. Ed. לריקה l. לסריקה, das A. in לספיקה corrumpirt hat. — השפיעה, das A. V. 15 für טוב hat, ist zu lesen השפירה = אשפירה, schön, gut. — Das. V. 25, Tw. שדים, Ed. קדים; daher Cast. und Uhlem. (Letzterer vergleicht gar das ar. قد): קד = mamma; es ist aber, wie schon Nöldeke (in Geiger's Zeitschr. a. a. O. S. 212) vermuthet und alle anderen Codd. beweisen, einfach תדים zu lesen.

X. Uebersetzung von Eigennamen.

Im Anschlusse an diese fehlerhaften Lesearten, deren Zahl sich in den folgenden Auseinandersetzungen noch namhaft vermehren wird, sollen hier einige Uebersetzungen von Eigennamen besprochen werden. Viele der auffallendsten dieser Uebersetzungen, für welche man die weitest hergeholten Erklärungen versucht hat, sind nämlich ebenfalls auf solche Corruptelen zurückzuführen.

Dass נהר שלמאה 15. 18 für נהר פרת eine am unrichtigen Platze angebrachte Interpolation aus Onk. sei, ist schon oben (S. 119) nachgewiesen worden. Aehnlich scheint es sich mit dem sonderbaren פישון קדוף zu verhalten, welches 2. 11 sämmtl. Codd. für פישון haben. Das neben dem beibehaltenen Tw. פישון erscheinende קדוף ist offenbar eine in den Text eingedrungene Glosse. Morin. und Hottinger erklären es durch das ar. قذف, evomere, als einen Fluss, der sich in einen anderen ergiesst, und Cast. s. v. durch dieselbe arabische Wurzel, quia navigationi commodus, was Winer (a. a. O. S. 39) einfach registrirt. Zu solchen abentheuerlichen Erklärungsversuchen musste man allerdings greifen, so lange man von der Textesbeschaffenheit der einzelnen Codd. keine richtige Anschauung hatte, und jede noch so sonderbare Form in Ed. auf irgend eine Art und Weise erklären zu müssen glaubte. Wie die Dinge heute liegen, muss man in jeder fremdartigen, auffallenden Form, statt sie mit aller Gewalt, so wie sie vorliegt, als sam. zu erklären, ein Corruptel, oder eine Interpolation, oder gar Beides zusammen suchen; die ursprüngliche Uebersetzung aber in den, von einzelnen Codd. aufbewahrten, einfachen und dem in Palästina üblichen aramäischen Idiome am nächsten kommenden Lesearten. So hat auch hier das Petersb. Fragm. dieses קדוף nicht, sondern einfach: פישון allein. In diesem קדוף aber vermuthe ich eine, nach der Analogie des erwähnten נהר שלמאה entstandene, Interpolation, die dazu noch corrumpirt ist. Onk. übersetzt nämlich das unmittelbar darauf folgende הוא הסבב — הוא מקיף, richtiger: דמקיף, wie im J. I. Die Codd. des sam. Trg. haben hier הו הסחר, wofür Jemand entweder nach Onk., oder selbstständig das gleichbedeutende דמקיף oder דאקיף an den Rand vermerkt haben mag, was ein späterer Abschreiber fälschlich auf das vorhergehende פישון bezogen und neben diesem in den Text aufgenommen hat. דמקיף oder דאקיף wurde nach und nach, wer weiss von der wie vielten Hand! in קרוק corrumpirt, was samaritanische Copisten überhaupt, besonders aber bei einem an dieser Stelle keinen Sinn ergebenden Worte leicht passiren konnte. Diese Erklärung mag auf den ersten Blick sehr weit hergeholt erscheinen; wird aber Jedem, der die fast unglaublich verwahrloste Textesbeschaffenheit der sam. Codd. genauer kennt, wahrscheinlicher sein, als jede künstliche grammatische, oder auf Vergleichung verwandter, oder gar fremder Sprachen beruhende.

Entschieden falsch ist לילק, wie A. u. Ed. 11. 9, das nom. propr. בבל übersetzen, in welchem selbst Winer (a. a. O. S. 58, Anm. 71) einen Fehler, und zwar: דילק, vermuthet, weil A. u. Ed. das. V. 7 für Tw. ונבלה haben: ונדלק. Aber dieses selber gibt keinen Sinn, denn דלק heisst: brennen, dann verfolgen, nicht aber „perturbavit“ wie Cast. u. Uhlem. wollen; wahrscheinlich ist ונפלק zu lesen, das entweder فلق, fidit, diffidit, ist, was bei der stark arabisirenden Tendenz dieser Codd. nicht unwahrscheinlich ist; oder es ist gleich: ונפלג, wie Pesch. z. St. hat, wofür wieder der Umstand spricht, dass das Geschlecht der babylonischen Thurmbauer, von dem hier die Rede ist, in der Midrasch-Literatur דור הפלגה, Geschlecht der Theilung, scil. Sprachentheilung, heisst.[1]) Dass ונדלק falsch ist, beweist noch V. 9 das., wo Tw. בלל eben von A. u. Ed. פלי übersetzt ist, was entweder ebenfalls פלג zu lesen, oder das chald. פלא, פלי, (verwandt mit פלה) ist, das im Talmud (vgl. Levy s. v.) häufig die Bedeutung: sondern, spalten hat. לילק für בבל kann also keineswegs von diesem דילק = ונדלק erklärt werden. לילק ist vielmehr in diesen beiden von arabischen Interpolationen wimmelnden Codd. ein Corruptel für العراق. So übersetzt nämlich A. S. 11. 2, שנער, welches aber, nach 11. 2, der frühere Name von בבל war.

Für ארע כופין, wie 2. 13 alle Codd. ארץ כוש übersetzen, ist sicherlich כושין zu lesen, das nur noch das Petersb. Fragm. hat. Ebenso für צופה, das T., A. u. Ed. 10. 10 für שנער haben, צובה (s. Winer, a. a. O. S. 57), das auch in הצפו 2. 11, für אשור zu suchen ist. — טסכן קרתה, das T. u. A. 10. 11, für רחבות עיר haben, ist verschrieben für סטכן קרתה, das Ed. hat.

---

[1]) Vgl. die von Beer, Leben Abrahams, S. 108, Anm. 33 angeführten Talm.- und Midraschstellen.

רחבות ist nämlich schon von Onk. (רחובי קרתה), J. I. und II. (פלטייתא, פליטיאת, *πλατεῖα*) und Vulg (plaetas) von רחב, breit, respective רחוב, Strasse, offener Platz, abgeleitet. Dasselbe haben auch sämmtliche Codd. des sam. Trg. gethan; סטכן, das die erwähnten drei Codd. haben, ist = שטחן, von שטח, ar. سطح, ausbreiten; B. u. C. פתי (פתאי) קרתה, vom chald. פתא, breit sein; ähnlich A. S. رحبة المدن. — עסטון, das T., A. u. Ed. das. für אשור haben, ist schwerlich das pers. استان, oder Arowestan (Winer, a. a. O. S. 50), sondern wahrscheinlich עסור = אשור zu lesen, das B. u. C. haben.

Für פדנה ארם, 28. 2 u. 5 hat T. u. A. לקיץ ארם, das. V. 6, hat T. dafür das hebr. Wort beibehalten, aber A. פליץ; V. 7. das. haben T. u. A. gar beide Lesearten und mitten drin noch eine Glosse, nämlich: לקיץ ניפוק פליץ. Für das vorhergehende וילך, das die anderen Codd. ואהך, ואזל geben, hatte ein Exemplar ונפק, das als Glosse zwischen לקיץ und פליץ kam, die als schwankende Lesearten, von denen eine eine Randglosse zu der andern war, beide in den Text kamen. Eine Erklärung habe ich weder für das eine noch für das andere dieser Worte. Sollte man bei לקיץ vielleicht an das gr. *κοιλός*, Coelesyria, denken dürfen? Aehnlich, aber leichter nachweisbar, wie hier ניפוק, ist 26. 2, לנפיק entstanden, das Ap. u. Ed. für מצרימה haben. Deshalb auch Cast. נפיק, Egyptus, das sogar Winer (a. a. O. S. 59) als specifisch samaritanische Bezeichnung für Egypten so zu erklären sucht, dass es eigentlich „Auszug“ bedeute, „ob nobilem illum Israelitarum ex hac terra discessum“. In demselben Verse ist nämlich אל תריד übersetzt אל תיעת (= תיחות v. נחת); ein Exemplar hatte dafür am Rande eine aus נפק, hinausgehen, gebildete Form, die von einem unvernünftigen Abschreiber statt מצרימה als לנפיק in den Text aufgenommen wurde.

Das nom. propr. גשן, das sonst immer von allen Codd. beibehalten wird, ist 50. 8, von A. פילן übersetzt; vielleicht Philae in Südegypten. Da aber die geographische Lage desselben nicht entspräche, wahrscheinlicher ein Corruptel für פילסן = פילוסין (*Πηλούσιον*), das J. I. öfter für רעמסס hat.

Interessant ist noch die Uebersetzung des, sonst von allen Codd. beibehaltenen, Frauennamens דינה 30. 21, in A. חכמה. Das Wort ist nämlich von דין, richten, דַיָּן, Richter, abgeleitet und חכמה,

eine Feminin.-Form von حكم, Richter, also דַיָּנָה(!), Richterin.

Aehnlich pflegen auch Ortsnamen als appellativa gefasst und übersetzt zu werden. So מִשָׂא, das מַשָׂא gelesen, von נשא, tragen, abgeleitet und מסבל übersetzt wurde; בית לחם, 35. 19, בית מזון, Haus der Speise. Vgl. noch zu דחלת פראן 14. 6, für איל פארן oben S. 143, zu der Uebersetzung von רחבות 26. 22, oben S. 144 und zu der von גל עד 31. 47 u. 48, oben S. 145.

XI. Wort- und Sacherklärungen.

Bevor wir die Consequenzen der bisher gewonnenen Resultate ziehen, mögen hier noch einige Wort- und Sacherklärungen ihre Stelle finden, wobei jedoch die, später gesondert zu besprechenden, tendentiösen Uebersetzungen vorläufig unberücksichtiget bleiben.

Das räthselhafte טלמס oder טלמץ, das 1, 1 u. 2. 3 u. 4, sämmtliche Codd. für das hebr. ברא haben, trotzt allen bisherigen Erklärungsversuchen. Mit צלם, wie ich „Stud." S. 99 und später auch Petermann (Glossar s. v.) angenommen, hängt es gewiss nicht zusammen, und zwar weniger wegen des von Nöldeke (in Geigers Zeitschr. a. a. O. S. 209) als unstatthaft gerügten Wechsels von צ und ט, was einem samaritanischen Abschreiber als Fehler wohl zuzutrauen wäre, als wegen des ס oder צ am Ende, mit dem ich nichts anzufangen wüsste, nachdem ich von den, das. S. 96, angenommenen, dem samaritanischen Idiome eigenthümlichen, sonst ungewöhnlichen Bildungsbuchstaben zurückgekommen bin, da sich die dafür angeführten Beispiele alle als Fehler oder als fremdsprachliche Elemente erweisen. Die Vermuthung Nöldekes (a. a. O. das.) dass es mit طلسم, Talisman, dem arabisirten τέλεσμα zusammenhänge, ist möglicher Weise richtig; aber gewiss nicht in dem von ihm angenommenen Sinne, als ob die Samaritaner die Schöpfung durch irgend einen Zauberakt vor sich gehen liessen. טלמס wäre dann ein späteres arabisches Einschiebsel für das ursprüngliche, an allen anderen Orten auch hier beibehaltene, ברא. Die späteren Samaritaner aber, besonders zur Zeit der Araber-Herrschaft, betonen ihren reinen Gottesglauben viel zu scharf, und weisen jede gegen diesen erhobene Anklage viel zu energisch zurück [1]), als dass sie selber eine solche, ihren Tendenzen widersprechende, Correctur in ihre Pentateuch-Uebersetzung gebracht haben sollten. Wahrscheinlicher scheint Folgendes.

Die, wahrscheinlich vom Sectenhass eingegebene Anklage der Juden, dass die Samaritaner dem Götzendienste huldigen, ist bekannt. [2]) Am öftesten und bestimmtesten taucht die Behauptung auf, die Samaritaner beteten eine Taube an. Im Talmud, Cholin 6 a, wird als Grund der gegen sie eingeführten strengen Ausschliessungsgesetze angegeben: דמות יונה מצאו להן בראש הר גריזים שהיו עובדין אותה „man hat das Bild einer Taube bei ihnen gefunden auf dem Gipfel des Berges Garizim, das sie angebetet haben.“ Diese Anklage scheint insofern wenigstens nicht aus der Luft gegriffen zu sein, als irgend eine geschichtliche Thatsache einen äusseren Anlass geboten hat, auf Grund dessen sie erhoben werden konnte. Die Samaritaner erzählen nämlich selber von einem ehernen Vogel, الطير النحس, der zur Zeit der Römerherrschaft auf dem Gipfel des Garizim errichtet ward; nach der einen Version (liber Josuae, edit. Juynb. Cap. XLVIII.) von Zauberern im Auftrage der Römer, welche die Samaritaner dadurch von dem Besuche des heiligen Berges abhalten wollten, während eine andere Version (das. C. L.) diese Thatsache mit dem Götzendienste der Samaritaner in Zusammenhang bringt, obwohl sie sie direct ebenfalls auf die Römer zurückführt. Dieser eherne Vogel wird hier ausdrücklich طلسم genannt, auch Abulfath, der in seinen Annalen diese Geschichte ebenfalls erzählt, nennt ihn (S. 141 des arab. Textes der Vilmar'schen Edit.) طلسم, Talisman, eigentlich „Zauber-“ oder „Götzenbild,“ in welcher Bedeutung das griechische *τέλεσμα*, durch Vermittlung des arab. طلسم, auch im Neuhebr. als טלמוסא, טלמסאין (vgl. Buxt. lex. s. v.) vorkommt. Nun erhebt Ibn-Esra, in der Einleitung zu seinem Commentar zu Esther, gegen die Samaritaner den Vorwurf, sie schrieben Gen. 1. 1, statt „im Anfange erschuf Gott“, erschuf Aschima (כאשר עשו הכותים

[1]) Vgl. das Scholion des A. S. zu Exod. 20. 23.

[2]) Vgl. Millii „Dissertationes selectae etc. Lugd. Batav. 1743, Dissertatio XIV: de caussis odii Judaeos inter atque Samaritanos, S. 444 flg. und Kirchheim, כרמי שומרון S. 23 flg.

(שכתבו תחת ברא אלהים ברא אשימא). Dieser Vorwurf mag allerdings darauf zurückzuführen sein, dass die Samaritaner für den Götternamen, gleich den Juden (השם), gewöhnlich اسم zu sagen pflegen, womit der II. B. Kön. 17. 30, erwähnte Götze der alten Samaritaner verwechselt wurde. Aber die Anklage bestand einmal, und war gewiss weit verbreitet, wenn Ibn-Esra sie an dieser Stelle so zu sagen bei den Haaren herbeizieht, um sie nur anzubringen.[1]) Da aber die späteren, arabisch redenden Samaritaner den ihnen imputirten Götzen, wie wir gesehen, als طلسم zu bezeichnen pflegen, ist es sehr leicht möglich, dass Einer von ihnen, mit Bezug auf die, auch von Ibn-Esra reproduzirte Anklage, zum ersten Verse der Bibel, wo ihr Targum thatsächlich nicht ברא אשימא übersetzt, das Wort طلسم anmerkte, in der Absicht, darauf hinzudeuten, dass man die Samaritaner fälschlich beschuldige, hier als Weltenschöpfer statt Gott irgend einen Götzen, طلسم, anzugeben; vielleicht als Notiz, die ihn erinnern sollte, an dieser Stelle ein diesbezügliches polemisirendes Scholion zu schreiben, wie deren in der Uebersetzung A. S'.s bekanntlich viele vorkommen. Diese Randglosse mag später, wie so manche andere, von der das bereits oben (vgl. S. 119, 160, 162 u. a.) nachgewiesen wurde, von einem unvernünftigen Abschreiber fälschlich auf ברא bezogen worden, und an dessen Stelle als טלמס in den Text gebracht worden sein, das per metathesin ebenso aus طلسم wurde, wie das neuhebr. טלמוסא. Irgend einem ähnlichen Vorgange, der sich heute natürlich nicht mehr bis zur Evidenz nachweisen lässt, verdankt dieses sonderbare טלמס seinen Ursprung; ein specifisch sam. Wort für „erschaffen" ist es gewiss nicht. Mit Ausnahme der oben erwähnten Stellen und 6. 7, wo aber C. schon ברא hat, ist auch in den ersten Capp. der Gen. ברא beibehalten. Das Petersb. Fragm. zeigt gerade an diesen Stellen Lücken, doch bin ich überzeugt, dass es nirgends טלמס hatte, und dass dieses Wort in etwaigen anderen älteren Exemplaren oder Fragmenten des sam. Trg. auch nicht gefun-

---

[1]) In der „Monatsschr. für Gesch. u. Wissenschaft d. Judenth." v. Frankel-Graetz habe ich, Bd. XXII. S. 478 flg., eine andere Stelle (zu Exod. 7, 16) angeführt, wo Ibn-Esra gegen die Samarit. polemisirt, und fände diese in der hier erwähnten Stelle ein Analogon.

den werden wird. In anderen samaritanischen Schriftwerken kommt es meines Wissens nie und nirgends vor.

Zu עפלק, das 2. 9, für נחמד steht, vgl. „Stud.“ S. 104; 3. 6, steht dafür וסקיף, verschrieben für וקסף, das Ed. hat, dasselber für וכסיף steht, das hebr. und chald. כסף, wünschen, gelüsten. — Das. V. 23, ist das nur hier vorkommende דה הסמקת für זאת הפעם sicherlich ein Corruptel, in welchem, bei dem gewöhnlichen Wechsel zwischen ז und ס, סמן = זמן zu suchen ist, etwa: דה הסמְנה, mit Beibehaltung des ה von הפעם, dem הדא זמנא des Onk. z. St. entsprechend und dem דה זבנה, das C. hier hat. In diesem Verse kommt noch ein auffallendes hap. legom. vor, u. z. שירק משירוסי für עצם מעצמי. Die ursprüngliche Leseart hat wieder C. aufbewahrt: גרם מגרמי; das schwierige שירק, das nach Cast. gar **ungarisch!** oder **anamitisch!** sein soll, ist sicherlich eine spätere Correctur, vielleicht شافة, in der abgeleiteten Bedeutung: Wurzel (vgl. أستاصل الله شافته), als Auflösung des hebr. Tropus so viel als: Wurzel von meiner Wurzel. Um solche und ähnliche Vermuthungen näher begründen zu können, müsste man eine genaue Vorstellung von dem Arabischen haben, das die Samaritaner redeten, als diese Sprache sich bei ihnen einzubürgern begann; immerhin aber darf es als Regel gelten, dass man eher zu solchen Vermuthungen als zu der Annahme greifen darf, ein solches, in keiner der verwandten Sprachen vorkommendes, hap. legom. sei ein richtiges, specifisch sam. Wort, wie als solches z. B. dieses שירק in allen Wörterbüchern Aufnahme gefunden hat.

3. 8, steht für Tw. מתהלך in allen Codd. מתיזל יתקולן, wesshalb Cast. s. v. קול auch wirklich hat: אתקול, appellatus est; während Uhlemann (Chrest. z. St.) dieses Wort, mit dem er nichts anzufangen weiss, einfach weglässt. Hier liegt offenbar eine doppelte Uebersetzung vor; die wörtliche ist durch מתיזל (von אזל, gehen) gegeben, schien aber einem Leser unpassend, der dieses Wort auf das vorhergehende קול bezog und es sonderbar fand, dass eine Stimme **gehen** sollte. Er bemerkte desshalb, dass מתהלך zu übersetzen sei: יתקולן, das irgend eine, wahrscheinlich corrumpirte Form von قال, etwa يتقوّلا, oder متقوّلا, ist, in dem Sinne: sie haben die Stimme Gottes **redend** gehört. Dieses יתקולן kam

durch Ungeschicklichkeit eines Abschreibers später zu dem ursprünglichen מתיזל in den Text. — Das. V. 12, אשר נתת עמדי, mit Ausnahme von C., Alle: דאתנחת לי עמי, weshalb auch Cast. und Uhlemann תנח, dedit. haben. אתנחת ist aber Ethp. 3. Pers. sing. fem. von נחת, also: die Frau, die mir zugeführt worden ist. In der ursprünglichen wörtlichen Uebersetzung דיהבת, die C. noch hat, wurde nämlich der indirecte Vorwurf gegen Gott erblickt: die Frau, die du mir gegeben hast, hat mich zur Sünde verleitet, was auch der Talmud (Abod. Sarah 5 b) als unpassend tadelt.[1]) Für diese Annahme spricht schon die doppelte Leseart: לי עמי, welche Uhlemann (Chrest. z. St.), der nicht einmal eingesehen, dass hier eine Glosse vorliegt, vergebens zu erklären sucht. Dem ursprünglichen דיהבת folgte, dem Tw. עמדי entsprechend, עמי, das C. richtig hat; als dieses später durch דאתנחת verdrängt wurde, liess man diesem das entsprechendere לי folgen, das zu dem alten עמי in den Text kam. Eine samaritanische Wurzel תנח, geben, die Petermann (Glossar s. v.) annimmt, existirt nicht.

4. 21, תפש כנור ועוגב, alle bis auf C: עפס פליכסה וקטלוס צנגה ועמרה. Für עפס, das Cast. als hap. legom. = tetigit, tractavit, hat, ist offenbar חפס zu lesen, das auch im chald., wie hier, dem hebr. תפש entspricht C. hat dafür אחד, das chald. אחד, hebr. אחז, ergreifen. Für כנור ועוגב sind hier zwei verschiedene Uebersetzungen zusammengeflossen; für diese beiden Worte stehen hier nämlich vier. Die beiden ersten sind, auch in die verwandten Idiome eingedrungene, Gräcismen: פליכסה (Ed. פלכיסה), syr. ܦܠܟܐ, ist πλῆκτρον; קטלוס, chald. קתרוס — κίθαρις; von den beiden letzteren ist צנגה[2]) wahrscheinlich חנגה zu lesen, ein

[1]) A. S. z. St. التى جعلت معى ist, diesem דאתנחת entsprechend, wahrscheinlich passiv — جعِلت — zu fassen, sonst müsste جعلتها stehen.

[2]) „Stud." S. 32 habe ich dieses Wort als „kuthäische Wurzel" durch das persische جنگ erklärt, was Nöldeke in seiner Recension (a. a. O. S. 209) auch acceptirt. Persische Wörter kommen aber in dem ursprünglichen Samarit. absolut nicht, in dem spätem nur dann vor, wenn sie das Arabische vermittelt hat. So ist auch hier צנגה, wenn man es nicht in das naheliegende חנגא emendiren will, eher das, dem pers. سنج entlehnte, صنج, oder gar ونج, das A. S. z. St. hat; als das pers. جنگ. Ebenso ist כירק 3. 6, das

Musikinstrument, das im Talmud und in den Targumim oft, in Letzteren, so wie hier, dem hebr. כנור entsprechend vorkommt (vgl. Levy, chald. WB. s. v. חיננא), in עמרה vermuthete ich schon „Stud." S. 32 זמרה, das chald. und syr. זמרא, Saitenspiel, das C. auch wirklich hat. — Das. V. 23 übersetzen den Schlusssatz, mit Ausnahme von C., alle: גבר קטלתי לדחרתי וילד לעסורתי, daher Cast. דחר = דקר nimmt und דחרה, perfossio, hat, was aber sonst nie vorkommt. Das Richtige scheint wieder C. zu haben לרחלתי, zu meiner Furcht, vielleicht eine Anspielung auf die bekannte Sage, welche diese Worte auf Kajin bezieht, den Lemach für ein wildes Thier gehalten und erschossen hat (vgl. Midr. Tanch. z. St.). עסורתי, das hier für Tw. חבורתי steht, ist nicht, wie Cast. u. Uhlem. meinen, molestia, damnum, sondern eine von חבר, verbinden, abgeleitete Uebersetzung dieses Wortes, עסר = אסר Dass diese, bereits „Stud." S. 51 ausgesprochene Vermuthung eine richtige ist, beweist wieder C., das deutlich hat: לרביקתי, zu meiner Verbindung.

6. 3, לא ידון רוחי, mit Ausnahme von C., das die hebr. Worte beibehält, alle: לית ילקטן עובדי, was Cast. übersetzt: opus meum non projiciet, indem er zu לקט das ar. لقا vergleicht, Uhlem. (Chrest. z. St.) und Winer (a. a. O. S. 31) nach de Sacy: non adhaerebit, indem sie لفق herbeiziehen. Zum Richtigen führt A. S., der hier übersetzt: لا ينغمد فيضى فى الانسان, nicht soll verborgen bleiben meine Gottesgabe. Ein Scholion z. St. erklärt, unter فيض sei die Seele verstanden, unter انغماد die Dauer ihrer Verbindung mit dem Körper. .... (المراد بالفيض النفس والانغماد طول صحبتها للجسد). Die eigentliche Bedeutung von غمد ist „Etwas (ein Schwert, Messer) in die Scheide (غِمد) stecken", der Sinn demnach: die Seele soll nicht mehr im menschlichen Körper, gleichsam wie in einer Scheide stecken bleiben", wozu die Talmudstelle, Synh. 108 a zu vergleichen ist שלא תהא נשמתן חוזרת לנדנה, damit ihre Seele nicht zurückkehre in ihre Scheide, d. h. in den Körper. A. S. hat demnach ידון von dem

---

ar. ناف, نيف, nicht aber, wie Nöldeke (a. a. O. das.) meint, die Pehlevi-Form „nâvak".

chald. כדנא, hebr. נדן, Scheide, abgeleitet[1]) was übrigens auch der Karäer Ahron b. Elijah (Nikomedio) thut, der in seinem כתר תורה z. St. ausdrücklich sagt: כטעם וישב חרבו אל. לא ידון כדנה, d. h. לא ידון hat dieselbe Bedeutung wie (I Chr. 21. 27) „er steckte sein Schwert in die Scheide“[2]) Nach dieser Uebersetzung des A. S. und dem erwähnten Scholion war es eine unter den Samaritanern bekannte Auffassung, ידון von נדן abzuleiten und zu übersetzen: in der Scheide stecken, was in diesem ילקסן zu suchen ist. Da ergibt sich denn die einfache Erklärung, es mittels der gewöhnlichen Methatesis, als das ar. غلف[3]), Etwas in die Scheide (غلاف) stecken, zu fassen, u. z. als imperf. pass. des mod. energ. لا يُغلفَنّ, so dass diese Codd. übersetzten: mein Werk soll nicht im Menschen wie in einer Scheide stecken auf ewig; sie haben nämlich das, von C. beibehaltene, רוחי paraphrasirt: עובדי, weil sie es vermeiden wollten zu sagen: der Geist Gottes stecke im Menschen. Das ganze ist offenbar eine spätere, gesuchte und gekünstelte Correctur, und die einfache Leseart von C. die ursprüngliche.

8. 3 u. 5, Tw. ויחסרו, A. u. Ed. beidemal ועספו, das „Stud.“ S. 23, emendirt ist in ועסרו = וחסרו der anderen Codd.; bei A. u. Ed. liegt aber ungleich näher, dass es das ar. خسف ist, abnehmen, speziell vom Verschwinden des Wassers von der Erde gebraucht, von dem hier die Rede ist.

10. 5 איי הגוים, alle אקרי גועיה, weshalb Cast. אקר, insula, wofür sich aber keine Erklärung finden lässt. A. S. z. St. hat, gleich Saad., جزائر, aber Cod. C. bei Kuenen liest اصول, die

---

1) Winer, der a. a. O. S. 32 die Uebers. des A. S. z. St. anführt, ist sich der Ursache derselben nicht bewusst, und kann sie folglich auch nicht erklären.

2) Auch Ibn-Esra z. St. führt diese Erklärung an: יש אומרים שהוא כמו וישב חרבו אל נדנה, כי הגוף לרוח כמו נדן. „Manche meinen, dass dieses Wort sei wie „und er steckte sein Schwert in die Scheide“, denn der Körper ist gleichsam die Scheide für die Seele.“

3) غ für ק ist entweder eine Folge der gewöhnlichen Leichtfertigkeit sam. Abschreiber, oder der, ob. S. 106 hervorgehobenen, Aehnlichkeit, welche ▽ und P in sam. Mss. haben.

Wurzeln, Stämme; genau dasselbe ist, mit Verwechslung der Gutturale ע und א, אקר; es ist עיקר, syr. ܥܩܪܐ, also eigentlich: Stämme, Wurzeln (Ursprünge) der Völker. Fine ähnliche freie Auffassung hat die Doppelübersetzung von J. I. z. St. גניסי נגוות עממיא, die Abstammungen, Inseln der Völker.

11. 3, נלבנה לבנים ונשרפה לשרפה, die meisten Codd. נלבן לבנים ונוקד ליקדה, aber A. u. Ed. haben das auffallende: נסתף סתפו נליסה נילוס, daher Cast., dem Uhlem. folgt, סתף, latericavit, u. סתפו, later, was er in den „Animadv. sam." z. St. erklärt: quia caementum tunditur atque percutitur; das sam. סתף soll nämlich genau die Bedeutung des ar. ضرب haben, wie sich aus Num. 16. 26, ergibt. Cast. lässt sich aber mit dieser Behauptung einen argen Schnitzer zu Schulden kommen. Das angezogene Tw. in Num. lautet nämlich פן תספו, was Ed. übersetzt: דלא תסתפון, das aber nicht aus der Wurzel סתף gebildet, sondern Ethp. von ספה, chald. ספי, hin- zusammenraffen, ist. סתף heisst demnach nicht „contudit", ja eine solche Wurzel existirt nicht einmal, demnach kann סתפו auch nicht davon gebildet sein. לוס, נילוס soll nach Cast., dem Uhlem. wieder folgt, gar koptisch sein und „combussit" bedeuten; koptische Wurzeln dürfen wir aber im Samaritanischen nicht suchen. Die fehlerhafte Textesbeschaffenheit von A. u. Ed., welche in diesem Cap. besonders stark hervortritt, legt die Vermuthung einer starken Corruption nahe. Wahrscheinlich ist für נסתף סתפו zu lesen: נסרף סרפו, das hebr. u. chald. שרף, syr. ܣܪܦ, brennen, das am Rande eines Cod. für Tw. נשרפה לשרפה angemerkt war und irrthümlich an die Stelle von נלבנה לבנים kam; diesem wieder entspricht das ebenfalls an die unrechte Stelle versetzte נליסה נילוס, von לוס = לוש, ar. لاث, kneten, mischen, wobei נילוס = לוסנה dem לושנה entspricht, das dieselben Codd. in diesem Verse für Tw. חימר haben. Wenn wir die richtige Reihenfolge wieder herstellen und den Schluss des Verses, nach der Uebersetzung dieser Codd., berücksichtigen, ergibt sich: נליסה נילוס (לוסנה?) ונסרף סרפו „lasset uns kneten ein Geknete (Masse) und brennen Gebranntes", worauf folgt: ותהי לון סרפתה לכיפה ולושנה הוה לון לטינה „und es war ihnen das Gebrannte (der Ziegel) zum Steine und das Geknetete zum Lehm." — Das. V. 6, Tw. יבצר, alle: יתבצר, nur Ed. ילפס, wozu Uhlem. das ar. لفظ, prohibitus est(?) vergleicht. Wahrscheinlich ist ▽ u. ב verwechselt (s. ob.

S. 106) und zu lesen ילעס, das ar. لعص, schwierig sein. Für Tw. יזמו das. haben die anderen: דיזמנון, A. u. Ed. דילסקון, wozu Uhlem. sonderbar genug صلق vergleicht; es ist, per methatesin, لقس, böse Vorsätze, Neigungen haben.

14. 3, ים המלח, alle ים מלחה, nur A. u. Ed. נסס מלחה, weshalb Cast. als hap. legom. נסס, mare, hat; es ist aber das ar. نفس, je nach dem Zusammenhange „trinkbares Wasser" شراب ذو نفس, oder „untrinkbares, stagnirendes" غير ذى نفس; als Letzteres bezeichnet es hier die Apposition מלחה, salziges, also untrinkbares Wasser, weil das todte Meer gemeint ist.

15. 9, ותר וגוזל, die And. ebenso, nur A. u. Ed. ושפנין וצוץ, Ersteres hat auch Onk. z. St.; צוץ, das in Ed. noch einmal, Deut. 32. 11, für dasselbe Tw. (ציץ) vorkommt, das Cast. sonderbar genug mit dem syr. ܨܘܨ vergleicht, ist von ܨܨ, girren, zwitschern, abzuleiten und kommt auch in Onk., ציצא, als Name eines Vogels vor, den Levy (chald. WB. s. v.) fälschlich von ציץ, sich erheben, hervorragen, ableitet. Mit diesem ציץ ist wahrscheinlich das hebr. סוס (K'ri סיס), Jerem. 8. 7, identisch, eigentlich: die Zwitschernde, Schwalbe, was Gesen. s. v. durch שׂוּשׂ, sich freuen, und Fürst s. v. als „die Hurtige" erklärt. — Das. V. 11, Tw. העיט, alle רטעס, vielleicht zu emendiren: דטעס, das, was fliegt, von טוס, hebr. טוש, syr. ܛܣ, wahrscheinlich aber ist wie in C. nur טעס zu lesen, das aus derselben Wurzel gebildete טייסא, das J. II. z. St. hat.

16. 5, Tw. חמסי, T., A. u. Ed. אנכהותי, wahrscheinlich das chald. כהותא, syr. ܟܗܘܬܐ, Schelten, Zanken, vielleicht das ar. نكى, beschädigen, verwunden.

17. 11, Tw. ונמלחם, nur Ed. ותלסינון, das. V. 14, Tw. ימול ausser Ed. noch T. u. A. ילסין, das syr. ܠܣ, ܐܠܣ, das diesem die zweifelhafte und von Fleischer (Nachträge zu Levy, chald. WB. Bd. I. S. 429) angefochtene Bedeutung „concussit, obtudit" denn doch sichern dürfte.

19. 24, Tw. המטיר, A. u. Ed., wahrscheinlich, um nicht Schwefel und Feuer regnen zu lassen, הלקי = القى, warf herab. Dasselbe لقا hat T. A. u. Ed. 25. 32, (vgl. Uhlem. Chrest. z. St.) und endlich 9. 21, wo sie Tw. ויתגל, um von Noah nicht zu sagen, er habe sich entblösst, von גלל ableiten und ואלקי

geben, er hat sich hingewälzt, hingeworfen; B. u. C. haben noch das ursprüngliche ואתגלי. 19. 11, aber, wo A. u. Ed. für Tw. הכו haben אלקיו ist nicht لقا, sondern das hebr. לקה, chald. לקא, schlagen, zu suchen und hat hier auch B. הלקיו. Dasselbe לקה scheint auch das. V. 15 in A. u. Ed. zu sein, die פן תספה übersetzen סן תלקי, wenn hier nicht gar חהלק = تهلك des A. S. zu lesen ist. Cast. u. Uhlem., die das chald. לקא und das ar. لقا in einen Topf warfen, haben daher s. v. לקה grundverschiedene, zum Theil falsche Bedeutungen.

20. 18, בעד כל רחם Ap. בסחד, eine nicht seltene, ganz richtige Nebenform von בסעד, welche Peterm. in T. demnach mit Unrecht nach diesem emendirt.

21. 19, Tw. הנער, A. u. Ed. רביה עולימה; dass hier zwei Uebersetzungen desselben Textwortes zusammengeflossen sind, wäre klar, wenn auch die anderen Codd. nicht bloss רביה hätten und das V. 20 auch A. u. Ed. für נער nicht bloss עולימה allein. Uhlem. hat nichts desto weniger: עולים, adolescens, cum רביה adulescentulus! — Das. V. 22, בעת ההוא, alle בזבנה ההיא, A. u. Ed. ביתה זבנה, wozu P. bemerkt: A. Ed. om. ההיא; natürlich, da dieses in בִּיתָה bereits enthalten ist; zu dieser auch von Uhlem. missverstandenen Form des pron. demonstr. vgl. Geiger, Lehrb. z. Sprache d. Mischnah, S. 36, Anm. — Das. V. 23 liest der sam.-hebr. Text לניני ולנגדי, nicht ולנכדי, die Codd. übersetzen demnach auch alle דלקבלי, der mir gegenüber ist, Cast. hat dennoch s. v. קבל: דלקובלי, qui e portione, progenie mea. ולניני, das A. u. Ed. dem Sinne nach richtig, ולמולדי, meiner Nachkommenschaft, übersetzen, scheinen die anderen Codd. nicht verstanden und ולעמי gelesen zu haben, denn sie haben ולדעמי, der bei mir ist.

24. 22, Tw. על אפה, T., A. u. Ed. על מנשמה, was Cast. s. v. falsch „frons" übersetzt, und „Stud." S. 103 als „das womit man athmet, Nase" erklärt wurde; es ist aber das ar. منسم, das A. S. 2. 7, für באפיו hat.

27. 1, Tw. וכבדו, Ed. וכמעי, wozu Uhlem. das ar. كمّ vergleicht; es ist aber, mit der gewöhnlichen Gutturalverwechslung, das hebr. u. syr. כמה, ar. كمه, abnehmen, stumpf werden, das die anderen Codd. — וכמהי — ausdrücklich haben. — Das. V. 12, Tw. כמתעתע, T. כמחטי, das nach A., B. u. Ed. zu emendiren ist.

כמטהי = כמטעי, wie ein Irreführer. Ein Exemplar hatte hierzu nach Onk. die Randglosse כמתלעב, das in A. in den Text kam, wo nun die doppelte Uebersetzung: כמטעי כמתלעב steht. — Das. V. 25, hat für Tw. מציד Ap. מפצפצות, wofür P. in T., nach den anderen Codd., מציד setzt; aber Ap. hat auch das. V. 31 für dasselbe Tw. מפצפתה, das also kein Irrthum ist. Das Wort ist ein stark corrumpirter Arabismus. Es ist bereits früher bemerkt, dass gerade Ap. (T.) in diesem Cap. V. 33, das verb. צוד durch das ar. قنص, jagen, übersetzt, und dass ferner (s. ob. S. 130) das nom. צַיִד, 10. 8 u. 9, von Ap. (T.) A. u. Ed. wiederholt קיצץ und קיסץ übersetzt ist, was קינס zu lesen und das ar. قنيص, قانص, Jäger, ist. Dasselbe arabische Wort ist hier für צַיִד, nur noch stärker verschrieben, interpolirt worden; für מצפצות ist offenbar: קניצות = قنيصة, das Erjagte, Wildpret, zu lesen, die Buchstaben sind versetzt und ausserdem die ähnlichen verwechselt, für das erste ב ist nämlich ק, für das zweite — נ und für das zweite תה ein ת zu setzen. — Das V. 35, hat A. für Tw. ויקח die doppelte Uebersetzung וסב וקבל; da alle anderen Codd. ונסב haben, ist וקבל die, nach Onk. וקביל, in den Text gekommene Glosse.

29. 31, u. 30. 22, Tw. רחמה, in allen Codd. beibehalten, nur A. hat dafür אוסטה, das P. mit einem Fragezeichen begleitet. Es ist das im Talmud und Trg. gewöhnliche ווסת (וסת) gr. ἔθος, ἦθος, Menstruation, Regel der Frauen, mit deren Eintritt die Fähigkeit der Frau zum Empfangen beginnt; dieser Uebersetzung liegt also die Anschauung zu Grunde, Leah (Rachel) habe vorher nicht menstruirt.

30. 30, מָתַי אעשה haben alle Codd. gelesen מְתַי und übersetzt אעבד (A. צִיבעד) קליל, ein wenig will ich thun; vgl. 34. 30, מְתֵי מִספר alle: קליל מניאן. — Das. V. 37 haben mehrere Codd. מקל לִבְנֶה, wahrscheinlich wegen לְבָנוֹת und הַלָּבָן in demselben Verse, als adj. von לָבָן, weiss, genommen, T. u. B. אטר דעבר (עבר, wofür im selben Verse noch עואר vorkommt, = חור), A. חוטרין עברין; auch A. S. عصيًا بيضا. C. שטר דלבן u. Ed. אטר דלבן entsprechen Onk. חוטרין דלבן. Bezeichnend ist die willkührliche Schreibung von חוטרה, das A. beibehält, C. עוטר schreibt, die anderen Codd. gar אטר, was Ap. אטב verschreibt. — Das.

V. 41, Tw. ברהטים, dafür das במורכייתא von J. I. in den verschiedensten Formen, T. במרכיה, C. במורכואתה, Ed. במרכחיה, Ap. במכריה, A. aber die doppelte Uebersetzung: במצפתה בפלטיה; Ersteres ist Corruptel für במרכתה, Letzteres das gr. *πλατεῖα*, chald. פלטיא, syr. ܦܠܛܝܐ, freier Platz, Strasse. Jemand hat nämlich רהטים von dem chald. u. syr. רהט, laufen, abgeleitet und durch פלטיה erklärt, was in A. zu der ursprünglichen Uebersetzung in den Text kam.

31. 15, Tw. כנכריות, A. כפרקוטאי, wozu P. bemerkt: כפרקותאי?, was aber eben so wenig einen Sinn gibt. Wahrscheinlich steht es für כפרקמטיא, das gr. *πραγματεία*, das im Trg. J. I. und im Talmud (auch im Syrischen) als פרגמטיא und פרקמטיא, Handel, Waare, häufig vorkommt. A. übersetzt also: wir waren ihm wie Waaren, offenbar wegen des folgenden כי מכרנו, denn er hat uns verkauft. — Das. V. 16, Tw. אמר אלהים, A. דמלל וארשי אלהה, also zwei Uebersetzungen; zu ארשי vgl. 24. 14, Tw. אומר, mit Ausnahme von B. u. C. alle: דארשי, eigentlich: zu reden anfangen. — Das. V. 19, Tw. תרפים, alle תרפיה, nur A. סלקקיה und V. 35, das. wieder זיביה; Letzteres ist das ar. زيب, Dämon, Satan, und ersteres demnach wahrscheinlich ein Corruptel aus علوق, eine Art von Dämonen, wenn nicht gar zu lesen ist סלמניה = צלמניא, das Onk. z. St. hat. — Das. V. 28, הסכלת עשו, T. u. B. הסכלת הטפשת also zwei Uebersetzungen für das hebr. הסכלת, dieses ist zunächst wie in den anderen Codd. beibehalten, sodann הטפשת übersetzt, von dem chald. טפש, dumm, schlecht sein, Af. schlecht handeln. Dieses kam als Glosse in den Text und verdrängte die Uebersetzung von עשו, die C. עבידה, Ed. עבדת u. A. עובר l. עובד an Stelle dieser Glosse haben.

32. 7, Tw. ויצר, Ap. וצדה, was P. in T. mit Unrecht וצרה emendirt, wie bloss A. liest, alle anderen Codd. haben וצדה, wonach auch B. וחדה zu emendiren ist, ein in den verwandten Dialekten, aber auch im Samaritanischen, sonst noch vorkommendes Wort für „bange sein" (vgl. Geiger, Lehrb. z. Sprache d. Mischnah, S. 7 flg.)

33. 13, Tw. אלות (für עלות des jüd.-hebr. Textes) haben alle von לאה, ermüden, abgeleitet und ליען, ermüdet, übersetzt, was Ed. לחיאן schreibt, wonach A. חיאן zu emendiren ist.

37. 19, בעל החלמות, A. מסחן אזביסה, was P. mit einem

Fragezeichen begleitet; es steht für חזביתה oder חזביה, Gesicht, wie חלום hier umschrieben ist.

39. 13, Tw. ותשפשהו, T., A., B. u. Ed. ואתעידתה, deshalb Cast. u. Uhlem. s. v. עוד, Ethp. אתעיד, ad se reduxit, wozu Letzterer das ar. عاد vergleicht; es ist aber das gewöhnliche אחד (hebr. אחז) ergreifen, das Onk. ואחדתה z. St. hat; ח ist zu ע geworden und א ausgefallen. — Das. V. 21, ויט חסד haben alle fälschlich von נטע abgeleitet und deshalb ונצב, ואנצב übersetzt; vgl. 9. 20, ויטע כרם alle ונצב, er pflanzte.

41. 17, שפת היאר, nur A. שילולי, entweder שילי, Saum, oder שיפולי, Abhang, zu lesen. — Das V. 24, Tw. החרטמים, A. לחרשיה לחכמיה, von denen eines Glosse ist. — Das. V. 32, Tw. נכון, A. עמיר, zu dessen Erklärung V. 34 das. führt, wo A. das Tw. וחמש übersetzt: ויעמר, das ar. عتد, vorbereiten, ordnen, dem entsprechend ist auch hier עמיד für עתיד zu lesen. Vgl. oben S. 62.

42. 25. Tw. צידה, alle זודין u. זבדים, nur A. מלוש, vielleicht von لاس, kosten, لوس, Speise. — Das. V. 33, ואת רעבון, A. ויח חכשבו; Jemand hatte nämlich am Rande seines Exemplars für das folgende Tw. קחו, das die anderen סבו übersetzen, angemerkt חכשבו, das ar. كسب, Lebensmittel zusammen nehmen, das ein ungeschickter Abschreiber an die unrechte Stelle setzte. — Das. V. 34, Tw. תסחרו, T. תתגרון, sollt ihr Handel treiben, auch A. S. تتاجرون, A. תספרון, entweder سفر, bereisen, oder, bei der schon oft betonten Aehnlichkeit zwischen ע und ס, für תסערון = תסחרון. — Das. V. 38, Tw. שיבתי, A. סנכלותי, wahrscheinlich סנכטותי, das lat. senectus; was סרדופה bedeutet, das derselbe Cod. hier für Tw. שאולה hat, oder לדיוק, das er 37. 35, für dieses Tw. hat, mögen die Götter wissen.

43. 11, נכאת ולוט, alle: קטף ואיטרן, aber A. gleich Onk. שעף ולטום; derselbe Cod. hat für Tw. בטנים hier ואיטפה, offenbar verschrieben für ואיטרה, das die anderen Codd. für ולוט haben; במסעקים, das Ap. für Tw. ושקדים hat, steht für ביסטקין = ביצטקין in Ed., das ar. فستق, Pistazie, des A. S.

45. 7, שארית בארץ ist in Ed. nicht übersetzt, Ap. עמירן בארעה hat שארית unsinnig genug von שאר, Sauerteig, abgeleitet, ein Fehler, den auch die Barberinische Triglotte hat, die חמירן übersetzt (s. Stud. S. 50). P. emendirt daher mit Unrecht טמירן,

da עמירן, חמירן kein Schreibefehler, sondern eine falsche Uebersetzung ist. A. hat dafür das sonderbare פומיטה!. — Das. V. 19 u. 21, Tw. עגלות, alle: עגלן, nur A. ספסקין; es scheint ein Corruptel von σκεπαστή, gedeckter Wagen, zu sein, von welchem auch im Midrasch verschiedene ähnliche Corruptele, wie אספקטא, סקפטס, סקפט, ספקא, vorkommen. S. Sachs, Beiträge u. s. w. II. S. 44.

48. 14, שכל את ידיו, A. u. B. אפך ית אדיו, er verkehrte die Hände, Ap. hat תכל, was P. in T. mit Unrecht אפך emendirt, da auch Ed. תכל hat, was P. anzumerken vergessen hat, trotzdem Cast. mit Bezug auf diese Stelle, diesem תכל die Bedeutung „docens" vinidicirt. Es ist aber weiter nichts als eine echt samaritanische sinnlose Uebersetzung, שׂכל ist nämlich unvernünftig genug mit שׁכל, der Kinder beraubt sein, verwechselt, was das sam. Trg. gleich Onk. immer תכל übersetzt.[1]) C. hat אעקל; diese Uebersetzung des relativ besten Cod. dürfte für die richtige Leseart im Trg. zu Spr. 10. 9, entscheidend sein, für Tw. ועקש דרכיו das. haben die Mss. דמעקל ארחתיה und דמעקם, Levy (chald. WB. s. v.) nimmt Letzteres als die richtige Leseart an. Aber abgesehen davon, dass עקל (vgl. auch עגל) im hebr. die feststehende Bedeutung: krümmen, umdrehen, hat, in der es auch im Talmud (s. Ar. s. v.) häufig ist, spricht noch dieses אעקל zu Gunsten der Leseart דמעקל.

49. 7, liest der sam.-hebr. Text bekanntlich tendentiös אדיר für ארור, wofür T., B. u. C. חסים haben, was nach A. zu emendiren ist חסין = حسين, schön. Die Tendenz, den Fluch, der Levi geworden ist, zu mildern, oder gar in Segen umzugestalten, weiter verfolgend, hat A. Tw. אחלקם das. von חֵלֶק, Theil, Antheil, abgeleitet und אסחכון, ich will ihnen einen Antheil geben, übersetzt und Tw. ואפיצם das. ואסקון, ich will sie hinausführen, während die anderen gleich Onk. ואבדרכון, ich will sie zerstreuen, haben.

---

[1]) Vgl. 43. 14. כאשר שכלתי שכלתי C. כמה דתכלית תכלית, T. u. B. die כמה דתכלית אסובר haben, scheinen das zweite שכלתי mit שׂ gelesen und von שׂכל, Verstand, abgeleitet zu haben, vgl. das chald. u. syr. סבר, einsehen, סברא, Vernunft. In derselben Bedeutung ist Tw. להשכיל 3. 6, gefasst, das alle למחכם übersetzen, weise zu werden, was zu עץ הדעת, von dem das ausgesagt wird, recht gut passt.

Das. V. 10, Tw. ומחקק, alle: כגוד und מנגד, Führer, nur Ap. hat וזרגל, das P. nicht aufgenommen hat; es ist das chald. סרגל (von regula?), liniiren, richten, also: ein Richtung Gebender; ähnlich A. S. والمرسم. Das. Tw. דגליו (für רגליו des jüd.-hebr. Textes) alle סדריו, seine Reihen; denselben Begriff drückt A. u. C. טכסיו aus, es ist das gr. τάξις, das auch im Trg. טיקס, טיקסא, öfter für das hebr. דגל steht. Das. ist Tw. שלה (jüd.-hebr. T. שילה) von allen Codd. beibehalten, nur A. hat dafür כמרה, das aus dem vorhergehenden Verse hierher gekommen ist. Dort hat nämlich C. für Tw. וכלביה — וכנמרה, wie ein Leopard; diese Leseart muss in einem anderen Exemplar eine Randbemerkung gewesen sein, die in A. irrthümlich hierher in den Text kam. Ein ähnlicher Fall liegt V. 12 das. vor, wo für Tw. ולבן, das alle עבר und עבאר = חור, weiss, übersetzen A. ולעוף hat, das aus dem nächsten Verse hierher gekommen ist. Das. ist nämlich das zweimal vorkommende Tw. לחוף von allen beibehalten, nur A. hat beidemal פעוס, verschrieben für מעוס, das מחוס = מחוז, Küste, ist, das auch Onk. u. J. I. z. St. haben. Zu diesem פעוס oder מעוס stand in einem Exemplar die Leseart der anderen Codd. לחוף, mit der gewöhnlichen Gutturalverwechslung: לעוף, als Randbemerkung, die irrthümlicher Weise im vorhergehenden Verse, und zwar für Tw. ולבן in den Text kam. — Das. V. 18, Tw. קויתי, A. סכית, sehne ich mich, eigentlich: schaue ich (vgl. Levy s. v. סכא), Ed. כתורי, das chald. u. syr. כַּתַּר, hoffen, T. u. C. מכרוזתי, mein Schreien; vgl. Exod. 2. 24 Tw. נאקתם, Ed. כריזתון, von כרז, schreien, also, nach deiner Hülfe ist mein Schreien. — Das. V. 20 שמן לחמו, A. פטוע יחיפה, für פטוע ist פטום, fett, gemästet, zu lesen und für יחיפה, wofür P. in Klammern לחיפה hat, לחימה = لحم, Fleisch. Das hebr. לחם ist in der arab. Bedeutung dieses Wortes genommen, weil שמן zu „Brod" nicht gut zu passen schien, weshalb auch A. S. לחמו mit dem allgemeinen Ausdruck غذاء, Nahrung, übersetzt. In עפלוטי, das A. hier für Tw. מעדני hat, vermuthe ich ein Corruptel für תפנוקי des Onk. — Das. V. 23 בעלי חצים haben alle חֲצִים gelesen und מסחני פלגים, Herren der Hälften, übersetzt, so auch das *Σαμ.* z. St. *κατόχοι μερίδων*. Nur A scheint dem, von Saad. beeinflussten A. S., der اصحاب السهام übersetzt, zu folgen und חִצִּים zu lesen, sein מסחני עליף, ist wahrscheinlich خليف, spitziger Pfeil. Das. Tw. ויסטמוהו Ed. ועלמואה, sie unterdrückten ihn, die And. וסנוחה, sie hassten ihn, A. ונפיסה, das ar. نفس, beschädigen, beneiden.

XII. Tendentiöse Uebersetzungen.

Die interessantesten und wichtigsten Stellen in den Codd. des sam. Trg. sind jene Uebersetzungen, welche eine bestimmte Absicht, speciell eine specifisch samaritanische Tendenz verrathen. Solche tendentiöse Uebersetzungen sind oft höchst lehrreich und bezeichnend für Geschichte, Dogmatik und Anschauung der Samaritaner, und werfen nicht selten helle Schlaglichter auf das Verhältniss dieses Völkchens zu den Juden und Muhammedanern, und sind mitunter sogar für das richtige Verständniss religiöser Differenzen innerhalb des alten rabbinischen Judenthums von nicht geringer Bedeutung, wie das Geiger, in seiner Artikel-Serie in der Z. D. M. G. „Neuere Mittheilungen über die Samaritaner", an mehreren Beispielen schlagend nachgewiesen hat. Eine Reihe solcher tendentiösen Uebersetzungen habe ich „Studien" S. 72—90 nach der Polyglotten-Edition gegeben; auch Winer (a. a. O. S. 60 flg.) bringt eine verhältnissmässig geringe Anzahl solcher Stellen bei. Die Petermann'sche Edition liefert durch ihr reichhaltiges Material eine ungleich grössere Ausbeute an solchen Uebersetzungen. Das gilt schon von der Genesis mit ihrem fast ausschliesslich erzählenden Inhalte, der sich noch dazu nur auf die Vorgeschichte Israels bezieht. Bei der Willkühr, mit der die samaritanischen Ballhorne die Codd. nach ihrer jeweiligen Auffassung veränderten, ist von den späteren Büchern des Pentateuch in dieser Beziehung ungleich mehr und ungleich Interessanteres zu erwarten. Die Fülle der religiösen Vorschriften, die sie enthalten, muss den Samaritanern häufig Anlass geben, ihrer diesbezüglichen, von der rabbanitischen abweichenden, Auffassung Ausdruck zu geben; und die ersten Anfänge der Religions- und Volksgeschichte Israels haben, wie sich das schon aus Ed. ergibt, die späteren Textverbesserer sicherlich oft genug herausgefordert, ihren specifisch samaritanischen Standpunkt zu wahren. Nichts desto weniger findet sich schon in den Codd. zur Genesis manche bemerkenswerthe und für die Anschauung der Samaritaner höchst bezeichnende Uebersetzung.

Die ängstliche Scheu, mit der die Samaritaner allen Anthropomorphismen aus dem Wege gehen, ist bekannt und braucht hier nicht weiter besprochen zu werden. Sie ist, wie schon oben S. 138 flg. nachgewiesen, unter dem Einflusse der arabischen Religionsphilosophie noch gewachsen, so dass sie in der arab. Bibel-Uebersetung des A. S. ungleich stärker und consequenter hervortritt, als in den Codd. des sam. Trg., welche erst zur Zeit der Araber-Herrschaft stellenweise in diesem Sinne corrigirt worden sind, und zwar in den meisten Fällen sogar direct nach A. S. Eine ähnliche, dem A. S. entlehnte Correctur ist die Uebersetzung von אל שדי durch חילה (חיולה) ספוקה, welche bald hier, bald dort, bald in dem einen, bald in dem anderen Cod. für das in der Regel beibehaltene hebr. Tw. steht; so 17. 1 in T., A. und Ed.; 28. 3 in T., A. und C.; 35. 11. in A. und C.; 43. 14 in A. u. C.; 48, 3 u. 49, 25 nur in A. Dieses bis jetzt unerklärte, oder gar missverstandene חילה ספוקה (s. Cast. und Uhlem. s. v.) hat durch den Umstand ein besonderes Interesse, als einerseits sein jüdischer Ursprung, andrerseits aber A. S. als die Quelle nachweisbar ist, aus der es in die Codd. des sam. Trg. gekommen ist. Der Talmud (Chag. 12 a) leitet den Gottesnamen שדי von די, genug, ab und erklärt: אני אל שדי אני הוא שאמרתי לעולם די „ich bin אל שדי (Gen. 35, 11) d. h. ich bin es, der zur Welt (bei ihrer Schöpfung) sprach: genug!“ Derselben Ableitung begegnen wir noch Rabb. z. Gen. Abschn. 46 (zu 17, 1) „Gott sprach zu Abraham: Ich bin אל שדי, denn דייך שאני אלהיך du hast genug, denn ich bin dein Gott, und דיי לעולמי שאני אלוה, genug für meine Welt, dass ich Gott bin;“ vgl. noch Jalk. zu Gen. Abschn. 81. Diese Erklärung ist von den meisten älteren jüdischen Exegeten, wie Maimuni, Jarchi, Nachmani (vgl. die Comm. z. 17, 1) auch acceptirt worden, in dem Sinne: Gott allein genügt der Welt, oder: genügt sich selber, d. h. ist auf nichts Anderes angewiesen. Dasselbe thut Saad., der אל שדי jedesmal übersetzt القادر الكافي, der Mächtige, Genügende. Diese Uebersetzung hat A. S., wie so manches Andere, von Saad. übernommen, nach A. S. wieder haben die Codd. des sam. Trg. stellenweise חילה ספוקה corrigirt, das genau dem القادر الكافي entspricht, חילה (hebr. חיל, chald. חילא) ist „Macht“ und ספוקה das chald. und syr. ספק, genügen, also: die genügende Macht = אֵל שַׁדַּי. — Um den Gottesnamen nicht von den Götzen Laban's zu gebrauchen, corrigirt A. 31, 32 אלהיך, das die anderen Codd. beibehalten, in זיבך = ازيب, Dämon, womit er das. V. 34, Tw. תרפים übersetzt; aus demselben Grunde umschreibt hier auch A. S. اسطرلابك.

Das Streben des sam. Trg., die Patriarchen und hervorragenderen biblischen Persönlichkeiten zu verherrlichen und Alles zu verwischen, was ihrer Unwürdiges erzählt wird, ist schon „Studien" S. 76 flg. nach Ed. hervorgehoben worden. Es tritt in den anderen Codd. noch ungleich prägnanter hervor, und eine Vergleichung derselben zeigt deutlich, dass die meisten Stellen, welche diese Tendenz verfolgen, spätere Interpolirungen sind. Zu den hierher gehörigen Uebersetzungen zu 12, 20; 18, 12; und 21, 6 vgl. „Stud." S. 80 und 81. In der Uebersetzung der Worte ואבימלך לא קרב אליה 20, 4 haben alle Codd. קרב beibehalten; nur A. und Ed. haben לא נגע. Der Ausdruck קרב störte sie nämlich, da er, in Verbindung mit (אשה) אל, so wie hier, gebraucht „einem Weibe zum Beischlaf nahen" bedeutet, was hier die Deutung zuliesse, Abimelech habe Sarah zwar nicht beschlafen, sich aber doch unzüchtige Berührungen erlaubt, was Rabb. z. St. (Abschn. 52) auch wirklich ausdrücklich folgern: הדה אמרת משמוש ידים הוה, „Das besagt, Betastung mit den Händen fand statt". A. und Ed., die das nicht zugeben wollen, übersetzen desshalb frei: לא נגע, er hatte sie nicht (einmal) berührt, ein Ausdruck, der um so geschickter gewählt ist, als es das. V. 6 ausdrücklich heisst: לא נתתיך לנגע אליה. Wie feinfühlig die Samaritaner in solchen Dingen sind, beweist die Bemerkung Ibrahims zu 41, 45; s. Geiger in ZDMG. Bd. XX. S. 156 flg.

Schon Kuenen (a. a. O. S. 10) hat darauf hingewiesen, dass האיש הלזה, 24, 65, in Ed. גברה זהיה, der glänzende Mann, übersetzt ist, wie in A. S. البهى, und dass demnach זהיה das syr. ܙܗܐ, ar. زها, glänzen, nicht aber, wie Cast., Uhlem. und Peterm. Gramatik S. 16 angeben, das pron. *iste* sei. Die Absicht, Isaak, auf den diese Worte sich beziehen, zu verherrlichen, ist klar, und scheint es, dass ihr die durch die Gutturalverwechslung der Samaritaner ermöglichte Ableitung von הלזה, aus הל = ال und זה = زهى, also: الزهى, dabei zu Statten gekommen ist. Auffallend ist es, dass auch J. I. hier übersetzt: גברא הדור ויאי,

der prächtige und schöne Mann. Es ist nicht unmöglich, dass diese Auffassung von J. I. den Anstoss zu obiger Ableitung des הלזה gegeben hat, denn dass die Samaritaner, besonders die späteren, die jüdischen Erklärungen und Uebersetzungen kennen und sich nicht selten von ihnen leiten lassen, ist gewiss.

Um die Geringfügigkeit des Preises, für welchen Jakob das Erstgeburtsrecht von Esau gekauft hat, in Etwas zu verwischen, liest schon der sam.-hebr. Bibeltext 25, 34 nicht ונזיד עדשים, Linsen, sondern theilt dies Wort עד שים, was T., A. und Ed. ונפצק עד שוי übersetzt, wofür, wie ich „Studien" S. 81. flg. vermuthete, ונפיק = نفقة, نفاق zu lesen ist, in dem Sinne: und er legte ihm noch Bezahlung vor. B. und C. haben ותעתיד סעד שבע (סאחד C.); das dem hebr. נזיד entsprechende תעתיד ist das aus dem arab. عتد, zurichten, gebildete تعتيد, Gericht; vgl. das. V. 29 ויזד יעקב נזיד, wo eben B. und C. haben: אעותד יעקב תעתיד = تعتيد — واعتد; עד ist, trotz der diakritischen Linie über dem ע, nicht עֹד, noch, sondern עַד, bis, gefasst, שים aber, sowohl in diesen Codd. als in A. S., حتى شبع, satt werden, also: Jacob gab Esau Brod und ein Gericht, bis er satt wurde. — 27, 11 ist איש חלק, von Jacob ausgesagt, גבר נקי gegeben, was schwerlich mit Cast. (s. v.) „glaber", sondern, um den Patriarchen zu glorificiren, „rein, unschuldig" zu übersetzen ist. In A. גבר חסיד, ein frommer Mann, tritt diese Tendenz unverkennbar hervor; נקי ist nämlich als rein von Unrecht, schuldlos, gefasst. — Das. V. 13 ist Tw. קללתך von den Codd. beibehalten; nur A., der nicht zugeben will, dass Jacob ein Fluch gedroht haben soll, den Riwkah auf sich nehmen wollte, umschreibt משפטך, deine Rechtsache. — Die, von den anderen Codd. wörtlich gegebene, Frage Isaaks: מה זה מהרת למצוא בני, das. V. 20, will A. nicht wörtlich verstanden wissen, weil dann Jakob mit seiner Antwort eine directe Unwahrheit gesagt hätte; darum übersetzt er — vielleicht indem er מהר = مَهَر, erfinderisch, geschickt, fasste — מה דה כבנת למיכל ברי, was hast du zum Essen bereitet, mein Sohn? Vgl. Cast. s. v. כבן und 43, 16 Tw. והכן, ebenfalls von Speisen gebraucht, alle Codd. וכבן. — Das. V. 35. wird gesagt, Jakob habe den Segen genommen במרמה, mit Hinterlist, was die meisten Codd. auch beibehalten; nur Ap. mildert den harten Ausdruck, indem es באמכני,[1]) mit Kunst, oder Geschick übersetzt, was P. in T. mit Unrecht unterdrückt; ähnlich Onk. und J. I., die בחכמתא, mit Klugheit, haben. Aus demselben Grunde übersetzen A. und T. das von den anderen Codd. beibehaltene Tw. ויעקבני; er hat mich betrogen, gleich Onk., und wahrscheinlich auch nach diesem, וחכמני, er handelte klug gegen mich.

31, 19 wird von Rahel, der Mutter Josefs, des Stammvaters der Samaritaner, der Ausdruck ותגנב, und sie stahl, gebraucht, den die anderen Codd. beibehalten, aber A. in ונסבת, und sie nahm, mildert. Aus einem ähnlichen Grunde ist das. V. 20 ויגנב, von Jakob ausgesagt, in A. ונסב, wo auch Onk. וכסי umschreibt; doch ist A. hierin nicht consequent, denn schon V. 32 das. hat er רחל גנבתם, wo Onk. נסיבתהון paraphrasirt, im obigen Sinne zu corrigiren unterlassen und hat, gleich den anderen Codd., das ursprüngliche גנב noch.

Die אלהי נכר 35. 2, die Jakob aus seiner Umgebung entfernt wissen will, scheinen den in diesen Dingen besonders empfindlichen Cod. A. gestört zu haben; er übersetzt nämlich nicht gleich den Anderen אלהי נכראה, die fremden Götzen; sondern דנכראה, die Götzen der Fremden, was besagen soll, dass die Götzen nicht bei Jakobs Hausleuten waren, sondern von Fremden eingeschleppt worden sind. V. 4 das. übersetzt aber A., wieder inconsequent, dasselbe Tw, gleich den anderen Codd. נכראה.

Diese glorifizirende Tendenz tritt besonders scharf hervor, wo es sich um Josef, den vielgepriesenen Stammvater der Samaritaner, handelt.[2]) So übersetzt A. 37. 15, das zweimalige איש, den Mann, der dem Josef begegnete und ihm die gewünschte Auskunft gab, beidemal מלאכה, ebenso A. S. الملاك. Es ist das ursprünglich eine haggadische Anschauung; so bemerkt Midr. Tanch. z. St. אין איש האמור כאן אלא גבריאל שנ׳ והאיש גבריאל, „unter „Mann“ ist hier kein Anderer gemeint, als der Engel Gabriel‘ denn so heisst es:

---

[1]) Dasselbe Wort hat A. auch 34. 13, wo gesagt wird, die Söhne Jacobs hätten gesprochen במרמה.

[2]) Vgl. oben „Aus einer sam. Pessach-Hagg.“ Z. 211—305 und die Anm. dazu.

(Dan. 9, 21) u. der Mann Gabriel". Auch J. I. z. St. übersetzt איש aus diesem Grunde גבריאל בדמות גברא, Gabriel in Gestalt eines Mannes. Diese unverkennbar jüdische, auf eine Stelle in Daniel beruhende, Auffassung ist, gleich mancher anderen zu den Samaritanern gedrungen, A. S. hat sie aufgenommen und nach ihm A. in das sam. Trg. hineincorrigirt. Das beweiset V. 17 das., wo A. S. האיש wieder الملاك hat, während der wieder nicht consequente Cod. A. hier das ursprüngliche גברה beibehalten hat. Dass sich die Sam. הלזה das. V. 19 von Josef ausgesagt, nicht entgehen lassen, um es, wie 24, 65 bei Isaak, „der Glänzende" zu übersetzen (s. ob. S. 180), ist selbstverständlich; T. A. und B. haben זייה, C. זיהה, Ed. זעיה, A. S. hat hier المستبشر.

40. 4, haben die Codd. ויפקד übersetzt ואהימין (ואימין), er vertraute an; nur A. übersetzt ואשלט, er machte zum Herrn, damit Joseph, der „Herr der Freiheit" (s. ob. S. 84), auch im Kerker herrsche. Dafür ist 42, 6 ויוסף הוא השליט von A. gar מלכה, König, übersetzt, was ein stehendes Epitheton Josefs zu sein scheint.[1]) Ebenso ist אדני הארץ, das. V. 30 und 33 von Josef ausgesagt, in A. נסיאה, Fürst, übersetzt, wo die anderen Codd. nur רבה, Vornehmer, Herr, haben. Aus demselben Grunde übersetzt A. האיש, so oft es von Josef gebraucht ist, z. B. 43. 3, 5, 11, 13 und 14, ebenfalls נסיאה, nur V. 6 das. ist die Correctur nicht durchgeführt und גבר auch in diesem Cod. stehen geblieben. — 45. 8, ist das ebenfalls auf Josef bezogene משל in T. שופט, Richter, C. שלטון, Herrscher, übersetzt, in A. wieder geradezu מלך.

43. 34, וישכרו עמו, B. und C. ואתררו, sie berauschten sich, gleich Ok. ורויאו. Die anderen Codd. aber, einerseits, weil es sie stört, dass die Söhne Jakobs sich bei Josef berauscht haben sollten, andrerseits aber, weil sie diesen auf Kosten seiner Brüder heben wollten, haben וישכרו entweder von شكر, beschenken, abgeleitet, oder וישׂכרו gelesen, das sie von שׂכר, Lohn, ableiteten, etwa in dem Sinne: sie hatten Lohn, d. h. gewannen, bei ihm, vielleicht mit Bezug auf den Bericht desselben Verses, Josef habe seine Brüder beschenkt. Ed. hat nämlich ואתוקרו, das der Alles erklären wollende Cast. übersetzt: graves facti sunt vino,

---

[1]) S. ob. S. 84.

was aber „sie wurden verherrlicht, oder bereichert bei ihm" heisst; vgl. Cast. s. v. יקר. A. ועפו hat nach seiner Art arabisirt, es ist حفا, geehrt, beschenkt werden. Ap. ואתרבו könnte wohl mit P., nach B. und C., ואתריו emendirt, aber eben so gut ואתרבו sie sind verherrlicht worden, gefasst werden. Die gemeinsame Tendenz dieser Uebersetzungen wäre, dass die Brüder Josef's geehrt oder bereichert wurden, indem sie bei ihm assen. Dieselbe Sucht, Josef zu glorificiren, hat A. sogar dahin gebracht 49, 24 קשתו, seinen Bogen, קשטו zu lesen und dieses gleich קשטה (chald. und syr. קושטא), Wahrheit, Recht, zu fassen, er hat nämlich פצירלה, was nichts Anderes als das ar. فضيلة ist. Die Richtigkeit dieser Annahme beweiset Ap., welches geradezu קשטה hat.

Gleich den Juden mögen auch die Samaritaner nicht zugeben, dass die Patriarchen Dinge gethan haben sollten, welche nach der späteren religiösen Praxis unerlaubt sind. So ist schon oben (S. 60) nachgewiesen, dass die Uebersetzung von קמח סלת, 18, 6 durch קמח פטיר, Mehl von ungesäuerten Kuchen, auf die Annahme zurückzuführen ist, das daselbst erzählte Ereigniss habe am Pessach stattgefunden, wo Abraham nicht von gewöhnlichem Mehle habe Kuchen backen können, weil diese leicht säuern. Dass auch diese Uebersetzung eine spätere Correctur ist, beweisen B. und C., die das ursprüngliche סלת beibehalten haben. Von einer ähnlichen Tendenz geleitet ist eine in mehrfacher Beziehung lehrreiche Stelle in V. 8 das. Nach derselben soll Abraham den ihn besuchenden Engeln „Sahne und Milch und ein junges Rind" vorgelegt haben, was diese auch assen. Nun stimmen aber die Samaritaner in der Auffassung des dreimal (Ex. 23, 19; 34, 26; Deut. 14, 21) wiederholten Verbotes: Du sollst das Böcklein nicht in der Milch seiner Mutter kochen, vollständig mit der jüd. Halachah überein, und untersagen jeden Genuss von Fleisch und Milch zusammen.[1]) Dass weder Abraham noch die Engel sich an dieses Verbot gekehrt haben sollen, will das sam. Trg. nicht zugeben.[2])

---

[1]) Vgl. hierüber Geiger in Z. D. M. G. Bd. XX. S. 551.

[2]) Auch der Zusatz in J. I., Abraham habe diese Speisen vorgelegt כאורח הלכת ברית עלמא scheint diesen an sich anstössigen Umstand als „nach Art des Gesetzes bei Erschaffung der Welt", d. h. der vormosaischen Gesetzgebung geschehen, entschuldigen zu wollen.

Desshalb ist auch חמאה וחלב in keinem einzigen Cod. dem einfachen Wortsinne nach übersetzt. חלב haben alle חֵלֶב gelesen und תרבה, auch chald. und syr. תרב und תרבא, Fett, übersetzt, dem Cast. und Uhlem. nichts desto weniger die Bedeutung „lac" beilegen. Abraham hat also den Engeln nicht Milch und Fleisch, sondern Fett und Fleisch vorgesetzt. Um der eben so anstössigen Sahne aus dem Wege zu gehen, schlagen die Codd. zwei verschiedene Wege ein. A. und C. übersetzen חמאה mit זרתע, wozu P. bemerkt „pro זתרע?", das aber eben so wenig einen Sinn hat; es ist vielmehr ארתע zu emendiren. Diese Codd. haben nämlich, nur um das anstössige חמאה zu verwischen, sinnlos genug חֵמָה gelesen, denn ארתע (von רתע, chald. und syr. רתח) bedeutet Grimm; vgl. בחמת קרי, Lev. 26, 28, sam. Trg. ברתע קרי und חמת תנינים, Deut. 32, 33, ארתע תנינים. T., B. und Ed. übersetzen גבנר, Käse. Nach der jüd. Halachah (Chull. Mischnah, VIII, 1) ist Käse in dem Verbote, Fleisch und Milch zusammen zu geniessen, allerdings mit inbegriffen, was aber nach den Samar. nicht der Fall zu sein scheint. Wenigstens erwähnen sie nirgends, dass dieses Verbot sich auch auf Käse beziehe, selbst dort nicht, wo sie Veranlassung dazu gehabt hätten, wie z. B. in ihrer Polemik gegen die in diesem Falle minder rigorosen Karäer, sie betonen vielmehr immer nur, dass كل لحم في كل لبن verboten sei. [1]) Wahrscheinlich urgiren sie das Textwort בחלב אמו, wonach sie nur Milch, wie sie vom Mutterthiere kommt, nicht aber den daraus bereiteten, der Form und dem Geschmacke nach ganz verschiedenen, Käse verstehen, eine Auffassung, für welche die Halachah mehrfache Analogien bietet. Bei dem Umstande, dass sämmtliche Codd. hier das Streben verrathen, das gleichzeitige Auftischen von Fleisch und Milch zu verwischen, und die erwähnten 3 Codd. חמאה auch nicht wörtlich, sondern gerade גבנר übersetzen, ist mit ziemlicher Sicherheit anzunehmen, dass die Samaritaner, was den Genuss des Käses mit Fleisch betrifft, der jüd. Halachah Opposition machten.

Wenn die Samaritaner einerseits bestrebt sind, die Patriarchen, und von den Söhnen Jakobs Josef, ihren Stammvater, zu verherr-

---

[1]) Auch wenn die Milch nicht von der eigenen Mutter herrührt und auch Vogel-Fleisch mit Milch; s. d. Stellen bei Geiger, a. a. O. das.

lichen und alles ihnen Nachtheilige zu verwischen; so suchen sie anderseits wieder die Gelegenheit, den Stammvätern der verhassten Juden Eines zu versetzen. Für die bissige Beurtheilung der mit der jüdischen Geschichte verknüpften Personen durch die Samaritaner hat Geiger (Z. D. M. G. Bd. XX. S. 158 flg.) mehrere interessante Beispiele beigebracht. Dieselbe Tendenz verrathen aber auch manche Stellen des sam. Trg. 29, 17 wird von den Augen Leahs ausgesagt, sie seien רכות. Dieser Ausdruck hat schon den Talmud (Baba-bathra 113 a) gestört, der nicht zugeben will, dass es wirklich „blöde" (רכות ממש) bedeute, weil die Thora Nichts erzählt, was die Frommen herabwürdiget, und nach einer anderen Annahme dieses Wort wohl als „blöde" fasst, aber bemerkt: Das gereiche Leah doch nicht zur Unehre, sondern vielmehr zum Ruhme, sie sei nämlich dem Esau zur Frau bestimmt gewesen und habe darüber so viel geweint, dass ihre Augen davon blöde wurden, was J. I. und II. in ihren Paraphrasen z. St. auch wieder geben. Von derselben Tendenz geleitet übersetzt hier Onk. יאין, schön, und nach ihm Saad. حسنتان. A. S., der die Rücksicht der jüdischen Uebersetzer gegen die Stammutter der Juden nicht kennt, übersetzt hier ضعاف, schwach, ähnlich die meisten Codd. des sam. Trg., die רכיכן haben, und A. benutzt die Gelegenheit, die Mutter Juda's gar „triefäugig" zu nennen, denn das besagt sein לפיפין, vgl. das talm. לפן, nach Aruch s. v. das lat. lippus und לפלוק (s. Ar. s. v.), Augenschleim, wonach hier vielleicht לפלפין zu lesen ist.

An dem Segen, der Juda von Jakob ward, hat der Hass der Samaritaner gewaltigen Anstoss genommen und ihn zu einem Fluche umgedeutet (s. Geiger, a. a. O. S. 157 flg.). Diese Absicht verräth auch das sam. Trg. 49, 9, lesen sämmtliche Codd. bis auf C., das den hebräischen Ausdruck beibehält, כרע = כָּרַע und übersetzen כביש, wie ein Schlechter lagert Juda. So wird auch der, Ueberfluss an Wein und Milch verheissende, Segen in V. 12 das. zum Tadel. חכלילי עינים übersetzen alle עכירן, trübe, wonach Ed. עמרין zu emendiren ist; nur A. hat מלפלפס, das oben besprochene lippus, um den Tadel: die Augen Judas seien trübe vom Weine, d. h. vom übermässigen Trinken desselben, noch schärfer zu geben. חלב, lesen mit Ausnahme von A. und C., die dieses Wort beibehalten, Alle חֵלֶב, machen so aus Milch — Fett, auch A. S. hat الشحم, worunter sie, wie der samarit. Commentator Ibrahim ausdrücklich erklärt (s. Geiger a. a. O. S. 158), verbotene Fettstücke verstehen, von deren Genusse die Zähne Juda's weiss werden. Nächst Juda ist es namentlich Benjamin, dem der Hass der Samaritaner gilt; hat sich doch sein Stamm dem Juda's angeschlossen und mit diesem das Königreich Juda gebildet, und bildeten doch die beiden Stämme nach dem Exile den Kern der neuen jüdischen Colonie in Palästina. Bekanntlich will schon der sam.-hebr. Bibeltext nicht zugeben, dass Benjamin „Liebling Gottes" genannt werde und liest Deut. 33, 12 יד יד für ידיד ה׳; die Codd. des sam. Trg. gehen hierin noch viel weiter. So störte es A., dass nach 44. 30, die Seele Jakobs an die Benjamins geknüpft sein soll; er übersetzt daher nicht gleich den Anderen ונפשה קטירה בנפשה, sondern ונפשו עליו ברוחו, seine Seele ist gebeugt in seinem Geiste; vgl. Midr. Rabb. zu Lev. Abschn. 34. הדין נפשא עליבתא, welchem, mit dem gewöhnlichen Wechsel von ב und ו hier ונפשו עליו vollständig entspricht. Ebenso wenig will A. zugeben, dass Josef seinem später untreu gewordenen Bruder Benjamin um den Hals gefallen sein und dort geweint haben soll, er nimmt desshalb 45, 14 das zweimalige צואר figürlich in in dem Sinne „hinter" und übersetzt עלופה, hinter ihm, es ist nämlich wahrscheinlich das arab. خلفه.[1]) Den Segen Jakobs an Benjamin entstellen alle Codd., indem sie יאכל עד übersetzen יסיף סעדו, er vernichtet das Zeugniss; sie fassen nämlich אכל figürlich als vernichten (vgl. Cast. s. v. ספה) und lesen עֵד, das sie gleich עֵדות, Zeugniss scil. Gottes, d. h. seine Lehre nehmen; סעדו (vgl. Cast. s. v. סעד) eine gewöhnliche Nebenform von סהדו, ist hier, wie im Chald., Gesetz. Sie lassen also Jakob hier sagen, dass Benjamin „das Gesetz vernichte".

Dass das sam. Trg. den religiösen Anschauungen dieser Secte Rechnung trägt, ist selbstverständlich und für Ed. bereits von Geiger in seiner schon mehrfach erwähnten Artikel-Serie in der Z. D. M. G., sowie von mir „Studien" S. 84 flg. nachgewiesen. In dieser Beziehung ist von der Fortsetzung der Petermann'schen Edition eine ungleich reichhaltigere und für die Dogmatik der Samaritaner nicht unwichtige Ausbeute zu erwarten, für die Genesis

---

[1]) 46. 29 hingegen behält auch A. צואר bei, weil es hier heisst, dass Josef dem Jakob um den Hals gefallen sei.

beschränkt sie sich, bei dem erzählenden Inhalte dieses Buches, allerdings nur auf gelegentliche Verherrlichungen der den Samaritanern heiligen Oertlichkeiten. So übersetzt A., um das den Samaritanern heilige Sichem zu verherrlichen, שכם אחת, 48, 22, נאבלס אוקרו; letzteres Wort, das chald. und syr. איקרא, sam. אוקרותה (s. Cast s. v.) bedeutet „Ausgleichung"; also: dem Josef ist Nablus (der arab. Name — نابلس — von Sichem) als Auszeichnung vor seinen Brüdern gegeben worden.

In dem Passus aus dem Segen Jakobs an Josef משם רעה אבן ישראל 49, 24 hat A. und Ed. das hebr. רעה beibehalten, die anderen haben dieses Wort gleich ראה genommen und מתמן מתחזי, von dort wird gesehen, übersetzt, C. aber hat dafür das sonderbare מן שמרעי. Um die Tendenz dieser Uebersetzungen zu erkennen, muss vorausgeschickt werden, dass die Samaritaner unter diesem אבן ישראל die Steinsäule Jakobs (Israels) verstehen (s. 28, 14), die er nach ihnen bei Sichem im Lande der Samaritaner (في ارض السامريين) errichtet hat. Dieser Stein Israels sei volle drei Jahrtausende gestanden, und auch von Juden gesehen und als die Steinsäule Jakobs anerkannt worden, was ein Beweis für die Auszeichnung dieses den Samaritanern heiligen Ortes sei. [1]) Das will die allerdings grammatisch unzulässige Uebersetzung מתמן מתמזי besagen: von dort, d. h. von dem Erbtheil Josefs, von Sichem, ist sichtbar der Stein Israels. C. wollte diesen Gedanken noch schärfer geben und zog die beiden ersten Textworte zusammen in משמרעה, worin er den Namen „Samaritaner" angedeutet finden wollte; מן שמרעי „von den Samaritanern ist der Stein Israels". Um eine solche kindische Tendenzhascherei als ganz im samarit. Geiste gelegen nachzuweisen, sei hier daran erinnert, dass die Samaritaner ליל שמורים Exod. 12, 42 שָׁמִירִים lesen, indem sie behaupten, dieses Wort enthalte ihren Namen, den die Bibel hier erwähnt, weil nur die Samaritaner, nicht aber die Juden das Pessach-Fest auf die rechte Weise feiern. [2])

---

[1]) S. darüber Geiger in Z. D. M. G. Bd. XX. S. 155.

[2]) S. Peterm. „Reisen" u. s. w. Bd. I. S. 237. Die Samarit. nennen sich unter Anderen auch שמראי (s. Neub. Chron. samarit. S. 21, ועבד עם כל שמראי טוב), welchem, mit der gewöhnlichen Guttural-Verwechslung, שמרעי in C. vollständig entspricht.

Für ברכת הורי des jüd. Textes liest der sam. Bibeltext 49, 26 bekanntlich הרי, worunter er den „Berg des Segens" (טורה דברכתה), den Garizim, verstanden wissen will. Diese Absicht ihres Textes scheinen die sam. Uebersetzer ursprünglich gar nicht erkannt zu haben; erst später tritt sie in einzelnen Codd. als nachträgliche Correctur hervor, wahrscheinlich in Folge der literarischen Controverse gegen Juden, welche die Samarit. der arab. Periode mit besonderer Vorliebe pflegten. So erklärt sich am besten die verschiedene Auffassung des Wortes הרי, die sich in den Codd. sowohl des sam. Trg. als des A. S. zeigt. Die ersteren übersetzen alle טורי oder טברי „mein Berg", nur C., den wir schon öfter Gelegenheit hatten als den relativ richtigsten und am wenigsten corrigirten Cod. kennen zu lernen, hat בטנותי, meine Schwangerschaft. הרי ist demnach von הרה, schwanger sein, abgeleitet, das regelmässig durch בטן (vgl. Cast. s. v.) gegeben ist. In A. S. haben sämmtliche Codd. bei Kuenen, حاضنى oder جبلى, „die, welche mich geschwängert hat", was ein Scholion zu Cod. C. unter Berufung auf אנכי הריתי, Num. 11, 12, ausdrücklich von הרה ableitet. Erst ein sam. Commentator (in Eichhorn's Repert. Bd. XVI. S. 192) übersetzt على جبلى, was er dann tendentiös ausbeutet. Es ist nun nicht anzunehmen, dass die specifisch sam. Uebersetzung טורי und جبلى die ursprüngliche gewesen und durch das indifferente בטנותי und حاضنى verdrängt worden sei; wohl aber dass dieses später der klar zu Tage liegenden sam. Tendenz „mein Berg" weichen musste.[1])

ואברהם היו יהיה לגוי גדול 18, 18 übersetzen die meisten Codd. wörtlich ואברהם הוו יהוי, aber B. hat הבו ויי und הוו C. ויהוי, also beide: war und wird sein; es scheint das ein Versuch der Samarit. zu sein, ihre Taêb-Lehre an eine Bibelstelle anzulehnen. Sie erwarten von dem Taêb bekanntlich die Rückkehr der „Gnadenzeit" welche ihnen die Weltherrschaft bringen soll;[2]) das soll die Uebersetzung dieser beiden Codd. besagen: und Abraham (d. h. seine Nachkommen, die Samaritaner) war (scil. in der „Gnadenzeit") und wird (wieder) sein ein grosses Volk.

---

[1]) Hiernach ist meine in „de pentat. Sam. etc." S. 11, Anm. 4 ausgesprochene Ansicht über diese Lesearten in A. S. zu berichtigen.

[2]) Vgl. Vilmar, „Abulfathi Annales sam." prolegg. S. XLIV flg.

Im Gegensatze zu den eben angeführten Uebersetzungen scheinen einige Codd. einen den Juden heiligen Ort herabsetzen zu wollen. Diese Art der Polemik war zwischen Juden und Samaritanern nicht ungewöhnlich; die Juden machten aus שכם — שקר, Lüge, die Samaritaner aus בית המקדש — בית מכתש, Haus des Aussatzes.[1]) Nun heisst es 11, 4, von dem babylonischen Thurmbau וראשו בשמים, was A., B. und Ed. wörtlich geben ורישה בחללה, aber T. hat das sonderbare ורישה משלה und C. בשולה, womit wahrscheinlich שלה Schiloh, gemeint ist. Dieser Ort, seit Josua (das. 18, 1) Sitz der Stiftshütte, theilt mit Jerusalem den Hass und die Angriffe der Samaritaner. Sie protestiren zunächst dagegen, dass Josua dort, und nicht auf dem Garizim, ein Heiligthum soll errichtet haben;[2]) erst der „abtrünnige Eli" behaupten sie,[3]) habe in Schiloh einen Tempel, ähnlich dem auf dem Garizim, errichtet und eben mit diesem Ereignisse beginne die traurige Periode der „Panutha". Schiloh, sowie Eli und Samuel, die daselbst fungirten, sind daher Gegenstand des besonderen Hasses der Samaritaner. Eli heisst „der Abtrünnige" — الضال — und „der Verderber" — المفتال, Samuel „der Zauberer" — الساحر — und beide stammen sie von Korah ab, der „sich gegen den Gottesboten Moses empörte und im Feuer verbrannte". Diese beiden haben einen Theil Israels zum Abfalle vom Garizim bewogen, „dass ein Theil von ihnen nach Schiloh ging". Der erste Gegner des Garizim, der Vorläufer des Tempels von Jerusalem, war demnach Schiloh.[4]) Von dem Gotteslästerlichen Thurmbau zu Babel lassen diese Codd. nun die Bibel sagen ורישה בשלה, dass „sein Anfang[5]) in Schiloh" ist; eine Anspielung darauf, dass der Anfang einer ähnlichen fluchwürdigen That, des Abfalls vom Garizim nämlich, in Schiloh war. Es wäre das allerdings eine recht kindische Polemik, aber um keines Haares Breite minder kindisch als die eben zu 49, 24 angeführten

---

[1]) Vilmar, a. a. O. S. XCIX.

[2]) S. Geiger, a. a. O. S. 156.

[3]) Vgl. hierzu und zu dem Folgenden, Juynboll „Lib. Jos." Cap. XLIII u. „Abulfathi Ann. sam. S. 42 flg.

[4]) Auch der sam. Commentator Ibrahim bringt Schiloh und Garizim in directen Gegensatz zu einander; vgl. Geiger, a. a. O. das.

[5]) ריש bedeutet nämlich neben „Haupt" auch „Anfang", vgl. Cast. s. v.

Beispiele, die eine ähnliche, zum Theil von den Samaritanern selber zugegebene, Tendenz verfolgen.

Einer eigenartigen, durch äussere Rücksichten gebotenen, tendentiösen Uebersetzung begegnen wir in Cap. 22. Daselbst ist Isaak als Sohn Abrahams dreimal, V. 2, 12 u. 16 יחידך, dein einziger, genannt, was nur V. 2 alle Codd. wörtlich (אחדך) יחידך geben, V. 12 u. 16 haben A. u. Ed. לביבך dafür, das nun bei Cast. Cellarius u. Uhlem. als: לביב, corculum, unicus, dilectus, figurirt. Auffallender Weise scheut sich aber auch A. S. hier יחיד wörtlich zu übersetzen, wie es der sonst von ihm benutzte Saad. thut; wo ein Cod. es gethan hatte, dort ist es eliminirt worden. So haben V. 2 sämmtliche Codd. ابنك خصيصك „deinen eigenen Sohn", nur Cod. C. hat das wörtliche وحيدك, aber dazu die Randbemerkung: نسخة خصيصك, das V. 12 sämmtliche Codd. haben, ebenso V. 16 wieder mit Ausnahme von C. Diese auffallende, in beiden Versionen übereinstimmende Abweichung vom einfachen Wortsinne ist offenbar durch die Rücksicht auf die herrschenden Araber dictirt, die sie durch die Behauptung, Isaak sei der einzige Sohn Abrahams gewesen, zu verletzen befürchteten, da dadurch Ismael, der Stammvater der Araber, nicht als Sohn, wenigstens nicht als legitimer Sohn, Abrahams hingestellt würde. Aus diesem Grunde haben einige Codd. das Wort „einzig" durch ein anderes ersetzt, in A. S. durch خصيص, im sam. Trg. durch חביבך oder עביבך, dein Geliebter, wie für das sinnlose לביבך in A. u. Ed. zu lesen ist. Eine solche Rücksicht gegen die Araber tritt uns in allen späteren Schriften der Samaritaner entgegen. Ibrahim nennt Ismael: سيدنا und fügt seinem Namen die Eulogie عليه السلام hinzu.[1]) Der Autor der von Neubauer edirten „Chronique samarit.", der gegen den Stifter des Christenthumes so wenig Rücksichten kennt, dass er ihn (S. 18) ישו בן מרים בן יוסף נגארה בן הנהפת (= הנאפת) nennt, was die arab. Uebers. durch ابن الزنية gibt, berichtet S. 21. ובכלול כהנת זה אלעזר קעם מחמד ואתנבי לגו ישמעאלי באמדינת מכה ועבד עם כל שמראי טוב „und am Ende der Hohenpriesterschaft dieses Elasar stand auf Muhammed und profezeite in der Stadt Mekkah und that Gutes an allen Samari-

---

[1]) S. Geiger a. a. O. das. S. 162.

tanern". Eine geschichtliche Unwahrheit, die eben nur aus Rücksicht auf das herrschende Volk aufgestellt werden konnte, auf welche auch die sagenhaft ausgeschmückte, dem arabischen Nationalstolze höchst schmeichelhafte, Darstellung von der Entstehung und Macht des muhammedanischen Weltreiches bei Abulfath (edit. Vilmar S. 173 flg.) zurückzuführen ist. Auf dieselbe Tendenz ist noch die Uebersetzung von ולבני הפלגשים 25. 6, in B. ולבניה תניניה, den Kindern zweiter Ehe, zurückzuführen. Unter diesen Kebsen war nämlich auch Hagar, die Mutter Ismaels, der demnach durch die wörtliche Uebersetzung wieder nicht als vollberechtigter Sohn Abrahams hingestellt würde; daher die Umschreibung von פלגשים durch תניניה, die Zweiten. Die anderen Codd. haben noch das urspüngliche כבלניה.

Zu den tendentiösen Uebersetzungen gehören endlich in gewissem Sinne auch jene, welche wirkliche oder scheinbare Schwierigkeiten des Bibeltextes zu heben suchen. Für Ed. ist eine Anzahl solcher Stellen „Sam. Studien" S. 62 flg. bereits nachgewiesen, so wie der Umstand, dass die Verkennung ihrer Tendenz Veranlassung zu einer Unzahl unrichtiger Angaben in den Wörterbüchern geworden ist. Auch in dieser Beziehung bietet die Petermann'sche Edition ungleich zahlreichere Beispiele, aus denen sich auch ergibt, dass die meisten dieser freien Uebersetzungen, die irgend einer sachlichen Schwierigkeit begegnen sollen, erst nachträgliche Correcturen, nicht aber Eigenthum des ursprünglichen sam. Trg. sind. So wird das hebr. ברא in der Schöpfungsgeschichte einigemal טלמס (s. ob. S. 163), in der Regel ברא übersetzt, nur 1. 27, wo von der Erschaffung des Menschen die Rede ist, steht dafür dreimal כון, das erstemal für ויברא, sogar die doppelte Uebersetzung וברא וכון. Die Ursache ist in der doppelten Darstellung von der Erschaffung des Menschen, hier und 2. 21, zu suchen, welche schon die Haggadah zu den verschiedensten Enklärungsversuchen genöthiget hat.[1]) Das sam. Trg. hatte ursprünglich gewiss auch hier (1. 27) das gewöhnliche ברא, welches sich in dem Petersb. Fragm. noch erhalten hat, so wie in dem erwähnten וברא וכון der Petermann'schen Codd. Dieses ברא hat einen späteren Leser gestört, dem es aufgefallen war, oder der es

---

[1]) Vgl. Berach. 61a, Erub. 18a u. Rabboth z. Gen. Abschn. 14.

von den Juden als auffallend bezeichnet gehört hatte, dass hier erzählt wird, Gott habe Mann und Weib geschaffen, während 2. 21 berichtet wird, nur der Mann sei, und zwar aus Erde, geschaffen gewesen, das Weib erst aus ihm gemacht worden. Um diesen Widerspruch zu lösen, hat er hier ברא eliminirt und durch כון ersetzt; dieses — auch syr. ܟܘܢ — hat im Chald., im Paël כַּוֵּן, die Bedeutung: auf Etwas hinzielen, die Gedanken richten, beabsichtigen, in der es im Talmud und in der rabbinischen Literatur gewöhnlich ist, aber auch im sam. Trg. vorkommt; vgl. z. B. 24. 44, אשר הוכיח ה׳, alle Codd. bis auf C. דכון ה׳. Dieses כון soll hier demnach besagen, dass Gott den Menschen erst nur vorbereitete, zu schaffen beabsichtigte und zwar als Mann und Frau, thatsächlich aber erschuf er ihn erst später, und zwar wie 2. 21. angegeben ist, den Mann aus Staub, die Frau aus der Rippe des Mannes. Das so verdrängte ursprüngliche ברא ist einmal, am Anfange des Verses, von einem unwissenden Abschreiber neben dem neu eingedrungenen וכון gesetzt worden, daher die Glosse: וברא וכון, die schon Winer (a. a. O.) anmerkt, ohne ihre Entstehungsursache zu ahnen.

Eine ähnliche Bewandtniss hat es mit קמץ, das in der Schöpfungsgeschichte in der Regel für das hebr. עוף steht. Dass es desshalb doch nicht „volucris, volatile" bedeute, wie Cast. u. Uhlem. wollen, sondern „Heuschrecke" wie קמצא im Chald. u. Syr., ist schon „Studien" S. 63 bemerkt, wo nur die Ursache dieser Uebersetzung nicht richtig angegeben ist, welche die folgende ist. 1. 20 heisst es, dass die Vögel aus dem Wasser entstanden sind, 2. 19 aber, dass sie aus Erde geschaffen seien, ein Widerspruch, der schon die Haggadah viel beschäftiget, die ihn durch die Annahme auszugleichen sucht, die Vögel seien aus Wasser und aus Erde, d. h. aus dem Schlamme — רקק — entstanden,[1]) was auch der karäische Commentator Ahron b. Elijah im כתר תורה zu 2. 19 gleich Ibn-Esra acceptirt.[2]) Der erwähnte Widerspruch in der

[1]) Vgl. Chol. 27b, u. Pessikt., Abschn. IV, Edit. Buber S. 35a.

[2]) Eine andere Lösung dieser Schwierigkeit s. Rabboth zu Gen., Abschn. 17, wo das 2. 19, von der Erschaffung der Vögel aus Erde gebrauchte ויצר, nicht „er bildete" übersetzt, sondern von צרר abgeleitet wird, in dem Sinne, Gott habe die Vögel der Herrschaft des Menschen unterworfen.

Schöpfungsgeschichte der Vögel musste die, in Bezug auf die Speisegesetze so ängstlichen, Samaritaner um so mehr stören, als die erste Relation עוף wiederholt (1. 19 u. 20) mit שרץ in Verbindung bringt, wobei sie sogleich an das unreine „Gewürm" denken mussten, während von den Vögeln viele zum Genusse erlaubt sind. Sie eliminirten daher in ihrem Trg. das ursprüngliche עופה, welches das Petersb. Fragm. noch an allen Orten, C. noch stellenweise hat, und setzten dafür קמץ, קמצה, das wahrscheinlich nicht das chald. u. syr. קמצא, das nur „Heuschrecke" bedeutet, ist, sondern das ar. قمص, das die weitere Bedeutung: Mücken, Wasserfliegen, Heuschrecken, also fliegendes Gewürm aller Art hat, das sie dem שרץ העוף entsprechender fanden und als aus dem Wasser hervorgehend annahmen. Deshalb haben hier (Cap. 1.) alle Petermann'schen Codd. קמץ, 2. 19, 20 u. a. aber hat C. schon עופה, weil hier wirklich von Vögeln die Rede, die aus Erde geschaffen wurden. Die anderen Codd. haben auch hier קמץ, das bei manchen derselben noch an einigen wenigen Stellen auftaucht, wo aber C. immer עופה liest. Die späteren Leser und Abschreiber waren sich nämlich der eigentlichen Bedeutung von קמץ, so wie der Ursache nicht mehr bewusst, welche dieses Wort in das erste Cap. als Uebersetzung von עוף gebracht hatte, sondern nahmen קמץ als ein, gleich vielen anderen von ihnen nicht mehr verstandenes Wort, das „Vogel" bedeutet, und interpolirten es auch hie und da an unrechtem Orte.

22. 13 übersetzen die Codd., mit Ausnahme von A. u. Ed., wortgetreu; diese beiden aber sehr abweichend. Sie geben zunächst das hebr. איל, Widder, das hier zweimal vorkommt, nicht wie sonst דכר, das die anderen Codd. gleich Onk. auch hier haben, sondern נקי, das dem hebr. שה, Lamm, entspricht. Die Ursache dieser Abweichung liegt in V. 8 das., wo Abraham sagt: Gott wird sich das Lamm (השה) ersehen, was alle Codd. יחזי לה נקי übersetzen, während es hier ein Widder ist, der thatsächlich ersehen worden wäre, weshalb A. u. B. איל hier nicht wörtlich, sondern „Lamm" übersetzen. Ist hier aber von einem Lamme die Rede, so kann sich dieses nicht mit den Hörnern im Gestrüpp verwickelt haben, da dieses nur auf einen Widder passt. In Folge dessen übersetzen dieselben Codd. consequenterweise Tw. בקרניו nicht wörtlich, wie es die anderen thun, sondern בעטלפיו, mit sei-

nen Hufen; es ist nämlich das hebr., im sam. Trg. auch sonst vorkommende טלפים, mit dem im Samaritanischen üblichen א praefixum, das nach dem specifisch samaritanischen Fehler zu ע wurde. Nichts desto weniger hat Cast. mit Bezug auf diese Stelle: עטלף, cornu, ebenso Uhlem. der sogar das ar. عطف, biegen, vergleicht. Eine ähnliche Uebersetzung ist noch die von A, der 40. 15 für גנב גנבתי das unverständliche קנוץ נקנצתי hat; wahrscheinlich ist [illegible] mit [illegible] verwechselt und קנוי נקניתי zu lesen, weil Josef thatsächlich nicht gestohlen, sondern nach 37. 28, gekauft wurde.

XIII. Relativer Werth der Codices und ihr Verhältniss zu einander.

Nach den bisherigen Auseinandersetzungen ist es möglich, das Verhältniss der einzelnen Codd. zu einander so wie ihren relativen Werth in Kürze zu bestimmen, wodurch einerseits eine richtige Benutzung der Petermann'schen Edition, anderseits aber ein richtiges Urtheil über das Wesen und die gegenwärtige Beschaffenheit des sam. Trg. erlangt werden kann. Die Codd. weichen, wie wir gesehen haben, in jeder Beziehung stark von einander ab; doch stehen manche, worauf schon einigemal hingedeutet worden ist, in einem näheren Verhältnisse zu einander, als zu den übrigen. Sie lassen sich nach dem Grade ihrer Zusammengehörigkeit, der sich durch eine mehr oder minder starke Uebereinstimmung in gewissen Dingen verräth, in zwei Gruppen sondern. Die Eine bildet A. u. Ed., die Andere B. u. C., in der Mitte zwischen beiden steht T. (Ap.)

Die stärkste Uebereinstimmung herrscht zwischen A. u. Ed. Sie haben nicht nur die wenigsten Hebraismen (s. ob. S. 124), während sie anderseits am stärksten arabisiren (s. ob. S. 135), sondern sie stimmen, besonders in der ersten Hälfte der Genesis, auch in relativ unbedeutenden Dingen, z. B. in der Wahl des Ausdruckes, durch den sie das Textwort wiedergeben, gegen die anderen Codd. in der Regel mit einander überein, was sich jedem Leser aus den bisher angezogenen Stellen bereits zur Genüge ergeben haben dürfte. Sie haben aber auch in der Regel dieselben Fehler (s. ob. S. 142 flg. u. 149 flg.) und dieselben sonderbaren, zum Theil räthselhaften, weil offenbar corrumpirten Wörter, welche die anderen Codd. nicht haben; man vergleiche z. B. die meisten der ob. S. 163 flg. angeführten Stellen und Wörter, die nur A. u. Ed. haben, wie ילסקון, 8. 6, für Tw. יזמר, 13. 7 ילצין für ישבים, 19. 11 מן רציר für מקטן und ולפטו [1]) für וילאו, das. V. 24 פצטי für גפרית, das. V, 28 נסופה für כבשן, 20. 12 ואף עיסק für וגם אמנה, 21. 7 הילנסיפה für היניקה und ינסתי für ילדתי u. a. m.

Ferner haben A. u. Ed. unverhältnissmässig viel **Glossen und doppelte Uebersetzungen**, und die meisten gemeinschaftlich. Statt hier Beispiele beizubringen, sei nur auf die lange Reihe jener Glossen verwiesen, die „Stud." S. 31—34 für Ed. nachgewiesen sind, die A., mit sehr wenigen Ausnahmen, ebenfalls hat. Endlich aber stimmen A. u. Ed. in ihrer, von den anderen Codd. **abweichenden Auffassung** zumeist überein,[2]) so wie in der **Wiedergabe der nom. propr.**; man vgl. z. B. 14. 5 Tw. רפאים, A. סולפיה, Ed. סולעפיה (das ar. سلفع, muthig,?), עשתרת קרנים nur A. u. Ed. בעפינית קרניה, האימים, A. סיעפיה, Ed. שיעפיה und בשוה קריתים — בשוה מדינתה [3]); das. V. 6 אשר על המדבר, nur A. u. Ed. לפלוג דעל מדברה, wobei לפלוג, wie „Studien" S. 7 nachgewiesen, aus dem nächsten Verse irrthümlich hierher gekommen ist, wo das nom. propr. חצצון תמר von חצי, Hälfte, abgeleitet und von A. u. Ed. בפלוג גדי übersetzt wurde; [4]) das. V. 14 דן, A. u. Ed. בניאס (A. S. بانياس), das. V. 17 עמק שוה, nur A. u. Ed. nach Onk. מישר מפנה, 20. 1 u. 2; 26. 1 u. 6 גרר nur A. u. Ed. עסקלון u. a. m.

Bei dieser, nach den verschiedensten Richtungen sich offenbarenden, auffallenden Uebereinstimmung zwischen A. u. Ed. **müssen beide**

---

[1]) Wahrscheinlich Corruptel für ולעאר.

[2]) Vgl. oben S. 141 flg. und Stellen wie 19. 27, wo A. u. Ed. nach dem, von der jüdischen Tradition beeinflussten Onk., Tw. בבקר übersetzen: בצלו צפר (s. „Stud." S. 9), 21. 33 אל עולם, wofür die and. Codd. richtig haben אלהה דעלמה, während A. u. Ed., denen das gewöhnliche אל עליון vorschwebte, חילה עלאה, **höchste** Macht, übersetzen, 22. 2, wo A. u. Ed. (vgl. „Stud." S. 73) für Tw. עלה haben מסוק (für עָלָה) u. a. m.

[3]) Sie haben nämlich קריתים gleich קריה gefasst, wahrscheinlich nach A. S. في سبى القريتين.

[4]) T. hat בפלגי תמר, Cod. C. im A. S. bei **Kuenen** في اقسام ثمر.

auf eine gemeinschaftliche Quelle zurückgeführt werden, aus der sie geflossen sind. Da sie aber anderseits wieder oft genug und auch in wesentlichen Dingen von einander abweichen; so muss angenommen werden, dass sie nicht unmittelbar, sondern durch Vermittlung mehrerer Mittelglieder auf einen gemeinschaftlichen Cod. zurückzuführen sind, der selber schon stark corrumpirt und interpolirt war, wie das die gemeinsamen Fehler, Glossen und Arabismen in A. u. Ed. beweisen. Die aus diesem älteren Cod. veranstalteten Abschriften wurden dann in derselben gewaltsamen Manier weiter verändert, respective corrumpirt, und wichen von ihrer gemeinsamen Quelle immer weiter und zwar um so stärker ab, je mehr Mittelglieder zwischen ihnen lagen und durch je mehr Hände sie gegangen waren. Im Allgemeinen aber ist die Uebereinstimmung zwischen A. u. Ed. eine so grosse, dass sie sich oft ergänzen und die falschen Lesearten des einen oder anderen, je nach dem gegebenen Falle, nach dem einen oder andern Cod. zu rectifiziren sind. Im Ganzen und Grossen ist A. ungleich corrumpirter und nachlässiger geschrieben als Ed., hat auch ungleich mehr Arabismen, und in Folge dessen eine unverhältnissmässig grosse Anzahl von auffallenden, zum Theil unerklärlichen Lesarten.[1]) Bei alle dem haben A. u. Ed., obwohl an sich unzweifelhaft die relativ jüngsten und fehlerhaftesten Codd., nicht selten eine ungleich alterthümlichere und originellere Diction als die and. Codd., ein Umstand, der auf jenen älteren Cod. zurückzuführen ist, aus dem sie beide geflossen sind. Es sind das eben Stellen, wo die ursprünglichen Lesarten nicht durch willkührliche Interpolationen umgestaltet, oder sonst corrumpirt worden sind. So hat z. B. A. u. Ed das von den anderen Codd. nur in den ersten Capp. beibehaltene תלים und תלימה — für das hebr. אח und אחות, vgl. „Studien" S. 55 — fast durchweg bewahrt; für das von den anderen Codd. zumeist beibehaltene hebr. קרא fast immer זעק, für יכל — רשה,

[1]) Beispielsweise seien hier angeführt: für מצידי 27. 19 משרבלותי, für באהבתו, 29. 20, בפלסקנה, für מצבה, 31. 13 נקיטה, für שאל 37. 35, דיוק, für שבלים 41. 5, 6 u. 7 נקלוסיה, für מרגלים 42. 9, טסילין, das. V. 11 משמצין, V. 14, נרססין, V. 16 שחורין u. 42. 30 מגליסין; für מליץ, 42. 23, פלטנה, für מזמרת, 43. 11, מן ספלפות, für לחם, das. V. 25, צופה u. viele andere.

für ראה oder חזה der anderen Codd. zumeist חמה, oder עגל חגל, für עוד — עורי, für עד — סעד, für עבד — שמש, für ענה (das auch christl.-paläst.) אגיב, für עבר — געז, für קרץ — קדם für זרע — נוף u. a.

Beispielsweise seien hier einige Verse nach T. u. A. untereinander gestellt. So lautet 34. 44

ואמרו להון לא נוכל למעבד ית ממלה הדן in T.
למתן ית אחתנן לגבר דלה ערלה....
ואמרו לון לא נרשי למעבד ית ממלה הדן in A.
למהב ית תלימתן לגבר דלה בטולתה....

und 44. 4 in T. אנון נפקו מן קרתה לא הרחיקו ויוסף
אמר לדעל ביתה קום רדף בתר גבריה ותמטינון
ותימר להון למה שלמתון בישה תחת טבה.
in A. אנון נפקין מן קרתה לית אתרחקו ויוסף מלל לדעל
ביתה קום דעק בתר אנשיה שוי ותמטינון
ותמלל להון הדך מרקתון ביש חלף טבו.

Ein ähnliches Verhältniss, wie zwischen A. u. E. besteht zwischen B. u. C. In den meisten Fällen stimmen sie so auffallend überein[1]), dass sich auch von ihnen behaupten lässt, sie seien durch mehrere Hände

---

[1]) Diese Uebereinstimmung dürfte sich wohl jedem Leser ergeben, der diese Codd. sorgfältig vergleicht; auch die meisten der bisher hier angeführten Stellen sprechen für dieselbe. Als Beispiele, wo die Uebersetzung der anderen Codd. der von B. u. C. gegenübergestellt wird, mögen genügen: 9. 11, אתבדרת, B. אתפתית, C. א(ת)פתית; das. V. 20, גבר פרנסה, B. u. C. גבר ארעה; das. V. 21, ואשכר, B. ואתרבע, C. ואתרבי, (Onk. ורוי); 15. 10 ושוה פגר, B. u. C. ויהב גברה; das. V. 12 לעלל — למיעל, ותנומה — ודשנה, חשכה רבה סגיה, B. u. C. lesen die Glosse סגיה nicht; das. V. 13 עכום תעכם — מחכום תחכם, נוסף — זרעך; das. V. 14 ייעלון בקנין סגי — יפקון בעותר רב, das. V. 15 תתכנש C. תתקבר, B. תקבר, das. V. 16, וגליה רביעה ייתי — ודרה רביעאה יעזר; ובעיר כור, B. ולביד אש, C. ולפיד אש; קטריה — גזריה; 17. 4 u. 5 רגוש גועיה B. המון גוץ für das richtige המון גוי in C.; das. V. 7, 10 u. 11 für פסקיל immer קיאם; das. V. 11 קלפתיכון — ערלתכון. 18. 15 ואנכרית — וכדבת, das. 23 u. 24 ist Tw. האף nur von B. הרגז und C. הא רגז fälschlich von אַף, Zorn, abgeleitet; 24. 2 סהב ביתה — חכים, ושוה ביתו, das. V. 7 ישגר מלאכה — ישלח שליחה, das. V. 32, B. ואסתח, C. וסתח. 25. 24 תומים — תומחין u. s. w.

gegangene Abschriften eines älteren Exemplares und in letzter Linie auf eine gemeinsame Quelle zurückzuführen; nur ist B. ungleich fehlerhafter geschrieben als C. Beide Codd. haben, wie (ob. S. 124) erwähnt, viel Hebraismen, dagegen arabisiren sie selten (s. oben S. 126), haben fast gar keine von den zahlreichen Glossen und den ungeheuerlichen und unerklärlichen Wortformen der anderen Exemplare und sind offenbar älter und weniger gewaltsam corrumpirt als A. u. Ed., ja selbst als T., was sich schon aus dem bemerkenswerthen Umstande ergibt, dass sie, besonders aber C., Anthropomorphismen fast gar nicht scheuen[1]), und überhaupt die wenigsten tendentiösen Uebersetzungen haben (s. oben S. 178 flg.), die nie Eigenthum einer ursprünglichen, alten Uebersetzung, sondern, wie hier für das sam. Trg. (ob. das.) an vielen Beispielen nachgewiesen ist, in der Regel das Werk späterer Emendatoren und Interpolatoren sind.[2])

Was endlich den von P. zur Textesgrundlage gewählten Cod. (T.) betrifft, so ist er der relativ am richtigsten abgeschriebene; dafür vereiniget er aber alle die verschiedenen Mängel, wenn auch nicht in auffallend hohem Grade in sich, welche die anderen Codd. einzeln characterisiren. Er hebraisirt nicht selten, hat ziemlich oft Interpolationen aus Onkelos, arabisirt stark, hat häufig Glossen und alte Corruptelen aller Art, Eigenthümlichkeiten, welche die Wahl gerade dieses Cod. eben nicht als eine glückliche erscheinen lassen. Zum Texte hätte sich eher Cod. C. geeignet, der die gewaltsamen Aenderungen, welche sich das sam. Trg. im Laufe der Zeit gefallen lassen musste, am wenigsten verräth. An C. schliesst sich, dem relativen Werthe nach, zunächst B. an, darauf erst folgt T. (Ap.), auf diesen Ed., und endlich als jüngster und corrumpirtester Cod. A.

---

[1]) S. oben S. 138 über die Uebersetz. v. אלהים durch מלאכיה, ferner Stellen, wie 6. 3, wo לא ידון רוחי, das die anderen Codd. לית ילקפן ערבדי übersetzen (s. oben S. 168 flg.) von C. allein beibehalten ist; das. V. 6, wo das von Gott ausgesagte וינחם, das die anderen Codd. ואתכמת umschreiben (s. Winer, a. a. O. S. 61 u. Uhlem. Chrest. z. St.) von C. ואתנחם gegeben ist; das. V. 7, wo das ebenfals auf Gott sich beziehende ויתעצב nur von C. wörtlich ואצטער (von צער) übersetzt ist, u. 8. 21, wo ויאמר ה׳ אל לבו in allen Codd. umschrieben ist ליד רוחה, nur C. עם לבה hat.

[2]) Vgl. in Geigers „Zeitschr." IX. S. 77 eine diesbezügliche Erörterung von R. Payne Smith, die Geiger daselbst mit Recht zur Beachtung empfiehlt.

XIV. Alter der Codices.

Ergibt sich schon aus den eben besprochenen Eigenthümlichkeiten der Petermann'schen Coddices, dass keiner derselben das ursprüngliche sam. Trg. treu wiedergibt; so lassen mehrere äussere Umstände noch deutlicher auf das relativ junge Alter derselben, so wie auf die Zeit schliessen, in der sie frühestens entstanden sein konnten. Den nächsten Anhaltspunkt geben die zahlreichen Schreibefehler, von denen sämmtliche Codd. wimmeln. Diese können nämlich unmöglich bloss auf Flüchtigkeit und Nachlässigkeit der Copisten zurückgeführt werden. Die bereits betonte häufige Wiederholung desselben unsinnigen Fehlers, die zahlreichen, allmälig bis zur Unkenntlichkeit entstellten corrumpirten Wörter, welche die Abschreiber einfach nachschrieben, die häufigen, oft in mehreren oder gar allen Codd. vorkommenden, doppelten Uebersetzungen und Glossen aller Art, die noch dazu, wie wir an vielen Beispielen gesehen,[1]) oft am unrechten Platze stehen: alles das weiset auf eine Zeit hin, in der den Abschreibern das Verständniss dieser Codd. bereits abhanden gekommen war (s. ob S. 123, 125 u. a.) und sie rein mechanisch etwas copirten, was sie nicht mehr verstanden. Nur diese Annahme erklärt den Umstand, dass sie Fehler, die ursprünglich gewiss nichts anderes als zufällige Schreibefehler waren, nicht erkannten, sondern einfach nachschrieben und dazu noch ihrerseits eine horrende Anzahl neuer Fehler machten, die Jemand, der nur ein schwaches Verständniss dieses Idiomes besitzt, sich unmöglich zu Schulden kommen lassen konnte. Schon dadurch wäre frühestens das erste oder zweite Jahrh. der Araberherrschaft, also das 8. oder 9. Jahrh. n. Chr. als die Entstehungszeit der uns vorliegenden Codd. gegeben. Nun ist aber von A. u. Ed. schon oben (S. 196) nachgewiesen worden, dass sie in letzter Linie auf eine gemeinsame, ältere Quelle zurückzuführen sind. Diese selber ist aber schon eine unklare, durch viele Hände, man möchte beinahe sagen, muthwillig getrübte. Sie strotzt von Interpolationen, Glossen und Fehlern aller Art, die A. u. Ed. von ihr überkommen haben, und — was das bezeichnendste ist — auch von Arabismen, welche diese beiden gleichmässig von ihr übernommen haben. Bei dieser Fülle von Arabismen muss schon dieser

---

[1]) S. dieselben oben S. 160 u. 177 u. a.

ältere Cod., auf den A. u. Ed. offenbar erst durch Vermittlung mehrerer Mittelglieder zurückzuführen sind, einer Zeit angehört haben, in der das Arabische anfing Umgangssprache der Samaritaner zu werden, also frühestens dem 8. Jahrh., wodurch A. u. Ed. in eine noch ungleich spätere Zeit herabgedrückt werden. Für eine solche spätere Zeit, etwa das 9. oder 10. Jahrh., spricht ferner der Umstand, dass diese arabischen Interpolationen oft bis zur Unkenntlichkeit entstellt und, da sie in mehreren Codd., ja oft in allen gleichmässig vorkommen, sicherlich einem älteren Cod. auf Treu und Glauben nachgeschrieben sind. Nun ist es aber unmöglich, dass Arabisch sprechende Abschreiber z. B. חלקסיתיה (1. 21, für القيطس ob. S. 149), קפץ (10. 8, für قنص ob. S. 152) und רילק (11. 9, für العراق ob. S. 161) nachgeschrieben hätten, wenn sie sich dessen noch bewusst gewesen wären, dass diese und ähnliche Worte arabisch sind. Die Samaritaner hatten vielmehr zur Zeit als diese Codd. abgeschrieben wurden offenbar schon so lange arabische Bibelübersetzungen benutzt, dass sie von den, früher nothwendig gewesenen, arabischen Interpolationen ihres ausser Brauch gekommenen Trg. keine Ahnung mehr hatten. Sie hielten diese ebenfalls für samaritanisch und copirten, respective corrigirten, diese eben so blindlings und unverständig, wie sie es mit dem ihnen wirklich unverständlich gewordenen Samaritanischen thaten. Solche arabische Interpolationen weisen aber auf eine noch jüngere Zeit hin, wenn sie, wie in vielen Fällen nachweisbar (s. ob. S. 134 flg.), nach A. S. gemacht sind. Da dessen arabische Uebersetzung erst ums 11. Jahrh. entstand; so werden unsere Codd. gar in das 11. bis 12. Jahrh. herabgedrückt, womit noch nicht einmal gesagt ist, dass sie damals wirklich geschrieben worden seien; sie sind vielmehr wahrscheinlich noch spätere Abschriften von Exemplaren, die um jene Zeit entstanden sind.

Ein ungleich wichtigeres Criterium für das junge Alter und für die gewaltsam veränderte Gestalt aller unserer Codd. gibt aber der Umstand, dass diese in den ersten Capp. auffallend wenig Varianten bieten, in sachlicher Beziehung fast keine einzige. Die Codd. weichen hier nur was die Schreibung der Worte betrifft, und auch hierin unverhältnissmässig seltener als in den späteren Capp., von einander ab. Im ersten Cap. haben sämmtliche Codd. überall dieselben Worte und Redewendungen; im zweiten weicht nur C. hie und da von den anderen Codd. ab, indem stellenweise der ihn bezeichnende Vorzug hervortritt, statt der häufigen Arabismen die ursprünglichen samaritanischen Lesearten zu bewahren; die anderen Codd. stimmen auch hier noch vollständig überein. Das eben Gesagte gilt, wenn auch in immer geringerem Masse, von dem dritten und den nächstfolgenden Capp., bis dann die Codd. immer mehr auseinander gehen und allmälig die oben gekennzeichnete verschiedengeartete Gestalt annehmen. Es scheint fast, als hätten die Interpolatoren und Textesverderber eine gewisse Scheu davor empfunden, mit ihren willkührlichen Veränderungen des ihnen vorliegenden Textes gleich beim Anfang der Bibel zu beginnen, so dass sie die ersten Capp. unberührt liessen, in den späteren Capp. sich schon das eine und das andere erlaubten, bis sie, allmälig muthiger geworden, ihre verderbliche Thätigkeit ohne jede Rücksicht im weitesten Umfange ausübten. Dem sei nun wie ihm wolle, auf alle Fälle haben wir es in dem ersten und zweiten Capitel, bei der augenfälligen Uebereinstimmung der sonst so abweichenden Coddices, mit den unverändert gebliebenen Stellen jenes älteren Exemplares zu thun, aus dem unsere sämmtlichen Coddices ursprünglich geflossen sind. Eine nähere Betrachtung dieser beiden Capp. wird uns demnach Aufschluss über diese gemeinsame Quelle unserer Codd. und so mittelbar über diese selber geben, wobei uns der glückliche Zufall sehr zu Statten kommt, dass die schon mehrfach erwähnten, hier als Anhang edirten, Petersburger Fragmente gerade den grössten Theil der ersten zwei Capp. der Genesis umfassen, also eine Controle der Petermann'schen Codd. ermöglichen.

Die verschiedenen Bezeichnungen für ein und dasselbe Wort treten schon in den beiden ersten Capp. recht auffallend hervor. So ist שמים, und zwar immer in allen Codd. gleichmässig, bald שומיה bald חללה[1]) übersetzt; für רקיע steht 1. 6, 7 u. 8 überall קסאיה, wahrscheinlich das chald. קסא, obenauf sein, sich erheben, das. V.

[1]) Cast. s. v. vergleicht hierzu gar das gr. *κοιλόν*; es ist aber das chald. u. syr. חללה, hohler Raum, im jerus. Talmud (Kilaj. IX. 8) geradezu vom leeren Raum des Himmels gebraucht, der gewölbt, also **hohl** zu sein scheint.

17, das schwierige שוביך[1]) V. 14 u. 15 das. gar סלוק, das arab. فلكى[2]), das A. S. z. St. hat. Nun ist es aber geradezu undenkbar, dass ein Uebersetzer für ein und dasselbe Wort in einem und demselben Cap. so verschiedenartige, ja sogar verschiedenen Sprachen entlehnte, Bezeichnungen sollte gewählt haben. Diese sind sicherlich erst nach und nach, von verschiedenen Händen und zu verschiedenen Zeiten, in den Text hineingebracht worden. Die Petersb. Fragmente haben in der That überall nur שומיה und רקיע.

Glossen sind hier ebenfalls nicht selten; eine solche ist 1. 16 die Uebersetzung von את המאור הגדול durch ית מלוי מאורה רבה. Dieses überflüssige מלוי ist entweder, wie ich „Studien" S. 15 vermuthete, auf den Einfluss einer jüdischen Tradition zurückzuführen, oder auf einen anderen, an sich nicht unwahrscheinlichen Umstand. Das vorhergehende המארת ist nämlich im sam.-hebr. Bibeltexte nicht so, sondern plene המאורות geschrieben. Diese Schreibung hat nun Jemand, zur Darnachrichtung für Copisten, mit dem auch bei den Massoreten üblichen Worte מלא (= plene) an den Rand vermerkt[3]), was ein unwissender Leser auf המאור bezogen und als zum Text gehörig mit übersetzt hat, und zwar מלא המאור durch מלוי מאורה, da מלוי, wie ich („Studien" das.) nachgewiesen, dem hebr. מלא entspricht. In dem Petersb. Fragment fehlt die Uebersetzung dieser Stelle.

Dass die in allen Codd. gemeinsame doppelte Uebersetzung von ויברא 1, 27, וכון וברא ebenfalls eine und zwar aus einer tendenziösen Correctur geflossene, Glosse ist, ist schon oben (S. 192 flg.) bemerkt. Das Petersb. Fragment hat hier bloss וברא, ebenso an

---

[1]) Vgl. „Stud." S. 106; vielleicht ist שוביב zu lesen, das chald. u. syr. שביבא, Funke, Flamme, weil hier von Sonne und Mond die Rede ist.

[2]) V. 15 haben A. u. Ed. für ברקיע die Glosse בסלוך סלוק. Das als סלוק unrichtig transscribirte فلكى wurde nämlich von Jemandem richtig סלוך corrigirt, und die Verbesserung kam zu dem beibehaltenen Fehler in den Text. Man bedenke, eine wie späte Zeit das voraussetzt, bis רקיע durch ein arabisches Wort verdrängt, dieses falsch geschrieben, dann verbessert, in einem anderen Exemplare in beiden Formen gegeben und endlich von anderen Codd. so nachgeschrieben werden konnte!

[3]) Ungefähr so, wie die jüd. Massorah nach der Leseart ihres Textes hier den Vermerk hat: ב׳ חסר, dass dies Wort zweimal ohne ו, also doppelt defective geschrieben wird.

den beiden anderen Orten, wo die anderen Codd. dafür כון haben. Aehnliche, allen Codd. gemeinsame, Glossen sind für שבת 2, 3. בטל פסק, und für פישון, das. V. 11 פישון קדוק (s. o. S. 160), wo das Petersb. Fragment wieder blos פישון hat.

Auch an Arabismen und sonderbaren, gewiss nicht ursprünglichen Ausdrücken, wo das Petersb. Fragment (vgl. das.) überall die entsprechenden einfacheren Worte liest, hat schon diese ältere Quelle Ueberfluss. Hierher gehört z. B. das bereits (S. 163) besprochene טלמס, dann קמץ für צוק (s. ob. S. 193) עפיסה [1]) 1, 24, 25, für חיה, das hap. legom. בעלפוש 1, 25 für רמש, das. V. 28 ועמרו גליה (s. o. S. 133) für וכבשוה, 2, 1 חולק (s. ob. S. 128) für צבא, das. V. 5 פעצטוס [2]) für שיח, das. V. 7 צעק (= صحيف,صحف) für עפר, שירוק (s. ob. S. 166) das. V. 23 für עצם u. a. m.

Eben so wenig fehlt es schon hier an Fehlern, die zumeist corrumpirte fremdsprachliche Elemente sind, wo das Petersb. Fragm. wiederum überall die ursprünglichen Lesearten zeigt. Es sei hier nur an תלקסיתיה 1. 21 (s. o. S. 149) erinnert, ferner an אגריר (z. 2. 7) 2, 7, וסקיק (S. 166) das. V. 9, דה הסמקת (S. 166) das. V. 13, יתעקב (S. 151) das. V. 23, עלץ (das.) das. V. 24 und עסקפין (das.) das. V. 25 u. a. m. Daraus ergibt sich, dass schon dieser, von allen P.'schen Codd. unverändert beibehaltene, ältere Text reich an Interpolationen, Glossen, Corruptelen aller Art, besonders aber an Arabismen ist; er konnte demnach frühestens im 8. Jahrh. entstanden sein, wahrscheinlich aber noch viel später, etwa im 9. oder 10. Jahrh., da derartige Corruptelen und Glossen eine längere Zeit und viele Hände voraussetzen.[3]) Da aber die P.'schen Codd. wie sich aus den späteren Capp. ergibt, diesen bereits stark verunstalteten Text wieder in ähnlicher Weise weiter corrumpirt und geändert haben, was wieder viel Zeit und viele Hände voraussetzt, so müssen sie noch ungleich später angefertigt worden sein. Halten wir alle diesbezüglich hier angeführten

---

[1]) Vielleicht von حفس, verschlingen, also „reissendes Thier" im Gegensatz zu בהמה.

[2]) Wahrscheinlich Corruptel für פלנטוס oder פלנטס, das auch ins Chald. übergegangene lat. planta, plantania oder gar plantanus; vgl. „Stud." S. 105.

[3]) Vgl. das oben S. 203, Anmk. 2 über die Glosse בפלוק פלוך Gesagte.

Umstände zusammen, so müssen wir es aussprechen, dass keiner der P.'schen Codd. früher als im 10. oder 11. Jahrh. entstanden ist, respective, dass sie wahrscheinlich gar noch spätere Abschriften solcher, damals entstandener Coddices sind.

Wir besassen und besitzen demnach bis jetzt nur unverhältnissmässig junge, höchst unzuverlässige Exemplare des sam. Trg., dessen ursprüngliche Gestalt uns weder in den früheren Polyglotten-Editionen, noch auch in der neuen P.'schen mehr vorliegt. Sie alle zeigen uns dasselbe vielmehr in einer Form, welche sich im Laufe von Jahrhunderten in Folge verschiedenartiger Einflüsse von der ursprünglichen Form immer mehr und zuletzt in dem Maasse entfernt hat, dass diese beinahe verwischt worden ist. Ein annäherndes Bild des echten, ursprünglichen sam. Trg. erhalten wir, wenn wir uns von unseren Editionen alle störenden und später eingedrungenen Elemente hinwegdenken, also: zunächst die zahlreichen, irreführenden Fehler und Glossen, sodann die Correcturen nach dem Hebräischen, die Interpolationen aus Onkelos und A. S., die nachträglich hineingebrachten tendenziösen Uebersetzungen, vor Allem aber die zahlreichen, den alten Text überwuchernden, Arabismen. Diese ursprüngliche Gestalt zeigen aber nur noch einzelne Verse und Verstheile in dem einen oder anderen Cod., am klarsten aber die nachfolgenden Fragmente aus der Petersburger Bibliothek. Aus einer Vergleichung derselben mit der Petermann'schen Edition ergibt sich, dass sie vielleicht stellenweise hebraisiren, auch hie und da die, im sam. Manuscript unvermeidlichen Fehler zeigen, dass sie aber von Glossen, Interpolationen aus Onk. und A. S., von tendentiösen oder gesuchten Uebersetzungen, von den zahlreichen ungeheuerlichen Wörtern und Formen der anderen Codd. und von allen Arabismen vollkommen frei sind. [1]) Das ursprüng-

[1]) Die berühmte Barberinische Triglotte scheint, nach Allem, was wir von ihr wissen, wohl für die arab. Uebersetzung des A. S. von Wichtigkeit zu sein, aber durchaus nicht für das sam. Trg. Sie gibt dasselbe nämlich in einer Form, welche sich dem Onk. ungleich mehr accommodirt, als irgend ein anderer der uns bis jetzt zugänglichen Codd. Vgl. die Berichte über die Barberin. Trigl. und die bis jetzt aus ihr veröffentlichten Stücke und Varianten bei Eichhorn, Einl. I. S. 286.

liche sam. Trg. war eine wortgetreue, aber ohne richtige Erfassung des Textes und fast ohne jedes grammatische Verständniss abgefasste, höchst ungeschickte und von kindischen Fehlern strotzende Uebersetzung der Bibel in den in Palästina landläufig gewesenen aramäischen Dialect, bei deren Abfassung [1]) die nachträglich stark benutzte Uebersetzung des Onkelos gar nicht zu Rathe gezogen, vielleicht in ihrer gegenwärtigen Form noch gar nicht vorgelegen war.

XV. Der samaritanische Dialect.

Diese Erkenntniss von der Form und dem Wesen unseres sam. Trg. muss die bisher geltenden Annahmen über den samaritanischen Dialect, die fast ausschliesslich auf die Polyglotten-Edition dieses Targum beruhen, gänzlich umgestalten und die vorhandenen sam. Wörterbücher und Grammatiken als durchweg falsch und im höchsten Grade irreführend erscheinen lassen. Die sogenannte „lingua samaritana" ist weiter nichts als das in Palästina allgemein üblich gewesene vulgäre Aramäisch. Ich möchte sie nicht einmal mit Nöldeke, der dies in seiner mehrfach erwähnten Recension meiner „Studien" (a. a. O. S. 207) bereits richtig erkannt, wenn er auch, da ihm die Petermann'sche Edition noch nicht vorlag, in den Einzelheiten mitunter geirrt hat, als einen „einzelnen Zweig des palästinischen Aramäisch" betrachten; sie ist vielmehr dieses palästinische Aramäisch selber, das in Folge äusserer Umstände erst nach und nach einige wenige Eigenthümlichkeiten angenommen hat. Den genaueren Nachweis für diese, wohl schon durch die bisherigen Auseinandersetzungen wahrscheinlich gemachte, Behauptung behalte

---

[1]) Wann diese stattgefunden habe? Das zu bestimmen, fehlt jeder sichere Anhaltspunkt, der erst gewonnen werden könnte, wenn uns ein günstiger Zufall das sam. Trg. in seiner ursprünglichen Gestalt in die Hände spielte. Nachdem aber die Arabismen dieser Uebersetzung sich unzweideutig als spätere Eindringlinge erweisen, fällt die einzige stichhaltige Einwendung gegen die „Studien" S. 60 aufgestellte Annahme hinweg, dass dieses Targum — nothwendig die älteste der sam. Bibelübersetzungen (vgl. ob S. 141) — vor dem Σαμαρειτικόν entstanden, also im 2. Jahrh. n. Chr. schon vorhanden war. S. dagegen Nöldeke, Alttestam. Litteratur. S. 262; vgl. noch dessen Recension meines „De pentat. sam." etc. Goetting. gel. Anz. 1865. S. 1312 flg.

ich mir für eine andere Stelle vor; hier möge die Hervorhebung einiger allgemeiner, in die Augen springender Momente genügen.

Zunächst kann von einem specifisch samaritanischen Wortschatze gar nicht mehr die Rede sein. Wurzeln und Wörter, welche die anderen palästinisch-aramäischen Dialecte nicht kennen, dürfen, weil sie in unseren Codd. des sam. Trg. vorkommen, nicht mehr als „samaritanisch" oder gar „kuthäisch" bezeichnet werden. Sie ergeben sich bei genauerer Prüfung entweder als einfache Schreibfehler, oder als sonstige Corruptele, oder als, zum Theil bis zur Unkenntlichkeit verstümmelte, Arabismen. Fälle, wo das noch nicht sicher nachgewiesen werden kann, dürfen nicht als Ausnahmen, sondern nur als solche betrachtet werden, wo die ursprüngliche aber corrumpirte, oder die später interpolirte Form noch nicht erkannt wurde. Griechische und lateinische Wörter kommen hier, wie in allen aramäischen Dialekten, zahlreich vor. Persische Wörter, die mir Nöldeke (a. a. O. S. 209) zugegeben hat, lassen sicht nicht nachweisen. Die wenigen Beispiele dafür reduciren sich auf Wörter, die offenbar erst durch Vermittelung des Arabischen, und zwar mit diesem zugleich eingedrungen sind. צנגה für Tw. כינור 4. 21 und כירק für תאוה, 3. 6, möchte ich, da sie in den aramäischen Dialekten fehlen, wenigstens nicht direct aus dem Persischen ableiten. צנגה, wenn es schon nicht, wie oben (S. 167) vermuthet, חנגה zu lesen ist, ist nicht das pers. جنك, sondern das arab. صنج (pers. سنج), wenn es nicht gar ein Fehler für ונגה = ونج ist, das A. S. in Cod. C. z. St. hat. Dass es eine spätere, wahrscheinlich arab. Interpolation ist, beweiset der relativ beste Cod., C., der dafür דפה hat, das hebr. תֹּף; vgl. Ed. zu Exod. 15. 20. Eben so wenig ist bei כירק mit Nöldeke an die Pehlevi-Form nêvak, sondern direct an das arab. نيق zu denken, das ein arabisch redender Interpolator für das ursprüngliche חמדה, das C. bewahrt, interpolirt hat.

Was die Wort- und Formbildungen betrifft, so ergeben sich, wieder nach Abzug der Corruptele aus den zahreichen willkührlichen Schreibungen der, ihres eigenen Idiomes nicht mehr kundigen Copisten, (vgl. ob. S. 200) im Ganzen und Grossen jene, denen wir im sogenannten jerusalem. Targum, im jerusalemischen Talmud und in den aramäischen Theilen des Rabboth begegnen.

Die Verwechslung der Gutturale, respective das Nichtaussprechen derselben, ist eine bekannte, vom Talmud an verschiedenen Orten [1]) scharf hervorgehobene Eigenthümlichkeit des palästinischen Dialects, die dieser mit dem Samaritanischen theilt. Wenn diese Eigenthümlichkeit hier noch schärfer hervortritt, so ist das nicht auf eine Besonderheit dieses Dialectes zurückzuführen. Die eben angeführten jüdischen Schriftwerke zeigen uns den palästinischen Dialekt in der gebildeten Schriftsprache, welche zwar unverkennbare Spuren dieses Gutturalwechsels zeigt, aber eine einmal angenommene — z. B. mit ח oder ע geschriebene — Form in der Regel festzuhalten und jene sinnentstellenden Willkührlichkeiten welche der Talmud an der Vulgär-Sprache der Palästinenser tadelt, zu vermeiden pflegt, wozu noch die Sorgfalt der jüdischen Abschreiber kommt, die bemühet waren, die ihnen vorliegenden Texte möglichst treu, nicht aber nach ihrer Aussprache und Willkühr, wiederzugeben. Die Samaritaner aber behielten diesen willkürlichen Gutturalwechsel, der im mündlichen Verkehre des grossen Haufens auch bei Nicht-Samaritanern gewöhnlich war, auch in ihrer Schriftsprache bei. Dazu kam noch der Umstand, dass ihre Abschreiber mit den Texten auf das Gewissenloseste und Leichtfertigste umsprangen und die Worte nicht so schrieben, wie sie ihnen vorlagen, sondern wie sie sie eben aussprachen, oder wie es ihnen eben in die Feder kam, was die verschiedenen oft ungeheuerlichen Varianten solcher Wörter im Trg. beweisen, in denen ein oder mehrere Gutturale vorkommen (s. ob. S. 109). Im Grunde aber haben die Samaritaner die Gutturale kaum willkührlicher verwechselt, als die Nicht-Samaritaner in Palästina.

Die schon oben (S. 111) erwähnte Eigenthümlichkeit des Sam., ב für ו zu setzen, kommt auch dem palästinischen Aramäisch zu; während anderseits die von Petermann angeführte und in den Codd. oft angewendete Regel des sam. Hohenpriesters, dass zwei ו = ב sind (vgl. ob. S. 111) ein Analogon findet in palästinisch-aramäischen Formen wie: מחוורין ,מחוור für מחברין ,מחבר, ferner אולס, das J. II. zu Num. 34. 8 für אבלס in J. I. das. hat, אוורסקין, das lat. braccae, in J. I., wofür das gewönliche אברסקין (vgl. Levy. s.

[1]) S. die Stellen bei Frankel, מבוא הירושלמי, introductio in talm. hierosol. Bresl. 1870, dessen Bemerkungen über die Sprache des jerus. Talm. das. S. 7b — 18b zu den folgenden Angaben zu vergleichen sind.

v.), ניוותאי (jerus. Nedar. I. 2) und נוטי (Rabb. z. Gen. Abschn. 48) für נפתי und נבטי, Nabbathäer, כוורייתא (Trg. z. Ps. 19. 11) für כבריתא, Honigseim, wohin bei dem häufigen Wechsel von ב und פ noch Formen gehören wie: טווזא, das J. I. u. II. für Tw. שפן haben, das Onk. טפזא übersetzt, endlich das im jerus. Talm. häufige אוומר, vielleicht, für אפשר im babyl. Talmud.

Der im Sam. nicht seltene Wechsel zwischen ג und כ (s. ob. S. 113) ist auch eine Eigenthümlichkeit des jerus. Talmud, wozu noch Formen wie: גישרא und כשורא, Balken, Brücke, גפריתא und כבריתא, Schwefel, zu vergleichen sind. Dasselbe gilt auch von dem häufigen Wechsel zwischen ס und ץ; vgl. ob. S. 112.

Die Präfigirung eines א, zumeist bei solchen Wörtern, welche mit zwei Consonanten beginnen, deren erster sch'wah mobile hat, kommt gleichmäsig dem jerus. Talm., den Targumim (vgl. Levy chald. W. B. s. v. א.) dem christl.-Palästinensischen (Nöldeke in Z. D. M. G. XXII. S. 461) und dem Sam. zu (vgl. Uhlem. a. a. O. § 8), ebenso die Verschmelzung zweier oder mehrerer Wörter in ein Wort. [1])

Auf die schlaffe palästinische Mundart ist die beiden gemeinschaftliche Elision mancher Consonanten zurückzuführen; man vgl. z. B. das sam. קמאי, קמאותה u. die Präposition קמי mit den entsprechenden Formen im jerus. Talm. und in den paläst.-aram. Theilen des Babli, sowie in J. I. u. II., wie: קמאה, קמאי, קומי u. s. w., sowie das christl. paläst. ܩܕܡܝ und ܩܕܡܝ. Ausserdem vergleiche man noch beiden gemeinschaftliche Ausdrücke wie z. B. אין für die hebr. Partikel אם, wenn; אהן als pron. demonstr.; גרם in Verbindung mit Suffixen für das hebr. עצם als pron. ipse, ipsemet, wo der Syrer ܢܦܫܐ und ܩܢܘܡܐ gebraucht; חכם in der Bedeutung des hebr. ידע, das auch christl.-paläst. אגיב, antworten u. a. m.

Dass das Sam. nichts desto weniger manche Eigenthümlichkeiten [2]) zeigt, ist gewiss. Die Fixirung derselben ist nur durch

---

[1]) Vgl. Frankel a. a. O. S. 8b und ob. S. 69 u. 74.

[2]) Eine solche Eigenthümlichkeit ist z. B. der häufige Gebrauch von א, ע und ה als nicht ausgesprochener Dehnbuchstaben, auf welche die dem Sam. eigenthümliche Nebenform כהל für כל, כולא zurückzuführen ist, die immer nur in Verbindung mit plur.-Suffixen gebraucht wird, wo durch deren Hinzu-

ein genaueres Studium der **älteren** Schriftwerke möglich, als welche zur Zeit neben einzelnen, mit grosser Vorsicht zu benutzenden Stellen des Targum, einzelne Parthien der von **Neubauer** veröffentlichten „Chronique sam." gelten können, die selber zwar verhältnissmässig jung ist, aber **Auszüge aus älteren Werken** enthält, die theils ausdrücklich als solche bezeichnet sind,[1]) theils durch die Sprache als solche sich verrathen. [2]) Ferner manche der von **Gesenius** edirten „Carmina sam.", sowie einige Liturgiestücke in **Heidenheims** „Vierteljahrsschrift", [3]) die zwar kein hohes Alter beanspruchen können, aber doch eine relativ alte und unverfälschte, weder stark hebraisirende noch arabisirende Sprache zeigen, und endlich die Eingangs edirten Fragmente aus einer sam. Pessach-Haggadah. [4])

Doch dürften die wenigen Besonderheiten, die sich da ergeben,

---

treten zwei Consonanten aufeinander folgten, deren Aussprache durch Einschiebung eines ה erleichtert werden soll, wie z. B. für כלהון, כלהין, כלכון die Formen: כהלון, כהלין, כהלכון. Bei dem Umstande, dass die Samarit. nach der Versicherung des A. S. (b. **Nöldeke**, a. a. O. 28) das ה **nie** aussprechen, was Petermann (Versuch u. s. w. S. 6.) bestätiget, bilden diese Formen wohl der **Schreibung** nach eigene, kaum aber dem **Lautwerthe** nach. Eine andere in die Augen springende Eigenthümlichkeit des Sam. ist die zur Regel gewordene Benutzung des ה in gewissen grammatischen Formen (z. B. Bezeichnung des gen. femin., des stat. emphat., gewisse Formen der verba tertiae radicalis ה) welche in den anderen paläst.-aram. Dialecten א haben, wozu die Form אלההה für das chald. u. syr. אלהא gehört, aus der, nach Abschleifung des zweiten ה, mitunter אלה wird. Doch ist hierbei zu bemerken, dass sich eine ähnliche Tendenz auch im jerus. Talmud in der Schreibung der nom. propria kundgibt, die hier ה am Anfang oder Ende haben, wo der Babli א setzt, z. B. הושיעה für אושעיה; ferner עקיבה, חייה für עקיבא, חייא. Vgl. **Frankel** a. a. O. S. 8b.

[1]) z. B. S. 12 das.

[2]) z. B. S. 28.

[3]) Wie z. B. die „Festhymne" I. S. 422 flg., das „Gebet Ab-Gelugah's", II. S. 218. flg., die „Litanei Markas", das. S. 474 flg.

[4]) Die von **Nutt** veröffentlichten „Fragments of a sam. Targ.", die mir soeben zukommen, scheinen ebenfalls höchst beachtenswerthe Stücke des echten und unverfälschten sam. Trg. zu sein. Ein definitives Urtheil könnte erst nach einer sorgfältigen Durchsicht derselben und erst dann gefällt werden, wenn diese Fragmente mit den Codd. der Petermann'schen Edition verglichen werden könnten.

nicht ursprüngliche unterscheidende Merkmale des Samaritanischen gewesen sein, sondern sich erst im Laufe der Zeiten herausgebildet haben, und zwar theils als Folge der den Samaritanern ausschliesslich eigenen Schrift, theils in Folge des abgeschlossenen Lebens dieser „ältesten und kleinsten Secte der Welt". Diese beiden Factoren mussten, als die Divergenz und der gegenseitige Hass zwischen Juden und Samaritanern sich verschärfte, und Erstere die Letzteren gänzlich als Nichtjuden zu behandeln anfingen[1]), das sam. Schriftthum mit der Zeit gänzlich isoliren und so noch manche Besonderheit in der Schreibung und manche Eigenthümlichkeit in den Wortbildungen erzeugen, die aber kaum ursprüngliches Eigenthum dieses Völkchens waren.

---

[1]) Vgl. Graetz, Gesch. d. Juden, IV. (2. Aufl.) S. 303 flg. und die soeben erschienene, mit Sachkenntniss und Scharfsinn geschriebene, Dissertationsschrift von M. Appel: Quaestiones de rebus Samarit. sub imperio Romanorum peractis. Bresl. 1874, S. 69 flg.

III.

Die Petersburger Fragmente des samaritanischen Targum.

Herr Victor von Rosen hatte die Freundlichkeit, die Fragmente des sam. Trg., welche die Petersburger k. Bibliothek besitzt, mit minutiöser Genauigkeit für mich zu facsimiliren, und erfülle ich eine angenehme Pflicht, wenn ich dem mir persönlich unbekannten, sehr geehrten Herrn für diese mühevolle, einzig und allein im Interesse der Sache unternommene, Arbeit hier meinen aufrichtigsten Dank ausspreche. Diese Fragmente, fünf an der Zahl, gehören, wie Herr v. Rosen mir mitzutheilen die Güte hatte, der Firkowič'schen Manuscripten-Sammlung an, deren Catalogisirung damals eben im Werke war. Sie sind auf vielfach verstümmelten Pergament-Blättern geschrieben und gehören sämmtlich Triglotten an, und zwar haben sie links die arabische[1]), in der Mitte die samaritanische Uebersetzung, rechts den hebräischen Text, Alles in samaritanischen Characteren. Das erste Fragment, ein nur auf einer Seite beschriebenes Blatt (Nr. I), enthält die 10 ersten Verse der Genesis, das zweite, dritte und fünfte besteht ebenfalls aus einzelnen, aber auf beiden Seiten beschriebenen Blättern, von denen Nr. II. V. 24—31 des 1. Cap. und V. 4—19 des 2. Cap. der Gen., Nr. III. Deuter. 29, 5—15 und das. V. 22—30, Nr. V. Deuter. 28, 12—24 und das. V. 25—41 enthält. Nr. IV. besteht aus zwei zusammenhängenden Blättern, von denen das erste Deuter. 32, 42—51 und 33, 3—16, das zweite 33, 22—34 und 34, 8—12 enthält. Doch rühren diese Fragmente offenbar von verschiedenen Händen her, und zeigen nirgends eine Spur, welche Etwas über ihr Alter oder ihre Schicksale verriethe.

---

[1]) Aus einigen von Herrn v. Rosen mir freundlichsten eingesendeten facsimilirten Stücken dieser Uebersetzung ergibt sich, dass diese, bis auf einige leichte orthographische Abweichungen, genau die von Kuenen edirte arabische Uebersetzung des Abu-Said ist.

Diese Fragmente, das heisst jenen Theil derselben, der das sam. Trg. enthält, gebe ich hier in hebräischer Quadratschrift, und zwar genau so, wie sie mir facsimilirt vorliegen. Kleinere, mit Sicherheit zu ergänzende Lücken sind durch Parenthesen als solche kenntlich gemacht. Den ersten zwei Capp. der Gen., welche für das Vorhergehende von besonderer Wichtigkeit sind, gebe ich die abweichenden Lesearten des Petermann'schen Textes als Varianten bei, wobei diejenigen von ihnen, welche Arabismen, Glossen und auffallende, weil corrumpirte, sogenannte „kuthäische" Worte enthalten, fett gedruckt sind, um den Unterschied zwischen Beiden augenscheinlicher, besonders aber den oben (S. 203 flg.) hervorgehobenen Umstand schärfer hervortreten zu lassen, dass die Petersb. Fragmente alle diese später eingedrungenen jüngeren Elemente nicht besitzen, und somit ein annäherendes Bild des ursprünglichen sam. Trg. bieten.

Die grösseren und mehr zusammenhängenden Fragmente zu Deut. bieten, mit der Polyglotten-Edition zusammengehalten, in sachlicher Beziehung fast gar keine Varianten,[1]) dafür um so mehr, was die Wort- und Formbildungen betrifft. Diese, von einer andern Hand geschriebenen Fragmente enthalten ungleich mehr Fehler

---

[1]) Die Ursache liegt in dem Umstande, dass das sam. Trg. zu Deuter. wie es uns in Ed. vorliegt, nur äusserst wenige Arabismen und sonstige gewaltsame Abänderungen, respective Interpolirungen enthält. Diese sind am häufigsten in der Genesis, und zwar in dem ersten Theile derselben, sodann — wenigstens in Ed. — noch in Exodus; zu den anderen Büchern des Pentateuch scheint das sam. Trg. in den Polyglotten wohl nach einem fehlerhaften und leichtfertig geschriebenen Texte gedruckt, sonst aber so ziemlich in seiner unverfälschten Gestalt vorzuliegen, was sowohl die Petersb. Fragm. zu Deut. als auch die von Nutt edirten grösseren Fragmente zu Levit. u. Numeri beweisen. Gerade der Umstand, der „Studien" S. 18 flg. dafür geltend gemacht wurde, dass die erste Hälfte der Gen. der ursprünglichste und älteste Theil des sam. Trg. sei, der Umstand nämlich, dass sich dieser Theil durch Fremdartigkeit des Ausdruckes bemerklich macht und die meisten „kuthäischen" Wurzeln enthält: beweist nach der jetzt gewonnenen Erkenntniss, dass solche Ausdrücke und Wurzeln nicht etwa ursprünglich samaritanische, sondern Arabismen und andere, zum Theile corrumpirte, spätere Interpolationen sind, und dass gerade dieser Theil der Gen., wie er uns in Ed. und in den Petermann'schen Codd. vorliegt, der corrumpirteste, verfälschteste und mithin jüngste sei.

als die zur Genesis. Die meisten derselben lassen sich nach Ed. mit Leichtigkeit verbessern; anderseits aber lassen sich manche unrichtige Lesearten in Ed. mit Sicherheit nach diesen Fragmenten corrigiren, was gegebenen Falles in Noten angemerkt wird.

In Folgendem gebe ich die Transscription dieser Fragmente.

Genesis, Cap. I.

1. בקמאותה -.. ית שומי(ה).... 2. וארעה ה(ות)... וחשכה
ע(ל)...ורוחa) אלהה...על אפי מיה. 3. (וא)מר אלהה יהי נארb)
ו(ה)וה נארc). 4. וחזה אלהה (י)ת נהרה הלא טב ואפרשd) אלהה
בין נהרה ובין חשכה. 5. וזעק אלהה לנהרה אימם ולחשכה זעק
ליליe) והוה רמש והוה צפר יומה חדה.. —
6. ואמר אלהה יהי רקיעf) במיסון מיה והיg) מפרשh) בין מיה
למיה. 7. ועבד אלהה ית רקיעהi) ואפרשj) בין מיה דמכתי לרקיעהk)
ובין מיה דמלעל לרקיעהl) והו(ה) כןm). 8. וזעק אלהה לרקיעn) שמים
והוה רמש והוה צפר יומה תניאנה): — 9. ואמר אלהה יתכנשון
מיה מלרעo) שומיה לאתר חדה ותתגליp) יבשתה והוה כדןq). 10.
וזעק אלהה ליבשתה ארעr) ולמכנשתs) מיה זעק ימהt) וחזה אלהה
הלא טב. 11. ואמר אלהה תיארu) א(רעה) יאר ע(שב) ....
ואילןv) .....
24. ....(אלה) יםw) תפק ארעה... (למי)נהx) בהמהy) מרמסz)...
למינהa) והוה... 25. ...אלהיםb) ית חי(ת)c) .... (למי)נהd) וית
ברמאהe)... (ר)ית כל רמסf)... וחזהg) אלהיםh).... 26. (וא)מר
אלהיםi) נעבד אדם בצלמנוj) וכדמותנוk) (ויש)לטון בנונית ימה
ובעופl) שומיהm) ובבהמאתהn) ובכל ארעה ובכל רמסה דרמסo) על
ארעה. 27. ובראp) אלהים י(ת) (הא)דם בצלמה בצלם אלהיםq)
בראr) יתה דכר ונקבהs) בראt) יתון. 28. (וב)רםu) יתון אלהיםv)

a) ורוח. b) u. c) נהר. d) ואפריש. e) ליליה. f) קפאיה.
g) והוה h) מפריש. i) קפ'איה. j) ואפריש. k) u. l) לקפאיה.
m) דכן. n) לקפאיה. o) דמכתי. p) ותתחזי. q) דכן. r) ארעה.
s) ולמכנשון. t) ימיה. u) תיר. v) ועילן. w) אלה. x) לגנסה.
y) בהמתה. z) ורמס. — a) לגנסה. b) אלה. c) עפיסת. d) לגנסה.
e) verschrieben für בהמאה oder בהמתה, wie in T. f) בעלפוש. g) ועגל.
h) u. i) אלה. j) בצורתן. k) וכתשביתן. l) ובקמץ. m) עללה.
n) ובבהמתה. o) רומיסה. p) וברא וכון. q) אלה. r) כון. s) ואנקבה.
t) כון. u) l. וברך. v) אלה.

ואמר (להו)ן אלהים w) פרו x) וסגו ו(מלו) ית ארעה וכבשוה y) ושלטו z)
בנמית a) ימה ובעוף שומיה b) ובכל c) החיתה d) דרמסה e) על ארעה.
29. ואמר אלהים f) הא... לוכון ית (כ)ל עסב ארע g)... דעל (אפי) כל
ארעה וית כל (אי)לן h) דבה פרי אילן i) ארע j) (ז)רע k) לכון l) יהי
למוכלה. m) 30. ולכל חית n) ארעה ולכל עוף שומיה o) ולכל דרמס p)
על ארעה דבה נפש חיה ית כל יר(ק) q) עסב למוכלה r) והוה כן s).
31. וחזה אלהים t) ית כ(ל) (דעב)ד הא u) טב שריר. — והו(ה) (רמ)ש
(וה)וה.....

Cap. II.

6.... ארעה v). 7. וצ(ער).... ית האדם עפ(ר) w)... ואפח
באפי(ו) x)... והוה אדם y) ל.... 8. (ו)נ(צ)ב יהוה אלהי(ם)....
בעדן מנמנע a) וש(וה)... ית האדם דצער. 9.... יהוה אלהים b) מן
ארמ(תה)... כל אילן c) תחמדה d) לחז(ה) e)... למיכל f) ואילן g) חייה
בממ(צית) h) גנה i) ואילן j) דמחכם k) טב וביש. 10. ונהר נפק l) מן
עדן m) למשקאת n) ית גנה ומתמן יפרד o) ויהי לארבעה ראשים p).
11. שם חדה פישון q) הוא דסהר r) ית כל s) ארע חוילה t) דתמן דהבה.
12. ודהב ארעה ההיא טב שריר תמן בדלה u) ואבן v) שהמה. 14.
ושם נהרה w) תנינה גיחון x) והו y) דסהר z) ית כל אר(ע) כוש a).
14. ושם נהרה (תלי)תאה b) ה(דקל) c) הו דאזל d) (מ)דנעת אשור e)
ונהרה רביעאה f) הוא g) פרת:) —
15. ונסב יהוה אלהים h) ית האדם ואשריאה i) בגן j) עדן למפרנסתה k)
ולמטרתה l). 16. ופקד יהוה אלהים m) על האדם למימ(ר) מכל אילן n)

---

w) אלה. x) פושר. y) ועמרו גליה. z) ואשלטון — a) l. כונית.
wie in T. b) ובקמץ עללה. c) ובכלול. d) עפיסיה. e) דרומיסת.
f) אלה. g) fehlt in T. h) u. i) עילן. j) מלפלף. k) לפלוף. l. לוכון.
m) למיכלה. n) עפיסת. o) קמץ עללה. p) רומיסה. q) סליק.
r) למיכלה. s) כדן. t) ועגל אלה. u) ראה. v) ארמתה. w. צעף.
x) באגריו. y) אנש. z) אלה. — a) l. ממדנע wie in T. b) אלה.
c) עילן. d) עפלק. e) למחזה. f) למיכלה. g) ועילן. h) במיסון.
i) פרדיסה. j) ועילן. k) ידעת. l. יפק. m) גנתה. n) לפלוס.
o) יתפרק. p. נסולין. q) פישון קדוף. r) הסחר. s) כלול. t) חוילתה.
u) נפקלה. v) וכיף. w) הנהרה. x) עסקוף. y) והוא. z) הסחר —
a) כופין. b) תליתה. c) קפלוסה. d) הלוך. e) מלכות הצפו.
f) רביעה. g) הו. h) אלה. i) ואקרה. j) בפרדס. k) למשמשה.
l) ולמטרה. m) אלה. n) כל עילן.

גנהo) מיכלp) תיכל. 17. ומן אילנהq) דמחכם טב וביש לא תיכל
מנה הלה ביום (מ)יכלך מנה מות תמותr). 18. ואמר יהוה אלהיםs)
לאt).... (מ)הי זאדם ל.... ל: סע(ד)......

Deuteronomium. Cap. XXVIII.

12. יפתח יהוה לך ית אוצרה טבה... (ש)ומיה למתן ית מט(ר)...
בזבנתה. למברכה ית... (עו)בד אדיך ותזיף גוים סגים ואתה לא תיזף.
13. ויתנכךa) יהוה לריש ולא לעקב ותהי לחוד ללעל ולא תהי ללרע
כד תשמע לפקודי יהוה אלהך דאנכי מפ(קד)ך יומן למטר ולמעבד.
14. ולא תסטי מכל ממלליה דאנכי מפקדך יומן ימין וסמאל למהכה
בתר אלהים חורנים למשמשתון. 15. ויהי אם לא תשמע בקל יהוה
אלהך למטר פקודיו וגזריו דאנכי מפקדך יומן וייעלון עליך כל קללאתה
האלין וימטונך: 16. ארור אתה בקרתה וארור אתה בברה. 17.
ארור קנונך ומלאשתך. 18. ארור פרי מעיך ופרי ארעתך ופרי בהמתך
אקר אלפיך וע(ד)רי עאנך. 19. ארור אתה במיעלך וארור אתה
בפקותך. 20. ישלח יהוה בך ית מרתה וית אלעלותה וית פעתה בכל
שליחות אדיך דתעבד עד ישוציכך ועד יבדנך זריז מקדם ביש ש...
דשבקתני: 21. ימטיb) (יהו)ה בך ית מותנה עד אסכמותה יתך מן
על ארעה דאתה עלל לחמן למירתנה:

22. ילוטנך יהוה בחמימתה ובערביתה ובריעה ובנגבנה ובשר(פ)נה
ובירקנה ירדפונך עד יבדונך: 23. ויהון שומיך דעל רישך נחש וארעה
דתחותיך ברזל. 24. יתן יהוה ית מטר ארעך ארקc) וע(פ)ר מן
שומ(יה)....

25. ..... בשבעה אורה תערק לקדמיו ותהי לתזחהd) לכל
ממלכתe) ארעה. 26. ותהי נבלתך למאכלה לע(וף) (שו)מיה ולבהמת
ארעה

27. ימעינך יהוה בשחן מצרים ובסבנים ברבf) ובריעיg) דלא
תכל למתסאה: 28. ימעינך יהוה בשגעונה ובסמיונה ובתמיונה דלבה:
29. ותהי מגששh) בטהרידה כמד יגששi) סמיה בקבלה ולא תצלח
אורחך: ותהי לוד עשיק ועצי מלj) יומיה ולית מנציםm): 30. אתה

---

o) גנתה. p) אכל. q) עילן. r) שיוץ תשתיץ. s) אלה. t) לית.

a) Ed. falsch: ויתתגנך. b) Mit diesem Worte ist die Lücke in Ed zu ergänzen. c) l. אבק. d) wahrscheinlich verschrieben für לזועה (= לזעוה) in Ed. e) Ed. falsch: ממללכת. f) l. בגרב. g) fehlt in Ed. h) Ed. ממשש. i) l. כמה דיגשש, wie Ed., die wieder das hebr. ממשש beibehält: כמה דימשש. j) l. כל. m) l. מפצי wie in V. 31.

תרסn) וגבר חורן ישכב עמה. בית ת(ב)נה ולא תדור בה. כרם
(ת)צב... ת(ח)ללנה: 31. תורכך כי(ס)o) לעיני(ך) ולא תיכל מנה:
ותהי עצי מל (י)דמיךp) ולא יעזרq) לך (ע)אנך ייבנךr) ל(ד)בביך ולית
לך מפצי: 32. בניך ובנאתך ייביםs) לעם חורן ועיניך חזין וסאנךt)
להון כל יומה ולית לאלu) אדך. 33. פרי ארעתך וכל ליחותך ייכל
עם דלא חכמת: ותהי לוד עשי(ק) ורציץ כל יומיה: 34. ותהי משגיע
מן ח.... עינך דתחזי. 35. ימעינך (יה)וה בשחין ביש על ברכיה
ועל שאקיה דלא תכל למתא(ס)ה מכף רגלך ועד קדקדך.

36. ייב... (יה)וה יתך וית מלכך דתקי(ם) ליך ליד גוי דלא חכמת
אתה ואבאתך ותשמ(ש)... (אל)הים חורנים קיצם ואבן. 37. ותהיv)
לשם ולמשלטw) ולסנה בכל עממיה דידהקך יהוה לתמן: 38. זרע
סגי תפק לרבהx) וזעור תכנש הלא יחסלנה גובה: 39.כרמים אצבy)
ותפרנס וחמר לא תשתה ולא תסבר הלא תיכלנה תולעתה. 40. זי(תי)ם
יהון לך בכל תחומך ומשך לא תסךz) הלא ישעל (ז)יתך: 41. בנין
ובנן תולד ולא יה.. לך הלא... בשבי: 42. ... (עיל)נך ופ(רי)...
יחרב....

Cap. XXIX.

6. .... ועמa) וריעט ל... לבדיל תעכמ(ון).... יהוה אלהכו(ן)
7. .... לאתרה הדםb) ... סיחון מלך בתנין.... לקרבה..... 8.....
ית ארעון .... לראהבנאהc) ... שבט מנשאה. 9. .... מלי קיאמה
..... ותעבדון יתו(ן) .... תסתכלון (א)ת (כ)ל .....

10. אתון קעמים יומןd) כלכון לקדם יהוה אלהכון ראשיכון
שבטיכון וחכימיכון וספריכוןe) כל גבר ישראל. 11. טפלכון ונשיכון
וגיורך דבגוי משרויך מן קטוע קצמיך ועד מלוי מימיך. 12. למעברך

---

n) Ed.: אתאה תארס. o) l. תורך נכיס, das נ wurde nämlich, in כ verschrieben, zum vorhergehenden Worte gezogen. p) l. כל יומיך. q) Ms. יעזב, doch ist das ב, durch Durchstreichung des unteren waagrechten Striches, nachträglich in ר corrigirt. r) Ed.: יהבין. s) Ed.: יהיבים. t) verschrieben für das richtige וסאפן in Ed., vgl. Onk. z. St. ויסופון. u) Ed. hat auf dem א die diacritische Linie, um dieses Wort von אל = Gott, zu unterscheiden. v) Ms. ואהי, doch ist das א, durch Durchstreichung des oberen Strichelchens. in ת corrigirt. w) Vgl. meine „Sam. Stud." S. 41. x) l. לברה wie in Ed. y) l. תצב wie in Ed. z) Ed. falsch: תסרף; vgl. „Sam. Stud." S. 45, auch, Onk. תסוך. — a) l. ועמר. b) Ed.: הדן. c) Corruptel, viell. für לאסהנאה. d) Danach יויה in Ed zu emendiren: יומה wie V. 14 das. e) In Folge der mehrfach hervorgehobenen Aehnlichkeit zwischen ע u. ם in sam. Mss. hat Ed. hier fälschlich: וסעריכון, wonach Cast. „סער, curator" zu berichtigen ist.

בקיאם יהוה אלהך ובתקומתה דיהוה אלהך קטע עמך יומן. 13.
(לב)דל מקעמה יתך יומן (ל)ה לעם והוא יהי לך לאל(הי)ם כ(מ)ד מלל f)
וכמד אשת(בע) (לא)בהתך לאברהם ליצחק ויעקב..
14. ולא עמכון לבדכון אנה קטע ית קיאמה הדה וית תקומתה
הדה: 15. הלא עם דאיתו הכה עמנן קעם יומן לקדם יהוה אלהנן;
ואם דליתו הכה עמנן יומן. 16. הלא אתון חכמתון ית דדערנן בארע
מצרים וית דעברנן בגו גועיה דעברתון:
23. ... תזרע g) (ו)לא תצמי(ח) ולא יסק בה כל עסב כמהכפת h)
סדם ועמרה אדמה וצבום דהפך יהוה ברגזה ובחמתה. 24. ויימרון
כל גועיה על מה עבד יהוה כהן לארעה הדה ומה אתקף רגזה i) רבה
הדן. 25. ויימרון על דשבקו ית קיאם יהוה אלהי אבהתון דקטע
עמהון במקודה j) יתון מן... מצרים: 26. ואזלו ושמ(שו) (א)להים
עורכים וסגדו (ל)ון אלהים דלא עכ... k) ולא פלע להון 27. ואת(רג)ז
יהוה בארעה ההיא (למי)תי עליה ית כל קללתה דכתיבה בספרה הדן:
28. וינתשנון יהוה מן על ארעתון באפה ובחמתה וברגז רב וירמינון
לארע עורני כיומה הדן: 29. כסיאתה ליהוה אלהנן וגליאתה לנן
ולבנינן עד עלם למעבד ית כ(ל) מלי ארהותה הדה

Cap. XXX.

1. ויהי כד ייעלון כל ממלליה האלין ברכתה וקללתה דיהבת
לקדמיך.....

Cap. XXXII.

42. ... גירי (מן) אדם ו(חר)בי ... בסר מן אדם קטי ושב...
כד אפרעות דבב... 43. קלסו אמי עמו הלא ד(ם) עבדיו יגבי ופ..יה
יעזר לעקיה וישרק l) ארעת עמה:.
44. ואתה משה ומלל ית כל מלי שירתה הדה במשמוע עמה יתא
ויוהע m) בר נון 45. ואסכם משה מן מלל ית ממליה אלין לכל
ישראל 46. ואמר לון שבו לבוכון על כל ממללה דאנה מסיד בוכון
יומן דפקדון ית (בנו)כון למטר ול... ית כל מלי ארהותה 47. (ה)לא
לא פתגם ריק מנכון ולא n) הוא חייכון ובממלה הדן תורכון ימים על
אדמתה דאתון געזים ית ירדנה תמן למירתנה:.
48. ומלל יהוה עם משה בגרם יומה הדן למימר 49. סק לטור

---

f) für כמה דמלל, ähnlich ist das folgende וכמד אשתבע zusammengezogen. g) Von dem vorhergehenden Verse stehen nur einzelne unzusammenhängende Buchstaben. h) l. כמהפכת. i) Danach Ed: ברפזה zu emendiren. j) l. במפקודה wie in Ed. k) Wahrscheinlich: עכמתון. l) so auch Ed., zu lesen ist וימרק; vgl. „Studien“ S. 30. m) l. וידהושע. n) l. הלא.

עבראיה הדן טור נבא דבארעo) מואב דעל אפי ירחיוp) וחזי ית ארע
כנען דאנה יהב לבני ישראל לסחנה .50 ומות בטורה דאתה סלק
תמן ותכנש אל עמך כמה מת אהרן אחיך בטור ט(ור)ה ואתכנש ליד
עמה .51 (על) דדי דשקרתון בגו בני י(ש)ראל במי תיגרה קדש ברה
דצן בדל דלא קדשתון יתי בגו ברי ישראל:

Cap. XXXIII.

.3 ... (ב)אדך ואנון יכנענן לרגליך יקבלון מן אמיראתך .4
אורהq) פקד לנן משה מירתה דקולי יעקב .5 והוה בשירהr) מלך
בתכנש רישי עמה כחדה שבטי ישראל .6 יתוחי ראובן ואל ינקסs)
ויהי מעמה מנין .7 ודאה ליהודה ואמר שמע יהוה קל יהודה וליד
עמה תנדינה ידה תיגרt) לה ודעל עקיה תהי:.
.8 וללוי אמר שלמיך ונוריךu) לגברה נסיכך דצרפנתה במסה
ותיגרה על מי תיגרה .9 אמורה לא(ב)וה ולאמה לא עמית וי(ת)
(ת)לימה לא גלג וית ברה לא חכם הלא נטרו אמירתך וקימךv)
ינטרון .10 ישכילוןw) דיניך ליעקבx) וארהותיך לישראל ישבון
אוערה ברגזהy) וקרבן על מדבחך .11 ברך יהוה חילו ופעל אדה
תרחי מחי חרצי מקמאיה וסנאיה מי יקימנה:.
.12 ולבנימים אמר אד אד יהוה ישרי ברחצן וירפרת עליו כל
יומה ובין כתפתיו שרי:

---

o) das א nachträglich über das ב geschrieben. p) l. יריחו. q) l. תורה. r) Ed. כשירה, wonach hier zu emendiren ist. So wird Tw. ישורון tendentiös übersetzt; es ist das nämlich eine Bezeichnung, die **nicht** zu jenen gehört unter denen die Samaritaner **sich** verstanden wissen wollen, welche vielmehr die **Juden** auf sich beziehen. Um nun nicht zu sagen, dass „Gott in **Jeschurun** König ist“, fassen sie ישורון nicht als nom. propr., sondern leiten es von ישר, **gerade, recht**, ab und übersetzen בכשירה = in **Gerechtigkeit**. Vgl. Num. 23. 27 אולי יישר Ed. לוי דכשר. Die Richtigkeit dieser Annahme beweiset V. 26 אין כאל ישורון, wo Ed. u. das Petersb. Fragm. (s. weiter) aus demselben Grunde ישורון nicht als nom. propr. fassen, sondern von שור, **singen**, ableiten und משבחה, **besungen, gepriesen**, übersetzen. s) Das arab. نقص, vgl. „Studien“ S. 69. t) Tw. רב ist tendentiös gleich ריב, **Streit**, gefasst; vgl. weiter V. 8 das. u) אורים ist von אור, **Licht**, abgeleitet; Ed. hat das Tw. beibehalten. v) l. וקיאמך. w) Das zweite י nachträglich über כ geschrieben. x) ע ist nachträglich über י geschrieben. y) Tw. באפיך ist zur Vermeidung des Anthropomorphismus von אף **Zorn** abgeleitet in dem, Levi glorifizirenden Sinne, dass „sie Räucherwerk geben in seinem (Gottes) **Zorne**“ d. h. ihn dadurch versöhnen.

13. ולְיוסף אמר מברכה יהוה ארעה ממיתי שומיה מטל ומתהום
רבצת מלרע 14. וממיתי עללת שמשה וממיתי טרדי ירחיה 15. ומריש
טורי ק(ד)ם וממיתי גבעת ע(ל)ם 16. (ו)ממיתי ארעה וסא...z) ...
סניה עלל.. לרי(ש) (יו)סף ולרום נסך תלימה.
22. ולדןa) אמר ....עז וידיק מן בתנ(ין) 23. (ולנפתלי) אמר
נפתלי סבעי ורעי ומ..גי בר(כת) י(ה)וה מערב ודרום יירש:
24. ולאשר (אמר) (ב)ריך בניה אשר ויהי מרחי לתלי(מ)יו ויטבל
במשח רגליו 25. פרזל ונחשה מצנקיםb) וכימיך רביךc) 26. לית
כקעd) ומשבחה רכרe) שומיה בעדך ובנברה שחקין 27. מעונה
דאלהי קדם ומכתי אדרעה עלמה ויטרד מקדמיך דבבה ו..מר....
28. ושרה ישראל ברצין סדרf) אין יעקב על ארע דגין ויביש
ואף שמיך יערסון טלה 29. טובך ישראל מן כותך עמה דמפצי ביהוה
תורס סעדך וחרב נברך ויכדבון דבביך לך ואת על רימאתון תדרס:.

Cap. XXXIV.

1. (וע)ל משה מן בקעת מ(ואב) אל טור נבא ראש סכיתה דעל
אפי ירחיו ותחז(ה) (יה)וה את כל א(ר)ע(ה) מנהר מצרים עד נהרה
רבה נהר פרת ועד ... מהח ר.... נ....
8. ובכו בר(י) (ישר)אל ית משה ב... מואב.... (יו)מי ושלמו
(י)מי בכי גנו משה 9. וי(הש)ע בר נון שלם רוח חכמ(ה) הלא סמך
משה ית אדה עליו וישמעו אליו ברי ישראל וע(ב)דו כמה פקד יהוה
ית משה:.
10. (ו)לא יקום עורי נביא בישראל כמשה דחמה יהוה (אפי)ם
לאפים 11. לכל ס(י)מ(נ)יה ופליאתה דשגרה יהוה למעבד בארעה
מצרים לפרעה ולכל עבדיו ולכל ארעה 12. ולכל אדה תקיפתה ולכל
חזבה רבה דעבד משה לסכוי כל ישראל:.g)

---

z) Corrumpirt. — a) Vorher stehen noch einzelne Buchstaben der zwei vorhergehenden Verse. b) Tw. מנעל ist von נעל Riegel abgeleitet. c) l. דביך. d) Corruptel für כעיולה, für ק ist nämlich das ihm so ähnliche ע, für י wieder צ zu setzen, ו vom nächstfolgenden Verse hierherzuziehen, ל fehlt. Zu dem folgenden ומשבחה s. ob. die Note zu 32. 5. e) l. רכב. f) Ed. richtig: ברצון בדד, Tw. בטח ist hier, weil von Israel, den Samaritanern, ausgesagt, tendentiös רצון, d. h. رضوان, die Gnadenzeit, übersetzt; s. ob. S. 48 flg. g) Am Schlusse des Ms., als am Ende der Bibel, steht eine aus Winkeln, mit dazwischen liegenden Punkten, bestehende Linie.

Nachträge.

S. 3. Anm. 2. Zu שמק für שמע vgl. weiter S. 107 flg.

S. 51. Zu צנק und מצנוקה ist noch מצנקה im Petersburger Fragmente des sam. Trg. zu Deuter. 33, 25. (s. S. 223) zu vgl.

S. 57. Zu den von den Samaritanern beim Schlachten beobachteten Observanzen vgl. Petermann's Reisen a. a. O. S. 236 flg. Daselbst ist das sorgfältige Untersuchen des Schlachtmessers vor dem Schlachten hervorgehoben, und zwar genau nach der vom Talmud, Chol. 17 b. angegebenen Methode: רב ששת בדקי לה בריש לישניה „R. Schescheth untersuchte das Schlachtmesser mit seiner Zungenspitze", wodurch die Angabe Petermanns (das.) erst ins rechte Licht gesetzt wird. Ferner berichtet Petermann (S. 237) von dem Sprechen eines Gebetes (wohl richtiger: Segensspruches) während des Schlachtens, sowie (das. S. 238) von dem nachträglichen Untersuchen des geschlachteten Thieres (bei den Juden בדיקה) und noch dazu, dass die Schlächter ein Lamm als zum Genusse unzulässig erklärten, als sie fanden, „dass die Lunge zusammengewachsen war", was bekanntlich Alles genau den rabbinischen Vorschriften entspricht. Dass die Samaritaner gewisse Schlachtregeln und Bestimmungen über Fehler und Krankheiten (נבילה, טריפה) haben, in Folge deren der Genuss des Viehes religionsgesetzlich verboten ist, ergiebt sich auch aus dem Fragmente Mungas in der Dissertationsschrift von Drabkin „Fragmenta comment. ad pentat. sam. - arab. sex." (Leipzig 1875.) S. 50 flg.

S. 77. Die Samaritaner haben nicht nur die haggadischen Auslegungen und Legenden der Juden, sondern auch die Mischnah gekannt. (S. Neubauer, Chron. samar. S. 103.)

S. 84. ניחה רוחה ist bei den späteren Samaritanern eine

stehende Eulogie für Verstorbene. Jene Parthien der von Neubauer edirten sam. Chronik, welche ein entschieden **arabisches** Gepräge tragen, was sich z. B. aus der Benutzung arabischer Monatsnamen ergibt (so S. 29 חדש قعدة und (= حجّة) חדש אלחגה, steht bei den Namen der verstorbenen Hohenpriester und Gelehrten regelmässig ניחה רוחה (s. S. 20, 27, 28 u. a.) genau so, wie die Juden bei ähnlichen Gelegenheiten עליו השלום hinzufügen. Andere samarit. Eulogien für Verstorbene sind: אדכירם לטוב (= יזכירם) „er gedenke ihrer zum Guten!" (S. 14 das.); אדכירם לטב עד לעלם, „er gedenke ihrer zum Guten auf ewig!" (S. 27 das.); das dem arab. رضى الله عنه nachgebildete רצון יהוה עליו (S. 35. das.) und ירחמו יהוה (S. 37das.) „Gott erbarme sich sein!"

S. 138. Dass es den Samaritanern zur Zeit der Araberherrschaft in der That als **Regel** galt אלהים durch מלאך zu umschreiben, beweiset auch der von **Neubauer** angezeigte sam.-arabische Bibelcommentar, a. a. O. S. 105.

S. 186. Zu der tendentiösen Leseart der Codd. zu 49, 12: חֵלֶב für חָלָב vgl. **Munga's** Commentar bei **Drabkin** a. a. O. S. 55.

S. 190. Zu dem bissigen Wortspiel der Samaritaner בית המכתש für בית המקדש bietet ihre Bezeichnung Jerusalems: ארור שלם, „**verfluchtes Salem**", für ירושלם ein interessantes Analogon (s. **Neubauer** a. a. O. S. 18 u. 19.)

Wortregister.

I.

II.

III.

Druckfehler.

Seite	3	Zeile	16	v. ob.	für	dieser	zu lesen:	dieses.
„	61	„	11	„ unt.	„	דברי	„ „	דברו.
„	67	„	12	„ ob.	„	betreffenden	„ „	Betreffenden.
„	79	„	5	„ unt.	„	העור	„ „	העיר.
„	80	„	3	„ „	„	Menarhot	„ „	Menachoth.
„	91	„	11	„ „	„	רישגר	„ „	רישיגר.
„	125	„	18	„ „	„	Kenntnies	„ „	Kenntniss.
„	134	„	10	„ „	„	צנקך	„ „	צנקר.
„	155	„	12	„ ob.	„	قص	„ „	قصّ
„	159	„	8	„ „	„	قعع	„ „	قطع
„	196	„	5	„ „	„	עיסק ואף	„ „	ואף עיסק.
„	200	„	3	„ „	„	Coddices	„ „	Codices.
„	204	„	2	„ unt.	„	plantania	„ „	plantaria.
„	220	„	3	„ ob.	„	דמיך(י)	„ „	ומיך(י).
„	221	„	15	„ unt.	„	קטי	„ „	קטיל.

Druck von G. Kreysing in Leipzig.